路基路面
检测技术

杨　青　史云飞　主　编
温宏平　程劲钊　副主编
　　　郭　旭　参　编

清华大学出版社
北京

内 容 提 要

本书为按照现代职业本科教育的培养目标及规格的要求编写而成的任务驱动式教材。通过分析路基路面检测岗位需要具备的技能，明确岗位工作任务，以工作流程为引领，以岗位需求和职业技能需求为依据，选取典型的路基路面检测项目设计教学内容。全书分为 10 个项目，内容包括公路工程质量评定方法、试验检测数据处理、现场测试位置的选定、路基路面几何尺寸及厚度检测、路基路面压实度检测、路面平整度检测、路面抗滑性能检测、路基路面强度指标检测、路面渗水和路面损坏检测及水泥混凝土强度检测。

本书注重知识性、操作性和现实性的有机融合，适合作为职业本科、高职高专院校公路工程检测专业教材，也可作为公路工程相关专业的选修教材，还可以作为职工培训教材。

本书配套在线课程"路基路面检测技术"被评为省级精品课程，可通过扫描书中二维码进行学习。

版权所有，侵权必究。举报：010-62782989，beiqinquan@tup.tsinghua.edu.cn。

图书在版编目（CIP）数据

路基路面检测技术/杨青，史云飞主编. —北京：清华大学出版社，2023.12
ISBN 978-7-302-64342-5

Ⅰ. ①路… Ⅱ. ①杨… ②史… Ⅲ. ①公路路基－检测－教材 ②道路工程－路面－检测－教材 Ⅳ. ①U416

中国国家版本馆 CIP 数据核字(2023)第 144620 号

责任编辑：王向珍
封面设计：陈国熙
责任校对：薄军霞
责任印制：刘海龙

出版发行：清华大学出版社
网　　址：https://www.tup.com.cn, https://www.wqxuetang.com
地　　址：北京清华大学学研大厦 A 座　　邮　编：100084
社 总 机：010-83470000　　邮　购：010-62786544
投稿与读者服务：010-62776969, c-service@tup.tsinghua.edu.cn
质量反馈：010-62772015, zhiliang@tup.tsinghua.edu.cn

印 装 者：北京鑫海金澳胶印有限公司
经　销：全国新华书店
开　本：185mm×260mm　　印　张：20.25　　字　数：487 千字
版　次：2023 年 12 月第 1 版　　印　次：2023 年 12 月第 1 次印刷
定　价：65.00 元

产品编号：097706-01

前言

随着我国交通运输行业的飞速发展,公路工程检测技术在传统检测方法的基础上日新月异,为了使学生的学习内容更加贴近工程一线实际情况,本书对路基路面典型检测项目从传统方法到现代化的新方法都进行了详细梳理。

"路基路面检测技术"是交通类公路工程检测专业的核心课程,也是交通土建类道路桥梁工程、高等级公路养护与管理等相关专业的一门必修专业课程。

课程以路基路面现场检测典型工作项目为载体,岗位工作过程为导向,采用"项目贯穿"模式,共设计10个项目50个任务。每个任务从指标含义、检测仪器选用、检测频率、检测方法步骤、检测记录、数据处理及质量评定等几方面进行详细介绍。本课程强化的重点在于施工过程中和竣工验收时检测员应该具备的试验检测能力、数据处理能力和工程质量评定能力,使学生就业时,具备扎实的理论基础和实践操作技能。

课程对接公路工程检测员岗位,也为学生考取公路水运试验检测员资格证书、获得1+X无损检测技能大赛证书,奠定扎实的理论知识和实践技能基础,并为从业人员考取公路水运试验检测工程师资格证书提供帮助。

本书特色如下:

1. 项目贯穿、任务驱动

以路基路面现场检测典型工作项目为载体,岗位工作过程为导向,采用"项目贯穿"模式,突出试验操作技能。全书10个项目50个任务,在任务后附有案例、任务单,方便学生学习。

2. 课程思政、耦合育人

将思政素材融入课程中,在课程内容中寻找相关的落脚点,培养学生理想信念、价值取向、社会责任、职业素养,全面提高学生缘事析理、明辨是非的能力,把学生培养成德才兼备、全面发展的人才。

3. 技能大赛、以赛促学

课程融入技能大赛内容,依托线上线下的教学资源,培养学生的实战能力,提高学生就业竞争力。

4. 资格考试、夯实基础

将交通运输部公路水运试验检测职业资格考试内容及题库引入课程,在每个任务后,以学情小测的形式选取职业资格考试题库对应的应知应会知识点进行巩固,为学生取得资格证书奠定扎实基础。

本书由杨青担任第一主编并负责统稿工作,史云飞担任第二主编,周长青担任主审。本书分工如下:项目1、7由杨青编写,项目2、4、8、9由史云飞编写,项目5、6由程劲钊编写,项目 3、10 由温宏平编写,郭旭参与了本书思政素材的收集及整理工作。本书在编写过程中,以现行交通运输部《公路工程质量检验评定标准 第一册 土建工程》(JTG F80/1—2017)、《公路路基路面现场测试规程》(JTG 3450—2019)等规范为依据,参考国内外大量的文献资料,在此对相关作者表示真诚的感谢!

由于编者水平有限,书中难免存在疏漏之处,恳请读者批评指正。

编 者

2023 年 6 月

"路基路面检测技术"课程思政设计

"路基路面检测技术"课程的思政设计以"习近平新时代中国特色社会主义思想"为指导,结合"富强、民主、文明、和谐、自由、平等、公正、法治、爱国、敬业、诚信、友善"社会主义核心价值观,紧紧围绕"职业素养、能力培养、知识传授"三位一体的课程建设目标,运用可以培养学生理想信念、价值取向、社会责任、职业素养、专业技能的题材与内容,在课程内容中寻找相关的落脚点,通过典型案例、图片、视频等素材的设计运用,以润物细无声的方式将正确的价值追求有效地传递给学生。全面提高学生缘事析理、明辨是非的能力,把学生培养成为德才兼备、全面发展的人才。

本课程共68个学时,思政单元共34个,贯穿于每一节课中。思政元素包括交通强国、职业自豪感、工匠精神、职业素养、行业动态、行业前沿、自我发展等几个方面。在每个思政单元中都包括内容引导和思考问题。在课程思政教学过程中,教师和学生共同参与其中,针对相关素材,引导学生进行思考、讨论。

总之,本课程以树立远大理想、热爱伟大祖国、担当时代责任、勇于砥砺奋斗、练就过硬本领、锤炼品德修为作为课程的素质目标,培养新时代的路桥检测青年。

"路基路面检测技术"思政设计

项 目	知 识 点	思政内容引导	思政元素
公路工程质量评定方法	绪论、建设项目划分	专门在工地做试验的都是些什么人?	职业自豪感
	工程质量检验与评定	交通运输部修订《公路工程竣(交)工验收办法》	行业动态
试验检测数据处理	抽样检验	2022年中国检验检测市场规模及行业发展趋势分析	行业动态
	数据的修约与统计特征量	嫦娥五号太空精确对接,数据精确处理功不可没	工匠精神
	可疑数据的取舍	港珠澳大桥混凝土检测造假案揭秘	防微杜渐
	数据的表达及相关性	绝不能出现在试验检测工作中的40个失误	职业素养
现场测试位置的选定	路基路面现场检测选取位置方法	公路水运试验检测考试报名条件	自我发展
路基路面几何尺寸及厚度检测	路基路面几何尺寸检测	沉睡中的大学生,该警醒了!	自我发展
	路面厚度检测	基于三维探地雷达对全幅无缝沥青路面的厚度检测技术	行业前沿
路基路面压实度检测	基本知识概述	秦始皇修建"高速公路"秦直道,路面压实度高,质量好	交通强国
	灌砂法测定压实度	试验≠实验,检测≠检验,真的不一样哦!	专业知识
	环刀法测定压实度	这10个沟通技巧对工程人说话太有帮助了	职业素养
	核子密度仪法测定压实度	公路试验检测项目、频率及取样要求(最新)	专业知识
	钻芯法测定压实度	钻芯照片曝光 不合格混凝土检测	专业知识
	压实度检测结果评定	影响路基压实度的因素及检测控制	专业知识

续表

项　　目	知　识　点	思政内容引导	思政元素
路面平整度检测	3m直尺法	沥青路面不平整的原因及处理措施	专业知识
	连续式平整度仪法	国家公路网最新规划出炉	交通强国
	车载式颠簸累积仪法	基于结构光路面三维模型的道路平整度检测技术研究	行业前沿
路面抗滑性能检测	手工铺砂仪测定构造深度	疫情三年，网课反反复复：会冲出一群黑马，也会陨落一片星辰	自我发展
	电动铺砂仪测定构造深度	中铁工程试验"小能将"	先进榜样
	摆式仪测定路面摩擦系数	保障交通出行安全，为创建平安中国助力	交通强国
	单轮式横向力系数测试路面摩擦系数	坚决打击试验报告造假　坚守工程质量检测报告底线	职业素养
路基路面强度指标检测	路基路面强度概述	高举中国特色社会主义伟大旗帜为全面建设社会主义现代化国家而团结奋斗	二十大精神
	贝克曼梁测定路基路面回弹弯沉检测	自强不息、创造奇迹——弘扬两路精神	先进榜样
	自动弯沉仪测定弯沉检测	团队合作之故事三则	职业素养
	落锤式弯沉仪测定弯沉检测	我国高速公路网络已连接全国约95％人口	交通强国
	承载板测定土基回弹模量检测	践行工匠精神　绽放"巾帼"风采	先进榜样
	室内CBR试验	试验人员必须掌握工地实验室的工作流程	专业知识
	土基现场CBR试验	公路路堤填料的选择及填筑方式	专业知识
路面渗水和路面损坏检测	沥青路面渗水系数检测	国家建设"平安百年品质工程"	交通强国
	路面破损检测	如何防治沥青混凝土路面破损？方案来啦！	专业知识
	沥青路面车辙检测	沥青路面四大常见质量通病及防治措施	专业知识
水泥混凝土强度检测	回弹法测试水泥混凝土强度方法	"十四五"高速公路建设重点有哪些？	行业动态
	超声-回弹综合法测试水泥混凝土抗弯拉强度	青春在"一带一路"上飞扬	自我发展

目录

项目1 公路工程质量评定方法 ············ 1
  任务1.1 建设项目划分 ············ 2
  任务1.2 工程质量检验与评定 ············ 4
  任务1.3 路基路面检查项目 ············ 15

项目2 试验检测数据处理 ············ 35
  任务2.1 抽样检验 ············ 36
  任务2.2 有效数字 ············ 39
  任务2.3 数据的修约 ············ 44
  任务2.4 数据统计特征和分布特征 ············ 49
  任务2.5 可疑数据的取舍 ············ 58
  任务2.6 数据的表达及相关性 ············ 63

项目3 现场测试位置的选定 ············ 70
  任务3.1 路基路面现场测试选取位置方法 ············ 70
  任务3.2 路基路面取样方法 ············ 76

项目4 路基路面几何尺寸及厚度检测 ············ 79
  任务4.1 路基路面几何尺寸检测 ············ 79
  任务4.2 路面厚度检测 ············ 86

项目5 路基路面压实度检测 ············ 98
  任务5.1 基本知识概述 ············ 99
  任务5.2 灌砂法测定压实度 ············ 105
  任务5.3 环刀法测定压实度 ············ 115
  任务5.4 核子密度仪法测定压实度 ············ 120
  任务5.5 钻芯法测定压实度 ············ 126
  任务5.6 无核密度仪法测定压实度 ············ 132
  任务5.7 压实度检测结果评定 ············ 134

项目 6　路面平整度检测 ······················ 139
任务 6.1　基本知识概述 ····················· 140
任务 6.2　3m 直尺法 ······················· 145
任务 6.3　连续式平整度仪法 ··················· 149
任务 6.4　车载式颠簸累积仪法 ·················· 153
任务 6.5　车载式激光平整度仪法 ················· 158
任务 6.6　手推式断面仪法 ···················· 161

项目 7　路面抗滑性能检测 ···················· 164
任务 7.1　基本知识概述 ····················· 165
任务 7.2　手工铺砂仪测定构造深度 ················ 170
任务 7.3　电动铺砂仪测定构造深度 ················ 175
任务 7.4　车载式激光构造深度仪测定构造深度 ··········· 179
任务 7.5　摆式仪测定路面摩擦系数 ················ 182
任务 7.6　数字式摆式仪测试路面摩擦系数 ············· 189
任务 7.7　单轮式横向力系数测试路面摩擦系数 ··········· 192

项目 8　路基路面强度指标检测 ·················· 198
任务 8.1　路基路面强度概述 ··················· 199
任务 8.2　贝克曼梁测定路基路面回弹弯沉检测 ··········· 204
任务 8.3　自动弯沉仪测定路面弯沉检测 ·············· 214
任务 8.4　落锤式弯沉仪测定弯沉检测 ··············· 218
任务 8.5　贝克曼梁测定路基路面回弹模量检测 ··········· 225
任务 8.6　承载板测定土基回弹模量检测 ·············· 229
任务 8.7　室内 CBR 试验 ···················· 236
任务 8.8　土基现场 CBR 检测 ·················· 245
任务 8.9　动力锥贯入仪测定路基路面 CBR 检测 ·········· 251

项目 9　路面渗水和路面损坏检测 ················· 255
任务 9.1　沥青路面渗水系数检测 ················· 256
任务 9.2　路面破损检测 ····················· 261
任务 9.3　路面错台检测 ····················· 269
任务 9.4　沥青路面车辙检测 ··················· 271
任务 9.5　水泥混凝土路面脱空检测 ················ 277

项目 10　水泥混凝土强度检测 ··················· 281
任务 10.1　回弹法测试水泥混凝土强度方法 ············ 282

  任务 10.2 超声-回弹综合法测试水泥混凝土抗弯拉强度 …………………… 292
  任务 10.3 钻芯法测试水泥混凝土路面强度方法 …………………………… 297

参考文献 ………………………………………………………………………………… 303

附录 ……………………………………………………………………………………… 305
  附录1 t 分布概率系数表 ………………………………………………………… 305
  附录2 一般取样的随机数表 …………………………………………………… 306

项目1　公路工程质量评定方法

【思维导图】

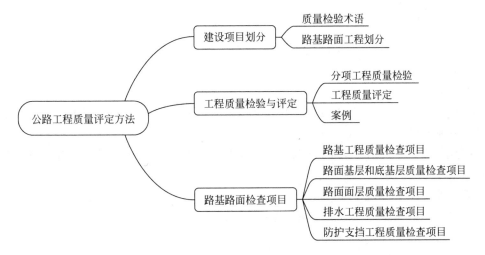

【本项目学习目标】

知识目标：

（1）能够阐述质量检验术语，能够阐述路基路面单位工程、分部工程、分项工程组成；

（2）能够阐述分项工程的质量评定方法，熟练记忆关键项目和一般项目的合格率；

（3）能够阐述路基路面质量检查项目的组成。

能力目标：

（1）具有按照分项工程质量评定的流程对给定相关资料的分项工程进行质量评定的能力；

（2）具有在《公路工程质量检验评定标准　第一册　土建工程》(JTG F80/1—2017)中独立查找某具体路基路面检查项目的基本要求、实测项目、外观质量和质量保证资料的能力。

素质目标：

（1）培养学生的职业自豪感；

（2）培养学生关注行业动态的职业习惯。

任务1.1　建设项目划分

路基路面工程质量检验评定主要依据《公路工程质量检验评定标准　第一册　土建工程》(JTG F80/1—2017,简称《验评标准》),本标准适用于各等级公路新建与改扩建工程施工质量的检验评定,是工程施工质量的最低限制标准,公路工程施工质量检验评定应以本标准为准。

本标准适用于公路工程质量监督部门对工程质量的检查鉴定,监理工程师对工程质量的抽查认定,施工单位自检和分项工程的交接验收,是公路工程交工验收和竣工验收的质量评定依据。

1. 质量检验术语

1) 检验(inspection)

对被检查项目的特征和性能进行检查、检测、试验等,并将结果与标准规定的要求进行比较,以判定其是否符合所进行的活动。

2) 评定(evaluation)

对分项工程、分部工程、单位工程和合同段的质量进行检验,并确定其质量等级的活动。

3) 关键项目(dominant item)

在分项工程中,对结构安全、耐久性和主要使用功能起决定性作用的检查项目,在本书中以"Δ"标识。

4) 一般项目(general item)

在分项工程中,除关键项目以外的检查项目。

5) 外观质量(quality of appearance)

通过观察和必要的测量所反映的工程外在质量及功能状态。

2. 路基路面工程划分

根据设计任务、施工管理和质量检验评定的需要,应在施工阶段按标准将建设项目划分为单位工程、分部工程、分项工程。施工单位、工程监理单位和建设单位应按相同的工程项目划分进行工程质量的监控和管理。

在工程质量检验与评定时,应按分项工程、分部工程、单位工程逐级进行。

1) 单位工程

在建设项目中,根据签订的合同,具有独立施工条件和结构功能的工程称为单位工程。

在整个建设项目中,可分为路基工程(每10km或每标段)、路面工程(每10km或每标段)、桥梁工程(每座或每合同段)、隧道工程(每座或每合同段)、绿化工程(每合同段)、声屏障工程(每合同段)、交通安全设施(每20km或每标段)、交通机电工程、附属设施等单位工程。

2) 分部工程

在单位工程中,按路段长度、结构部位及施工特点划分的工程称为分部工程。

3) 分项工程

在分部工程中,根据施工工序、工艺或材料等划分的工程称为分项工程。

施工单位、监理工程师和质量监督部门应按此种工程划分,逐级进行工程质量的监控和管理。路基路面工程的单位工程、分部工程、分项工程应按表 1-1 进行划分。

表 1-1　路基路面单位、分部及分项工程划分

单位工程	分部工程	分项工程
路基工程（每10km或每标段）	路基土石方工程（1～3km路段）	土方路基、填石路基、软土地基处理、土工合成材料处置层等
	排水工程（1～3km路段）	管节预制，混凝土排水管安装，检查（雨水）井砌筑、土沟、浆砌水沟、盲沟、跌水、急流槽、水簸箕、排水泵站沉井、沉淀池等
	小桥及符合小桥标准的通道、人行天桥、渡槽（每座）	钢筋加工及安装，砌体，混凝土扩大基础，钻孔灌注桩，混凝土墩、台，墩、台身安装，台背填土，就地浇筑梁、板，预制安装梁、板，就地浇筑拱圈，混凝土桥面板，桥面防水层，支座垫石和挡块，支座安装，伸缩装置安装，栏杆安装，混凝土护栏，桥头搭板，砌体坡面护坡，混凝土构件表面防护，桥梁总体等
	涵洞、通道（1～3km路段）	钢筋加工及安装，涵台，管节预制，混凝土涵管安装，波形钢管涵安装，盖板制作，盖板安装，箱涵浇筑，拱涵浇（砌）筑，倒虹吸竖井，集水井砌筑，一字墙和八字墙，涵洞填土，顶进施工的涵洞，砌体坡面防护，涵洞总体等
	防护支挡工程（1～3km路段）	砌体挡土墙，墙背填土，边坡锚固防护，土钉支护，砌体坡面防护，石笼防护，导流工程等
	大型挡土墙、组合挡土墙（每处）	钢筋加工及安装，砌体挡土墙，悬臂式挡土墙，扶壁式挡土墙，锚杆、锚定板和加筋土挡土墙，墙背填土等
路面工程（每10km或每标段）	路面工程（1～3km路段）	垫层、底基层、基层、面层、路缘石、路肩等

注：按路段长度划分的分部工程，高速公路、一级公路宜取低值，二级及二级以下公路可取高值。

【知识拓展 1-1】

路基工程：小桥及符合小桥标准的通道、人行天桥、渡槽，大型挡土墙、组合挡土墙按座或处划分分部工程，涵洞、砌筑防护工程按路段划分分部工程，并列出各自所含的具体分项工程名称，便于及时对工程质量进行评定。排水工程应根据其数量、工程特点以及施工程序划分。

【学情小测 1-1】

（1）【单选题】《公路工程质量检验评定标准　第一册　土建工程》不适用于（　　）工程。
　　A．新建二级公路　　B．改建三级公路　　C．改建一级公路　　D．高速公路大修
（2）【单选题】根据《公路工程质量检验评定标准　第一册　土建工程》，按路段长度或施工特点划分的是（　　）。
　　A．单位工程　　B．分部工程　　C．分项工程　　D．工序工程
（3）【多选题】考虑建设任务、施工管理和质量控制需要，建设项目划分为（　　）三级。
　　A．单位工程　　B．分部工程　　C．单项工程　　D．分项工程

(4)【多选题】下列工程中可为单位工程的是（　　）。

A. 3km 路基工程　　B. 10km 路基工程　　C. 3km 路面工程　　D. 10km 路面工程

【任务单 1-1】

参见表 1-2。

表 1-2　建设项目划分任务单

专业	班级	姓名	学号	小组

任务：某高速公路路基施工，里程桩号为 K0＋000—K20＋000km，试对该建设项目进行工程划分。	
评定依据	《公路工程质量检验评定标准　第一册　土建工程》
单位工程	
分部工程	
路基土石方工程的分项工程	
其他说明	

微课 3.1　　学情小测 1-1　　思政素材 1.1

任务 1.2　工程质量检验与评定

公路工程质量检验评定以分项工程为评定单元，分项工程完工后，根据《公路工程质量检验评定标准　第一册　土建工程》对工程质量进行评定。隐蔽工程应在隐蔽前检查合格。

分部工程、单位工程完工后,应汇总评定所属分项工程、分部工程质量资料,检查外观质量,对工程质量进行评定。

1. 分项工程质量检验

分项工程应按基本要求、实测项目、外观质量和质量保证资料等检验项目分别检查。

分项工程质量应在所使用的原材料、半成品、成品及施工控制要点等符合基本要求的规定下,无外观质量限制缺陷且质量保证资料真实齐全时,方可进行检验评定。

1) 基本要求检查规定

(1) 分项工程应对所列基本要求逐项检查,经检查不符合规定时,不得进行工程质量的检验评定。

(2) 分项工程所用的各种原材料的品种、规格、质量及混合料配合比和半成品、成品应符合有关技术标准规定并满足设计要求。

各分项工程所列基本要求包括了有关规范的主要点,对施工质量优劣具有关键作用,应按基本要求对工程进行认真检查,经检查不符合基本要求规定时,不得进行工程质量的检验和评定。

2) 实测项目检验规定

实测项目是对规定检查项目采用现场抽样方法,按照规定频率、规定方法对检测项目进行实地检测,计算检测项目合格率,并对检测项目的合格性做出评定。

(1) 对检查项目按规定的检查方法和频率进行随机抽样检验并计算合格率。

(2)《验评标准》规定的检查方法为标准方法,采用其他高效检测方法应经比对确认。

(3)《验评标准》中以路段长度规定的检查频率为双车道路段的最低检查频率,对多车道应按车道数与双车道之比相应增加检查数量。

(4) 应按式(1-1)计算检查项目合格率:

$$检查项目合格率(\%) = \frac{检查合格的点(组)数}{该检查项目的全部检查点(组)数} \times 100\% \qquad (1\text{-}1)$$

(5) 检查项目合格判定应符合下列规定:

① 关键项目的合格率应不低于95%(机电工程为100%),否则该检查项目为不合格。

② 一般项目的合格率应不低于80%,否则该检查项目为不合格。

③ 有规定极值的检查项目,任一单个检测值不应突破规定极值,否则该检查项目为不合格。

④ 采用非数理统计方法进行检验评定的检查项目,不满足要求时,该检查项目为不合格。

3) 外观质量检验

外观质量应进行全面检查,并满足规定要求,否则该检验项目为不合格。对于外观质量不合格的,施工单位须采取合适的措施进行整修处理。

4) 质量保证资料

工程应有真实、准确、齐全、完整的施工原始记录、试验检测数据、质量检验结果等质量保证资料。质量保证资料应包括下列内容:

(1) 所用原材料、半成品和成品质量检验结果;

(2) 材料配合比、拌和加工控制检验和试验数据;

(3) 地基处理、隐蔽工程施工记录和桥梁、隧道施工监控资料;

(4) 质量控制指标的试验记录和质量检验汇总图表;

(5) 施工过程中遇到的非正常情况记录及其对工程质量影响分析评价资料;

(6) 施工过程中如发生质量事故,经处理补救后达到设计要求的认可证明文件等。

检验项目评为不合格的,应进行整修或返工处理直至合格。

2. 工程质量评定

工程质量等级应分为合格与不合格。分项工程、分部工程、单位工程质量评定应有符合表 1-3~表 1-5 规定的资料。

1) 分项工程质量评定合格规定

(1) 检验记录应完整。

(2) 实测项目应合格。

(3) 外观质量应满足要求。

2) 分部工程质量评定合格规定

(1) 评定资料应完整。

(2) 所含分项工程及实测项目应合格。

(3) 外观质量应满足要求。

3) 单位工程质量评定合格规定

(1) 评定资料应完整。

(2) 所含分部工程应合格。

(3) 外观质量应满足要求。

评定为不合格的分项工程、分部工程,经返工、加固、补强或调测,满足设计要求后,可重新进行检验评定。

所含单位工程合格,该合同段评定为合格;所含合同段合格,该建设项目评定为合格。

表 1-3 分项工程质量检验评定

分项工程名称:　　　　工程部位:(桩号、墩台号、孔号)　　　　所属建设项目(合同段):
所属分部工程名称:　　所属单位工程:　　施工单位:　　分项工程编号:

基本要求	(1) (2) …													
实测项目	项次	检查项目	规定值或允许偏差	实测值或实测偏差值									质量评定		
				1	2	3	4	5	6	7	8	9	10	平均值或代表值	合格率/%	合格判定
外观质量								质量保证资料								
工程质量等级评定																

检验负责人:　　　检测:　　　记录:　　　复核:　　　年　月　日

表 1-4　分部工程质量检验评定

分部工程名称：　　　　工程部位：（桩号、墩台号、孔号）　　　所属建设项目（合同段）：
所属单位工程：　　　　施工单位：　　　　　　　　　　　　　　分部工程编号：

分 项 工 程			备　注
分项工程编号	分项工程名称	质量等级	
外观质量			
评定资料			
质量等级			
评定意见			

检验负责人：　　　　记录：　　　　复核：　　　　　　　　年　月　日

表 1-5　单位工程质量检验评定

单位工程名称：　　　　工程地点、桩号：　　　　　　　　　　　所属建设项目（合同段）：
施工单位：　　　　　　　　　　　　　　　　　　　　　　　　　单位工程编号：

分 部 工 程			备　注
分部工程编号	分部工程名称	质量等级	
外观质量			
评定资料			
质量等级			
评定意见			

检验负责人：　　　　记录：　　　　复核：　　　　　　　　年　月　日

【例 1-1】

××至××高速公路 SX 合同段（起讫桩号：K162+300—K190+040）为路面标，由××交通工程公司承建。共划分为 6 个单位工程，分别为：（K162+300—K172+000）（K172+000—K181+860）（K181+860—K189+200）（K180+400—K181+860）互通立交、(K187+084—K187+274.47)隧道、（K189+200—K190+040）交通枢纽。

下面：

以分项工程沥青混凝土面层（K162+300—K164+000）为例说明分项工程质量检验评定；

以分部工程沥青混凝土路面工程（K162+300—K164+000）为例说明分部工程质量检验评定；

以单位工程路面工程（K162+300—K172+000）为例说明单位工程质量检验评定；

以 SX 合同段为例说明合同段的工程质量评定方法。

解　（1）根据《公路工程质量检验评定标准　第一册　土建工程》，沥青混凝土面层基本要求如下：

① 基层质量应符合规范规定并满足设计要求,表面应干燥、清洁、无浮土。
② 应严格控制沥青混合料拌和的加热温度。拌和后的沥青混合料应均匀、无花白、无粗细料分离和结团成块现象。
③ 应按规定要求控制碾压工艺,严格控制摊铺和碾压温度。

(2) 沥青混凝土面层实测项目如表 1-6 所示。

表 1-6　沥青混凝土面层和沥青碎(砾)石面层实测项目

项次	检查项目		规定值或允许偏差		检查方法和频率
			高速公路、一级公路	其他公路	
1△	压实度①/%		≥实验室标准密度的 96%(*98%) ≥最大理论密度的 92%(*94%) ≥试验段密度的 98%(*99%)		每 200m 测 1 点。核子(无核)密度仪每 200m 测 1 处,每处 5 点
2	平整度	σ/mm	≤1.2	≤2.5	平整度仪:全线每车道连续检测,按每 100m 计算 IRI 或 σ 3m 直尺:每 200m 测 2 处×5 尺③
		IRI/(m/km)	≤2.0	≤4.2	
		最大间隙 h/mm	—	≤5	
3	弯沉值/(0.01mm)		不大于设计验收弯沉值		按《验评标准》有关方法检查
4	渗水系数/(mL/min)	SMA 路面	≤120	—	渗水试验仪:每 200m 测 1 处
		其他沥青混凝土路面	≤200		
5	摩擦系数		满足设计要求	—	摆式仪:每 200m 测 1 处,横向力系数测定车:全线连续检测,按《验评标准》有关方法评定
6	构造深度		满足设计要求	—	铺砂法:每 200m 测 1 处
7△	厚度②/mm	代表值	总厚度:设计值的 −5% 上面层:设计值的 −10%	设计值的 −8%	按《验评标准》有关方法检查,每 200m 测 1 点
		单点的合格值	总厚度:设计值的 −10% 上面层:设计值的 −20%	设计值的 −15%	
8	中线平面偏位/mm		20	30	全站仪:每 200m 测 2 点
9	纵断高程/mm		±15	±20	水准仪:每 200m 测 2 个断面
10	宽度/mm	有侧石	±20	±30	尺量:每 200m 测 4 个断面
		无侧石	不小于设计值		
11	横坡/%		±0.3	±0.5	水准仪:每 200m 测 2 个断面
12△	矿料级配		满足生产配合比要求		T0725,每台班 1 次
13△	沥青含量		满足生产配合比要求		T0722、T0721、T0735,每台班 1 次
14	马歇尔稳定度		满足生产配合比要求		T0709,每台班 1 次

注:① 表内压实度,高速公路、一级公路应选用 2 个标准评定,以合格率低的作为评定结果;其他公路选用 1 个标准进行评定。带 * 者是指沥青玛琋脂碎石混合料(SMA)路面。
② 表列沥青层厚度仅规定负允许偏差。
③ 表达方式引自《公路工程质量检验评定标准　第一册　土建工程》(JTG F80/1—2017)表 7.3.2。

④ 沥青面层一般按铺筑层总厚度进行评定,高速公路、一级公路还应进行上面层厚度的检验与评定。其他公路的厚度代表值和单值允许偏差按总厚度评定,当总厚度≤60mm时,允许偏差分别为-5mm和-10mm;当总厚度>60mm时,允许偏差分别为设计值的-8%和设计值的-15%。

⑤ 表中T0725指沥青混合料的矿料级配检验方法,T0722、T0721、T0735指沥青混合料中沥青含量试验法,T0709指沥青混合料马歇尔稳定度试验。

(3) 沥青混凝土面层外观鉴定如下:

① 表面裂缝、松散、推挤、碾压轮迹、油丁、泛油、离析的累计长度不得超过50m。
② 搭接处烫缝应无枯焦。
③ 路面应无积水。

分项工程沥青混凝土面层(K162+300—K164+000)工程质量检验评定如表1-7所示,分部工程沥青混凝土路面工程(K162+300—K164+000)工程质量检验评定如表1-8所示,单位工程路面工程(K162+300—K172+000)工程质量检验评定如表1-9所示,项目建设(合同段)工程质量检验评定如表1-10所示。

表1-7 分项工程质量检验评定

分项工程名称:沥青混凝土面层 所属分部工程名称:路面工程(K162+300—K164+000)
工程部位:(K162+300—K164+000)面层 所属单位工程:路面工程(K162+300—K172+000)
所属建设项目(合同段):××至××高速公路SX合同段 施工单位:××交通工程公司
分项工程编号:01

基本要求	(1) 基层质量应符合规范规定并满足设计要求,表面应干燥、清洁、无浮土。 (2) 应严格控制沥青混合料拌和的加热温度。拌和后的沥青混合料应均匀、无花白、无粗细料分离和结团成块现象。 (3) 应按规定要求控制碾压工艺,严格控制摊铺和碾压温度							合格	
项次	检查项目	规定值或允许偏差	质量评定					合格判定	备注
			实测值或实测偏差值(以6点为例)						
			1	2	3	4	5	6		

项次	检查项目		规定值或允许偏差	1	2	3	4	5	6	合格判定	备注
1△	压实度/%		最大理论密度的92%(*94%)	96	97	97	98	96	95	合格	合格率>95%
2	平整度	σ/mm	1.2	1.1	0.8	0.7	1.0	0.9	1.0	合格	合格率>80%
3	弯沉值/(0.01mm)		符合设计要求	符合	符合	符合	符合	符合	符合	合格	
4	渗水系数/(mL/min)		200	160	120	150	140	145	155	合格	合格率>80%
5	抗滑	构造深度	符合设计要求	符合	符合	符合	符合	符合	符合	合格	
6△	厚度/mm	代表值	总厚度:设计厚度的-8% 上面层:设计厚度的-10%	符合	符合	符合	符合	符合	符合	合格	
		单点的合格值	总厚度:设计厚度的-10% 上面层:设计厚度的-20%	符合	符合	符合	符合	符合	符合		
7	中线平面偏位/mm		20	15	18	16	18	18	14	合格	合格率>80%
8	纵断高程/mm		±15	+5	-4	+6	+3	-4	+3	合格	合格率>80%

续表

项次	检查项目	规定值或允许偏差	质量评定 实测值或实测偏差值(以6点为例)						合格判定	备注
			1	2	3	4	5	6		
9	宽度/mm	±20	+15	−14	+6	−3	+8	+6	合格	合格率>80%
10	横坡/%	±0.3	+0.2	+0.1	−0.2	−0.1	+0.1	+0.1	合格	合格率>80%
11△	矿料集配	满足生产配合比要求	满足	符合	符合	符合	符合	符合	合格	
12△	沥青含量	满足生产配合比要求	满足	符合	符合	符合	符合	符合	合格	
13	马歇尔稳定度	满足生产配合比要求	满足	符合	符合	符合	符合	符合	合格	
	外观鉴定	(1) 表面裂缝、松散、推挤、碾压轮迹、油丁、泛油、离析的累计长度没有超50m。 (2) 搭接处烫缝无枯焦。 (3) 路面无积水							合格	
	质量保证资料		齐全、完整							
	工程质量等级评定		合格							

检验负责人：×××　　检测：×××　　记录：×××　　复核：××××年×月×日

表1-8　分部工程沥青混凝土路面工程质量检验评定

分部工程名称：路面工程(K162+300—K164+000)　　工程部位：K162+300—K164+000
所属单位工程：K162+300—K172+000　　所属建设项目(合同段)：××至××高速公路SX合同段
施工单位：××交通工程公司　　　　　　　　　　　　　　分部工程编号：01

分项工程			备注
分项工程编号	分项工程名称	质量等级	
01	K162+300—K164+000 底基层	合格	
02	K162+300—K164+000 下基层	合格	
03	K162+300—K164+000 中基层	合格	
04	K162+300—K164+000 面层	合格	判定方法见表1-7
05	K162+300—K164+000 路缘石	合格	
06	K162+300—K164+000 过渡板	合格	
07	K162+300—K164+000 路肩干砌片石	合格	
08	K162+300—K164+000 雨水井预制	合格	
09	K162+300—K164+000 雨水井安装	合格	
10	K162+300—K164+000 桥面防水层	合格	
11	K162+300—K164+000 路肩	合格	
外观质量	外观质量满足要求		
评定资料	齐全、完整		
质量等级	合格		
评定意见	本分部工程所属的各分项工程质量全部合格		

检验负责人：×××　　记录：×××　　复核：×××　　××××年×月×日

表 1-9　单位工程路面工程质量检验评定

单位工程名称：路面工程（K162+300—K172+000）　　　　　工程地点、桩号：
所属建设项目（合同段）：××至××高速公路 SX 合同段
施工单位：××交通工程公司　　　　　　　　　　　　　　单位工程编号：01

分部工程			备　注
分部工程编号	分部工程名称	质量等级	
01	K162+300—K164+000	合格	判定方法见表 1-8
02	K164+000—K165+600	合格	
03	K165+600—K167+000	合格	
04	K167+000—K168+840	合格	
05	K168+840—K169+798	合格	
06	AK1+238.367—AK1+728.101	合格	
07	BK1+223.222—BK1+548.893	合格	
08	K169+798—K170+943	合格	
09	K170+943—K172+000	合格	
外观质量	外观质量满足要求		
评定资料	齐全、完整		
质量等级	合格		
评定意见	本单位工程所属的各分部工程质量全部合格		

检验负责人：×××　　　记录：×××　　　复核：×××　　　××××年×月×日

表 1-10　项目建设（合同段）工程质量检验评定

项目名称：××至××高速公路　　　　　路线名称：××至××高速公路 SX 合同段

单位工程			备　注
施工单位	工程名称	质量等级	
××交通工程公司	K162+300—K172+000	合格	判定方法见表 1-9
××交通工程公司	K172+000—K181+860	合格	
××交通工程公司	K181+860—K189+200	合格	
××交通工程公司	K180+400—K181+860 互通立交	合格	
××交通工程公司	K187+084—K187+274.47 隧道	合格	
××交通工程公司	K189+200—K190+040 交通枢纽	合格	
质量等级	合格		
评定意见	本合同段所属的各单位工程质量全部合格		

起讫桩号：K162+300—K190+040　　　　　　　　　　　完工日期：
检验负责人：×××　　　记录：×××　　　复核：×××　　　××××年×月×日

【知识拓展 1-2】

施工单位应在各分项工程完成后，按《公路工程质量检验评定标准　第一册　土建工程》所列基本要求、实测项目和外观鉴定与工序同号进行自检，按"分项工程质量检验评定表"及相关施工技术规范提交真实、完整的自查资料，对工程质量进行自我评分。监理工程师应按规定要求对工程质量进行独立抽检，对施工检评资料进行签认，对工程质量进行评定。项目法人根据工程质量的检查及平时掌握的情况，对监理工程师所做出的工程质量评定进行审定。质量监督机构根据施工过程中的抽查资料和独立检测资料，对工程质量进行检查鉴定，作为交工、竣工验收评定等级的依据。

【学情小测 1-2】

（1）【单选题】根据《公路工程质量检验评定标准 第一册 土建工程》，1～3km 路段沥青路面应按（　　）进行质量评定。

  A. 分项工程 B. 分部工程 C. 单项工程 D. 单位工程

（2）【多选题】分项工程的检查项目包括（　　）。

  A. 基本要求 B. 实测项目 C. 外观质量 D. 质量保证资料

（3）【多选题】分部工程质量等级分为（　　）。

  A. 合格 B. 良好 C. 不合格 D. 优秀

（4）【单选题】关键项目是否合格，必须满足的条件是（　　）。

  A. 关键项目合格率大于 80%

  B. 检测值小于规定极值

  C. 关键项目合格率不低于 95%，且检测值不得超过规定极值

  D. 关键项目合格率不低于 80%，且检测值不得超过规定极值

（5）【多选题】工程质量保证资料应包括下列选项中的（　　）。

  A. 材料配合比、拌和加工控制检验和试验数据

  B. 对规定检查项目采用现场抽样方法

  C. 发现外观缺陷应进行减分

  D. 施工过程中遇到的非正常情况记录及其对工程质量影响分析

【任务单 1-2】

参见表 1-11。

表 1-11 工程质量检验与评定任务单

专业	班级	姓名	学号	小组

任务：某高速公路单位工程是路基工程，其分部工程为路基土石方工程，而土方路基属于其中一个分项工程。质量评定从分项工程土方路基入手，从基本要求、实测项目、外观质量、质量保证资料四个方面进行，写出这四个方面各包括哪些内容，并根据土方路基实测项目要求及测试结果（表 1-12）进行质量评定。	
评定依据	《公路工程质量检验评定标准 第一册 土建工程》
基本要求	

续表

实测项目	
外观质量	
质量保证资料	
其他说明	

微课 3.2　　学情小测 1-2　　思政素材 1.2

表 1-12 土方路基质量检验评定

分项工程名称：土方路基
所属分部工程名称：路基土石方工程　　　　　工程部位：
所属单位工程：路基工程　　　所属建设项目（合同段）：××高速公路　　　施工单位：　　　　　　分项工程编号：

项次	检查项目	规定值或允许偏差	实测值或实测偏差值									平均值或代表值	质量评定 合格判定	备注
			1	2	3	4	5	6	7	8	9	10		
基本要求														
实测项目	1△ 压实度/%	≥96	98	98	96	96	95	97	97	98	98	96		
	2△ 弯沉/(0.01mm)	≤设计弯沉值 40	30	32	26	34	32	30	34	35	35	30		
	3 纵断高程/mm	+10, -15	+2	+3	-1	-2	+5	+6	+3	-5	-10	-10		
	4 中线偏位/mm	50	45	46	45	38	38	40	42	44	42	40		
	5 宽度/mm	满足设计要求	符合	符合	符合	符合	符合	符合	符合	符合	符合	符合		
	6 平整度/mm	≤15	10	12	14	15	16	15	10	15	10	12		
	7 横坡/%	±0.3	0.2	0.1	0.3	0.4	0.2	0.2	0.2	0.2	0.1	0.2		
	8 边坡	满足设计要求	符合	符合	符合	符合	符合	符合	符合	符合	符合	符合		
外观质量														
质量保证资料			完整齐全											
工程质量等级评定														

检验负责人：　　　　　　　　检测：　　　　　　　　记录：　　　　　　　　复核：　　　　　　　　年　月　日

任务 1.3　路基路面检查项目

1. 路基工程质量检查项目

1）一般规定

（1）土方路基和填石路基实测项目的规定值或允许偏差按高速公路、一级公路,其他公路(指二级及以下公路)两档确定。其中,土方路基压实度应按高速公路、一级公路,二级公路,三、四级公路三档确定。

（2）路基压实度应分层检测,路基工程检查项目应在上路床进行检查测定。

（3）土质路肩工程作为路面工程的一个分项工程进行检查评定。

（4）收费广场及服务区道路、停车场的土方工程压实标准可按土方路基要求进行检验。

2）土方路基

（1）基本要求如下：

① 在路基用地和取土坑范围内,应清除地表植被、杂物、积水、淤泥和表土,处理坑塘,并按施工技术规范和设计要求对基底进行压实。表土应被充分利用。

② 填方路基应分层填筑压实,每层表面平整,路拱合适,排水良好,不得有明显碾压轮迹,不得亏坡。

③ 应设置施工临时排水系统,避免冲刷边坡,路床顶面不得积水。

④ 在设定取土区内合理取土,不得滥开滥挖。完工后应按要求对取土坑和弃土场进行修整。

（2）土方路基实测项目如表 1-13 所示。

表 1-13　土方路基实测项目

项次	检查项目			规定值或允许偏差			检查方法和频率
				高速公路、一级公路	其他公路		
					二级公路	三、四级公路	
1△	压实度/%	上路床	0～0.3m	≥96	≥95	≥94	密度法：每200m每压实层测2处
		下路床 轻、中及重交通荷载等级	0.3～0.8m	≥96	≥95	≥94	
		下路床 特重、极重交通荷载等级	0.3～1.2m	≥96	≥95	—	
		上路堤 轻、中及重交通荷载等级	0.8～1.5m	≥94	≥94	≥93	
		上路堤 特重、极重交通荷载等级	1.2～1.9m	≥94	≥94	—	
		下路堤 轻、中及重交通荷载等级	>1.5m	≥93	≥92	≥90	
		下路堤 特重、极重交通荷载等级	>1.9m	≥93	≥92	≥90	
2△	弯沉/(0.01mm)			不大于设计验收弯沉值			按《验评标准》有关方法检查
3	纵断高程/mm			+10,-15	+10,-20		水准仪：中线位置每200m测2点

续表

项次	检查项目	规定值或允许偏差			检查方法和频率
		高速公路、一级公路	其他公路		
			二级公路	三、四级公路	
4	中线偏位/mm	50	100		全站仪：每200m测2点，弯道加HY(缓圆点)、YH(圆缓点)两点
5	宽度/mm	满足设计要求			尺量：每200m测4点
6	平整度/mm	≤15	≤20		3m直尺：每200m测2处×5尺
7	横坡/%	±0.3	±0.5		水准仪：每200m测2个断面
8	边坡	满足设计要求			尺量：每200m测4点

注：① 表列压实度系按现行《公路土工试验规程》(JTG 3430—2020)重型击实试验所得最大干密度求得的压实度、评定路段内的压实度平均值下置信界限不得小于规定标准。单个测定值不得小于极值(表列规定值减5个百分点)。按测定值不小于表列规定值减2个百分点的测点占总检查点数的百分率计算合格率。
② 特殊干旱、特殊潮湿地区或过湿土路基等，可按路基设计、施工规范所规定的压实度标准进行评定。
③ 三、四级公路铺筑沥青混凝土或水泥混凝土路面时，路基压实度应采用二级公路标准。

(3) 外观鉴定如下：
① 路基边线与边坡不应出现单向累计长度超过50m的弯折。
② 路基边坡、护坡道、碎落台不得有滑坡、塌方或深度超过100mm的冲沟。

3) 填石路基

(1) 基本要求如下：
① 填石路基应分层填筑压实，每层表面平整，路拱合适，排水良好，上路床不得有碾压轮迹，不得亏坡。
② 修筑填石路基时应进行地表清理，填筑层厚度应符合规范规定并满足设计要求，填石空隙用石渣、石屑嵌压稳定。
③ 填石路基应通过试验路确定沉降差控制标准。

(2) 填石路基实测项目如表1-14所示。

表1-14 填石路基实测项目

项次	检查项目	规定值或允许偏差		检查方法和频率
		高速公路、一级公路	其他公路	
1△	压实①	孔隙率满足设计要求 沉降差不大于试验路确定的沉降差		密度法：每200m每压实层测1处 精密水准仪：每50m测1个断面，每个断面测5点
2△	弯沉/(0.01mm)	不大于设计值		按《验评标准》有关方法检查
3	纵断高程/mm	+10，-20	+10，-30	水准仪：中线位置每200m测2点

续表

项次	检查项目		规定值或允许偏差		检查方法和频率
			高速公路、一级公路	其他公路	
4	中线偏位/mm		≤50	≤100	全站仪：每200m测2点，弯道加HY、YH两点
5	宽度/mm		满足设计要求		尺量：每200m测4点
6	平整度/mm		≤20	≤30	3m直尺：每200m测2处×5尺
7	横坡/%		±0.3	±0.5	水准仪：每200m测2个断面
8	边坡	坡度	满足设计要求		尺量：每200m测4点
		平顺度	满足设计要求		

注：① 上下路床填土时压实度检验标准同土方路基。

(3) 外观鉴定如下：

① 路基边线与边坡不应出现单向累计长度超过50m的弯折。

② 上边坡不得有危石。

4) 软土地基处置

(1) 基本要求如下：

① 换填地基的填筑压实要求同土方路基。

② 砂垫层：应分层碾压施工；砂垫层宽度应宽出路基边脚0.5~1.0m，两侧端以片石护砌；砂垫层厚度及其上铺设的反滤层应满足设计要求。

③ 反压护道：护道高度、宽度应满足设计要求，压实度不低于90%。

④ 袋装砂井、塑料排水板：砂袋和塑料排水板下沉时不得出现扭结、断裂等现象；井(板)底高程应满足设计要求，塑料排水板超过孔口的长度应伸入砂垫层不小于500mm。

⑤ 粒料桩：施工工艺应符合规范规定；施工前应进行成桩工艺和成桩挤密试验；桩体应连续、密实。

⑥ 加固土桩：施工前应进行成桩工艺和成桩强度试验；施工设备必须安装喷粉(浆)自动记录装置，施工工艺应符合规范规定。

⑦ 水泥粉煤灰碎石桩：施工前应进行成桩工艺和成桩强度试验；混合料应拌和均匀，桩体施工应选择合理的施打顺序，成桩过程中应对已打桩的桩顶进行位移监测。

⑧ 刚性桩：施工前应进行成桩试验；施工工艺应符合规范规定。

⑨ 软土地基上的路堤，应满足沉降标准和稳定性的设计要求。

(2) 砂垫层实测项目如表1-15所示。

表1-15 砂垫层实测项目

项次	检查项目	规定值或允许偏差	检查方法和频率
1	砂垫层厚度	不小于设计值	尺量：每200m测2点，且不少于5点
2	砂垫层宽度	不小于设计值	尺量：每200m测2点，且不少于5点
3	反滤层设置	满足设计要求	尺量：每200m测2点，且不少于5点
4	压实度/%	≥90	密度法：每200m测2点，且不少于5点

(3) 外观鉴定：砂垫层表面没有坑洼不平。

2. 路面基层和底基层质量检查项目

1) 一般规定

(1) 路面基层和底基层的实测项目规定值或允许偏差按高速公路、一级公路,其他公路(指二级及其以下公路)两档设定。对于在设计和合同文件中提高了技术要求的二级公路,其工程质量检验评定按设计和合同文件的要求进行,但不应高于高速公路、一级公路的检验评定标准。

(2) 路面基层和底基层实测项目规定的检查频率为双车道公路每一检查段内的检查频率(按 m^2 或 m^3 或工作班设定的检查频率除外),多车道公路须按其车道数与双车道之比,相应增加检查数量。

(3) 各类基层和底基层压实度代表值(下置信界限)和单点极值均不得小于规定值。小于代表值规定值 2 个百分点的测点,应按其占总检查点数的百分率计算合格率。

(4) 垫层的质量要求同相同材料的其他公路底基层;联结层的质量要求同相应的基层或面层;中级路面的质量要求同相同材料的其他公路基层。

(5) 基层和底基层厚度取代表值和单点合格值允许偏差。当代表值偏差超过规定值时,该分项工程评为不合格;当代表值偏差满足要求时,按单点合格值占检查点数的百分率计算合格率。

(6) 材料要求和配合比控制列入各层基本要求,通过检查施工、监理工程师提交单位的资料进行评定。

(7) 粒料基层完工后应及时洒布透层油并铺筑封层,透层油透入深度应不小于 5mm,无机结合料稳定材料基层透层油透入深度宜不小于 3mm。

2) 稳定土基层和底基层

(1) 基本要求如下:

① 石灰应经充分消解,路拌深度应达到层底。

② 石灰类材料应处于最佳含水率状态下碾压,水泥类材料碾压终了的时间不应超过水泥的终凝时间。

③ 碾压检查合格后立即覆盖或洒水养护,养护期应符合规范规定。

(2) 稳定土基层和底基层实测项目如表 1-16 所示。

表 1-16 稳定土基层和底基层实测项目

项次	检查项目		规定值或允许偏差				检查方法和频率
			基层		底基层		
			高速公路、一级公路	其他公路	高速公路、一级公路	其他公路	
1△	压实度/%	代表值	—	≥95	≥95	≥93	按《验评标准》有关方法检查,每200m测2点
		极值	—	≥91	≥91	≥89	
2	平整度/mm		—	≤12	≤12	≤15	3m 直尺:每200m测2处×5尺
3	纵断高程/mm		—	+5,−15	+5,−15	+5,−20	水准仪:每200m测2个断面
4	宽度/mm		满足设计要求		满足设计要求		尺量:每200m测4个断面
5△	厚度/mm	代表值	—	−10	−10	−12	按《验评标准》有关方法检查,每200m测2点
		单点合格值	—	−20	−25	−30	

续表

项次	检查项目	规定值或允许偏差				检查方法和频率
		基层		底基层		
		高速公路、一级公路	其他公路	高速公路、一级公路	其他公路	
6	横坡/%	—	±0.5	±0.3	±0.5	水准仪：每200m测2个断面
7△	强度/MPa	满足设计要求		满足设计要求		按《验评标准》有关方法检查

（3）外观鉴定：表面应无松散、无坑洼、无碾压轮迹。

3）稳定粒料基层和底基层

（1）基本要求如下：

① 选择质坚干净的粒料，石灰应充分消解，矿渣应分解稳定，未分解渣块应予以剔除。

② 路拌深度应达到层底。

③ 石灰类材料应处于最佳含水率状态下碾压，水泥类材料碾压终了的时间不应超过水泥的终凝时间。

④ 碾压检查合格后立即覆盖或洒水养护，养护期应符合规范规定。

（2）稳定粒料基层和底基层实测项目如表1-17所示。

表1-17 稳定粒料基层和底基层实测项目

项次	检查项目		规定值或允许偏差				检查方法和频率
			基层		底基层		
			高速公路、一级公路	其他公路	高速公路、一级公路	其他公路	
1△	压实度/%	代表值	≥98	≥97	≥96	≥95	按《验评标准》有关方法检查，每200m测2点
		极值	≥94	≥93	≥92	≥91	
2	平整度/mm		≤8	≤12	≤12	≤15	3m直尺：每200m测2处×5尺
3	纵断高程/mm		+5,−10	+5,−15	+5,−15	+5,−20	水准仪：每200m测2个断面
4	宽度/mm		满足设计要求		满足设计要求		尺量：每200m测4点
5△	厚度/mm	代表值	−8	−10	−10	−12	按《验评标准》有关方法检查，每200m测2点
		单点合格值	−10	−20	−25	−30	
6	横坡/%		±0.3	±0.5	±0.3	±0.5	水准仪：每200m测2个断面
7△	强度/MPa		满足设计要求		满足设计要求		按《验评标准》有关方法检查

（3）外观鉴定如下：

① 表面应无松散、坑洼、无碾压轮迹。

② 表面连续离析不得超过10m，累计离析不得超过50m。

4）级配碎（砾）石基层和底基层

（1）基本要求如下：

① 配料应准确。

② 塑性指数应满足设计要求。

（2）级配碎（砾）石基层和底基层实测项目如表1-18所示。

表 1-18 级配碎(砾)石基层和底基层实测项目

项次	检查项目		规定值或允许偏差				检查方法和频率
			基层		底基层		
			高速公路、一级公路	其他公路	高速公路、一级公路	其他公路	
1△	压实度/%	代表值	≥98		≥96		按《验评标准》有关方法检查，每200m测2点
		极值	≥94		≥92		
2	弯沉值/(0.01mm)		满足设计要求		满足设计要求		按《验评标准》有关方法检查
3	平整度/mm		≤8	≤12	≤12	≤15	3m直尺：每200m测2处×5尺
4	纵断高程/mm		+5,−10	+5,−15	+5,−15	+5,−20	水准仪：每200m测2个断面
5	宽度/mm		满足设计要求		满足设计要求		尺量：每200m测4点
6△	厚度/mm	代表值	−8	−10	−10	−12	按《验评标准》有关方法检查，每200m测2点
		单点合格值	−10	−20	−25	−30	
7	横坡/%		±0.3	±0.5	±0.3	±0.5	水准仪：每200m测2个断面

(3) 外观鉴定如下：

① 表面应无松散、无坑洼、无碾压轮迹。

② 表面连续离析不得超过10m，累计离析不得超过50m。

5) 填隙碎石(矿渣)基层和底基层

(1) 基本要求如下：

① 所用材料的规格、质量应满足设计要求。

② 应采用振动压路机碾压至填隙饱满密实。

(2) 填隙碎石(矿渣)基层和底基层实测项目如表1-19所示。

表 1-19 填隙碎石(矿渣)基层和底基层实测项目

项次	检查项目		规定值或允许偏差				检查方法和频率
			基层		底基层		
			高速公路、一级公路	其他公路	高速公路、一级公路	其他公路	
1△	固体体积率/%	代表值	—	≥98	≥96		密度法：每200m测2点
		极值	—	≥82	≥80		
2	弯沉值/(0.01mm)		满足设计要求		满足设计要求		按《验评标准》有关方法检查
3	平整度/mm		—	≤12	≤12	≤15	3m直尺：每200m测2处×5尺
4	纵断高程/mm		—	+5,−15	+5,−15	+5,−20	水准仪：每200m测2个断面
5	宽度/mm		满足设计要求		满足设计要求		尺量：每200m测4点
6△	厚度/mm	代表值	—	−10	−10	−12	按《验评标准》有关方法检查，每200m测2点
		单点合格值	—	−20	−25	−30	
7	横坡/%		—	±0.5	±0.3	±0.5	水准仪：每200m测2个断面

(3) 外观鉴定如下：

① 表面应无松散、无坑洼、无碾压轮迹。

② 表面连续离析不得超过10m，累计离析不得超过50m。

3. 路面面层质量检查项目

1) 一般规定

(1) 路面工程的实测项目规定值或允许偏差应按高速公路、一级公路,其他公路两档确定,路面结构层厚度检验标准均为允许偏差。

(2) 水泥混凝土上加铺沥青面层的复合式路面,两种结构均应进行检验评定。其中,水泥混凝土路面结构可不检查抗滑构造深度,平整度应符合相应等级公路的标准;沥青面层可不检查弯沉。

(3) 路面面层实测项目规定的检查频率为双车道公路每一检查段内的检查频率(按 m^2 或 m^3 或工作班设定的检查频率除外),多车道公路的路面各结构层均须按其车道数与双车道之比,相应增加检查数量。

(4) 表层平整度规定值是指交工验收时应达到的平整度要求,其测定以自动或半自动平整度仪为主,全线每车道连续测定按每 100m 输出结果计算合格率。采用 3m 直尺测定路面各结构层平整度时,以最大间隙作为指标,按尺数计算合格率。

(5) 路面表面渗水系数宜在路面成型后 12 小时内,进行渗水试验,每个测点进行 3 次平行试验。

(6) 路面各结构层厚度取代表值和单点合格值允许偏差。代表值偏差超过规定值时,该分项工程评为不合格;当代表值偏差满足要求时,按单点合格值占测点数的百分率计算合格率。

(7) 材料要求和配合比控制列入各种路面基本要求,通过检查施工单位、监理工程师的资料进行评定。

2) 水泥混凝土面层

(1) 基本要求如下:

① 基层质量应符合规范规定并满足设计要求,表面清洁、无浮土。

② 接缝填缝料应符合规范规定并满足设计要求。

③ 接缝的位置、规格、尺寸及传力杆、拉力杆的设置应满足设计要求。

④ 混凝土路面铺筑后按施工规范要求养护。

⑤ 应对干缩、温缩产生的裂缝进行处理。

(2) 水泥混凝土面层实测项目如表 1-20 所示。

表 1-20 水泥混凝土面层实测项目

项次	检查项目		规定值或允许偏差		检查方法和频率
			高速公路、一级公路	其他公路	
1△	弯拉强度/MPa		在合格标准内		按《验评标准》有关方法检查
2△	板厚度/mm	代表值	−5		按《验评标准》有关方法检查,每 200m 测 2 点
		合格值	−10		
		极值	−15		
3	平整度①	σ/mm	≤1.32	≤2.0	平整度仪:全线每车道连续检测,每 100m 计算 σ、IRI
		IRI/(m/km)	≤2.2	≤3.3	
		最大间隙 h/mm	≤3	≤5	3m 直尺每半幅车道,每 200m 测 2 处×5 尺

续表

项次	检查项目		规定值或允许偏差		检查方法和频率
			高速公路、一级公路	其他公路	
4	抗滑构造深度/mm	一般路段	0.7～1.1	0.5～1.0	铺砂法：每200m测1处
		特殊路段②	0.8～1.2	0.6～1.1	
5	横向力系数SFC	一般路段	≥50	—	按《验评标准》有关方法检验，每20m测1点
		特殊路段②	≥55	≥50	
6	相邻板高差/mm		≤2	≤3	尺量：胀缝每条测2点；纵、横缝每200m抽查2条，每条测2点
7	纵、横缝顺直度/mm		≤10		纵缝20m拉线尺量，每200m测4处；横缝沿板宽拉线尺量，每200m测4条
8	中线平面偏位/mm		20		全站仪：每200m测2点
9	路面宽度/mm		±20		尺量：每200m测4点
10	纵断高程/mm		±10	±15	水准仪：每200m测2个断面
11	横坡/%		±0.15	±0.25	水准仪：每200m测2个断面
12	断板率③/%		≤0.2	≤0.4	目测：全部检查，数断板面板块数占总块数比例

注：① 表中 σ 为平整度仪测定的标准偏差；IRI 为国标平整度指数；h 为 3m 直尺与面层的最大间隙。

② 特殊路段：高速公路、一级公路特殊路段包括立体交叉匝道、平面交叉口、弯道、变速车道、组合坡度不小于3%坡度段、桥面、隧道路面及收费站广场等处；其他公路特殊路段包括设超高路段、组合坡度大于或等于4%坡度段、交叉口路段、桥面及其上下坡段、隧道路面及集镇附近路段等处。

③ 断板率中包含断角率，应统计行车道与超车道面板，不计硬路肩板，不计入修复后的面板。

(3) 外观鉴定如下：

① 缺陷、裂缝、露筋、蜂窝、疏松等不应出现外观限制缺陷。

② 面板不应有坑穴、鼓包和掉角。

③ 接缝填注不得漏填、松脱，不应污染路面。

④ 路面应无积水。

3) 沥青混凝土面层和沥青碎(砾)石面层

(1) 基本要求

① 基层质量应符合规范规定并满足设计要求，表面应干燥、清洁、无浮土。

② 应严格控制沥青混合料拌和的加热温度。拌和后的沥青混合料应均匀、无花白、无粗细料分离和结团成块现象。

③ 应按规定要求控制碾压工艺，严格控制摊铺和碾压温度。

(2) 实测项目(表1-6)

(3) 外观鉴定

① 表面裂缝、松散、推挤、碾压轮迹、油丁、泛油、离析的累计长度不得超过 50m。

② 搭接处烫缝应无枯焦。

③ 路面应无积水。

4) 沥青贯入式面层(或上拌下贯式面层)

(1) 基本要求如下：

① 上拌沥青混合料每日应做沥青含量、矿料级配和马歇尔稳定度试验。

② 沥青贯入式面层施工前,应先做好路面结构层与路肩的排水。
③ 碎石层应平整坚实,嵌挤稳定,沥青贯入应深透,浇洒应均匀,不得污染其他构筑物。
④ 嵌缝料应趁热撒铺,扫料均匀,不应有重叠现象。
⑤ 上层采用拌和料时,混合料应均匀、无花白、无粗细料分离和结团成块现象,摊铺应平整,接茬平顺,及时碾压。

(2) 实测项目如表 1-21 所示。

表 1-21 沥青贯入式面层(或上拌下贯式面层)实测项目

项次	检查项目		规定值或允许偏差	检查方法和频率
1	平整度	σ/mm	≤3.5	平整度仪:全线每车道连续按每 100m 计算 IRI 或 σ
		IRI/(m/km)	≤5.8	
		最大间隙 h/mm	≤8	3m 直尺:每 200m 测 2 处×5 尺
2	弯沉值/(0.01mm)		不大于设计验收弯沉值	按《验评标准》有关方法检查
3△	厚度①/mm	代表值	设计值的-8%或-5	按《验评标准》有关方法检查每 200m 测 2 点
		单点合格值	设计值的-15%或-10	
4	沥青总用量		±0.5%	每台班每层洒布检查 1 次
5	中线平面偏位/mm		30	全站仪:每 200m 测 2 点
6	纵断高程/mm		±20	水准仪:每 200m 测 2 个断面
7	宽度/mm	有侧石	±30	尺量:每 200m 测 4 点
		无侧石	不小于设计值	
8	横坡/%		±0.5	水准仪:每 200m 测 2 个断面
9△	矿料级配		满足生产配合比要求	T0725,每台班 1 次
10△	沥青含量		满足生产配合比要求	T0722、T0721、T0735,每台班 1 次

注:① 当设计厚度≥60mm 时,按厚度百分率计算;当设计厚度<60mm 时,直接选用固定值。

(3) 外观鉴定如下:
① 面层不得松散,不得漏洒,应无波浪、油包。
② 路面应无积水。

5) 沥青表面处置面层

(1) 基本要求如下:
① 下承层表面应坚实、稳定、平整、清洁、干燥。
② 沥青浇洒应均匀,无露白,不得污染其他构筑物。
③ 集料应趁热撒铺,扫布均匀,不得有重叠现象,压实平整。

(2) 实测项目如表 1-22 所示。

表 1-22 沥青表面处置面层实测项目

项次	检查项目		规定值或允许偏差	检查方法和频率
1	平整度	σ/mm	≤4.5	平整度仪:全线每车道连续按每 100m 计算 IRI 或 σ
		IRI/(m/km)	≤7.5	
		最大间隙 h/mm	≤10	3m 直尺:每 200m 测 2 处,每次连续摆放 5 次 3m 直尺测试
2	弯沉值/(0.01mm)		不大于设计验收弯沉值	按《验评标准》有关方法检查

续表

项次	检查项目		规定值或允许偏差	检查方法和频率
3△	厚度/mm	代表值	−5	按《验评标准》有关方法检查,每200m每车道测1点
		单点合格值	−10	
4	沥青用量		±0.5%	每工作日每层洒布查1次
5	中线平面偏位/mm		30	全站仪:每200m测2点
6	纵断高程/mm		±20	水准仪:每200m测2个断面
7	宽度/mm	有侧石	±30	尺量:每200m测4处
		无侧石	不小于设计值	
8	横坡/%		±0.5	水准仪:每200m测2个断面

(3) 外观鉴定如下:
① 表面应无拖痕,松散,推挤,油丁,泛油,离析的累计长度不得超过50m。
② 路面应无积水。

4. 排水工程质量检查项目

1) 一般规定

(1) 排水工程施工应满足设计要求并符合施工规范的规定,依照实际地形,选择合适的位置,将地面水和地下水排出路基。
(2) 边沟、截水沟、排水沟等应按本书任务1.3中土沟、浆砌水沟要求进行检验。
(3) 跌水、急流槽、水簸箕等其他排水工程应按浆砌水沟的要求进行检验。
(4) 路面拦水带纳入路缘石分项工程,排水基层应按路面基层的要求进行检验。
(5) 沟槽回填土应符合施工规范的规定并满足设计要求。
(6) 排水泵站明挖基础可按砌体或混凝土浇筑标准进行检验。
(7) 钢筋混凝土构件应包含钢筋加工及安装分项工程,预应力混凝土构件应包括预应力钢筋的加工和张拉分项工程。

2) 管节预制

(1) 基本要求如下:
① 混凝土应满足耐久性(抗冻、抗渗、抗侵蚀)等设计要求。
② 不得出现露筋和空洞现象。
(2) 实测项目如表1-23所示。

表1-23 管节预制实测项目

项次	检查项目	规定值或允许偏差	检查方法和频率
1△	混凝土强度/MPa	在合格标准内	按《验评标准》有关方法检查
2	内径/mm	不小于设计值	尺量:抽查10%管节,每管节测2个断面,且不少于5个断面
3	壁厚/mm	−3	尺量:抽查10%管节,每管节测2个断面,且不少于5个断面
4	顺直度	矢度不大于0.2%管节长	抽查10%管节,沿管节拉线量,取最大矢高
5	长度/mm	+5,0	尺量:抽查10%管节,每管节测1点,且不少于5点

(3) 外观鉴定不应出现本书任务1.3知识拓展1-3中小型预制构件外观限制性缺陷。

3) 混凝土排水管安装

(1) 基本要求如下:
① 排水管基础应满足设计要求。

② 管材应逐节检查,不得有裂缝、破损。
③ 管节铺设应平顺、稳固,管底坡度不得出现反坡,管节接头处流水面高差不得大于5mm。管内不得有泥土、砖石、砂浆等杂物。
④ 管径大于750mm时,应在管内做整圈勾缝。
⑤ 抹带前,管口应洗刷干净,管口表面应平整密实,无裂缝现象。抹带后应及时覆盖养护。
⑥ 设计中要求防渗漏的排水管应做渗漏试验,渗漏量应满足设计要求。

(2) 实测项目如表1-24所示。

表1-24 混凝土排水管安装实测项目

项次	检查项目		规定值或允许偏差	检查方法和频率
1△	混凝土抗压强度或砂浆强度/MPa		在合格标准内	按《验评标准》有关方法检查
2	管轴线偏位/mm		15	全站仪或尺量:每两井间测3处
3	流水面高程/mm		±10	水准仪、尺量:每两井间进出水口各1处,中间1~2处
4	基础厚度/mm		不小于设计值	尺量:每两井间测3处
5	管座	肩宽/mm	+10,-5	尺量:每两井间测2处
		肩高/mm	±10	
6	抹带	宽度	不小于设计值	尺量:按10%抽查
		厚度	不小于设计值	

(3) 外观鉴定如下:
① 不应出现基础外观限制性缺陷。
② 管口缝带圈不得开裂脱皮;管口内缝砂浆不得有空鼓。
③ 抹带接口表面不应有间断和空鼓。

4) 土沟
(1) 基本要求:土沟边坡应平整、密实、稳定。
(2) 实测项目如表1-25所示。

表1-25 土沟实测项目

项次	检查项目	规定值或允许偏差	检查方法和频率
1	沟底高程/mm	0,-30	水准仪:每200m测4点,且不少于5点
2	断面尺寸/mm	不小于设计值	尺量:每200m测2点,且不少于5点
3	边坡坡度	不陡于设计值	尺量:每200m测2点,且不少于5点
4	边棱直顺度/mm	50	尺量:20m拉线,每200m测2点,且不少于5点

(3) 外观鉴定:沟内不得有杂物,无排水不畅。

5) 浆砌水沟
(1) 基本要求如下:
① 浆砌片(块)石、混凝土预制块的质量和规格应符合国家和行业强制性标准以及合同约定的其他标准规定。
② 砌体砂浆配合比准确,砌缝内砂浆均匀饱满,勾缝密实。
③ 基础缩缝应与墙身缩缝对齐。

(2) 实测项目如表 1-26 所示。

表 1-26　浆砌水沟实测项目

项次	检查项目	规定值或允许偏差	检查方法和频率
1△	砂浆强度/MPa	在合格标准内	按《验评标准》有关方法检查
2	轴线偏位/mm	50	全站仪或尺量：每200m测5点
3	沟底高程/mm	±15	水准仪：每200m测5点
4	墙面直顺度/mm	30	20m拉线：每200m测2点
5	坡度	满足设计要求	坡度尺：每200m测2点
6	断面尺寸/mm	±30	尺量：每200m测2个断面,且不少于5个断面
7	铺砌厚度/mm	不小于设计值	尺量：每200m测2点
8	基础垫层宽度、厚度/mm	不小于设计值	尺量：每200m测2点

(3) 外观鉴定如下：

① 砌体抹面不得有空鼓。

② 沟内不应有杂物，无排水不畅。

6) 盲沟

(1) 基本要求：盲沟的设置、填料规格、质量等应符合规范规定，并满足设计要求。

(2) 实测项目如表 1-27 所示。

表 1-27　盲沟实测项目

项次	检查项目	规定值或允许偏差	检查方法和频率
1	沟底高程/mm	±15	水准仪：每20m测1点
2	断面尺寸/mm	不小于设计值	尺量：每20m测1点

(3) 外观鉴定：进出水口不应排水不畅。

5. 防护支挡工程质量检查项目

1) 一般规定

(1) 砌体、片石混凝土挡土墙，当平均墙高大于或等于6m且墙身面积大于或等于$1200m^2$时为大型挡土墙，每处应作为分部工程进行检验。

(2) 桩板式、锚杆、锚定板等组合式挡土墙，每处应作为分部工程进行检验。

(3) 丁坝、护岸可参照挡土墙的相关规定进行检验。

(4) 钢筋混凝土结构或构件均应包含钢筋加工及安装分项工程。

2) 砌体、片石混凝土挡土墙

(1) 基本要求如下：

① 勾缝砂浆强度不得小于砌筑砂浆强度。

② 地基承载力、基础埋置深度应满足设计要求。

③ 砌筑应分层错缝。浆砌时应坐浆挤紧，嵌填饱满密实，不得出现空洞；干砌时不得出现松动、叠砌和浮塞。

④ 混凝土应分层浇筑，施工缝及片石埋放应符合公路路基施工技术规范的规定。

⑤ 沉降缝、伸缩缝、泄水孔的位置、尺寸和数量应满足设计要求；沉降缝及伸缩缝应竖直、贯通，采用弹性材料填充密实，填充深度应满足设计要求。

（2）实测项目如表 1-28～表 1-30 所示。

表 1-28 浆砌挡土墙实测项目

项次	检查项目		规定值或允许偏差	检查方法和频率
1△	砂浆强度/MPa		在合格标准内	按《验评标准》有关方法检查
2	平面位置/mm		≤50	全站仪：测墙顶外边线，长度不大于 30m 时测 5 点，每增加 10m 增加 1 点
3	墙面坡度/%		≤0.5	铅锤法：长度不大于 30m 时测 5 处，每增加 10m 增加 1 处
4△	断面尺寸/mm		不小于设计值	尺量：长度不大于 50m 时测 10 个断面，每增加 10m 增加 1 个断面
5	顶面高程/mm		±20	水准仪：长度不大于 30m 时测 5 点，每增加 10m 增加 1 点
6	表面平整度/mm	块石	≤20	2m 直尺，每 20m 测 3 处，每处测竖直、墙长 2 个方向
		片石	≤30	
		混凝土预制块、料石	≤10	

表 1-29 干砌挡土墙实测项目

项次	检查项目	规定值或允许偏差	检查方法和频率
1	平面位置/mm	≤50	全站仪：测墙顶外边线，长度不大于 30m 时测 5 点，每增加 10m 增加 1 点
2	墙面坡度/%	≤0.5	铅锤法：长度不大于 30m 时测 5 处，每增加 10m 增加 1 处
3△	断面尺寸/mm	不小于设计值	尺量：长度不大于 50m 时测 10 个断面，每增加 10m 增加 1 个断面
4	顶面高程/mm	±50	水准仪：长度不大于 30m 时测 5 点，每增加 10m 增加 1 点
5	表面平整度/mm	≤50	2m 直尺：每 20m 测 3 处，每处测竖直、墙长 2 个方向

表 1-30 片石混凝土挡土墙实测项目

项次	检查项目	规定值或允许偏差	检查方法和频率
1△	混凝土强度/MPa	在合格标准内	按《验评标准》有关方法检查
2	平面位置/mm	≤50	全站仪：测墙顶外边线，长度不大于 30m 时测 5 点，每增加 10m 增加 1 点
3	墙面坡度/%	≤0.3	铅锤法：长度不大于 30m 时测 5 处，每增加 10m 增加 1 处
4△	断面尺寸/mm	不小于设计值	尺量：长度不大于 50m 时测 10 个断面，每增加 10m 增加 1 个断面
5	顶面高程/mm	±20	水准仪：长度不大于 30m 时测 5 点，每增加 10m 增加 1 点
6	表面平整度/mm	≤8	2m 直尺：每 20m 测 3 处，每处测竖直、墙长 2 个方向

(3) 外观鉴定如下：

① 浆砌缝开裂、勾缝不密实和脱落的累计换算面积不得超过该面面积的 1.5%，且单个最大换算面积不应大于 $0.08m^2$。换算面积应按缺陷缝长度乘以 0.1m 计算。

② 混凝土表面不应存在本书任务 1.3 知识拓展 1-3 所列限制缺陷。

③ 墙体不得出现外鼓变形。

④ 泄水孔应无反坡、堵塞。

3) 悬臂式和扶壁式挡土墙

(1) 基本要求如下：

① 地基承载力应满足设计要求。

② 沉降缝、伸缩缝、泄水孔的位置、尺寸和数量应满足设计要求；沉降缝及伸缩缝应竖直、贯通，采用弹性材料填充密实，填充深度满足设计要求。

(2) 实测项目如表 1-31 所示。

表 1-31 悬臂式和扶壁式挡土墙实测项目

项次	检查项目	规定值或允许偏差	检查方法和频率
1△	混凝土强度/MPa	在合格标准内	按《验评标准》有关方法检查
2	平面位置/mm	≤30	全站仪：长度不大于 30m 时测 5 点，每增加 10m 增加 1 点
3	墙面坡度/%	≤0.3	铅锤法：长度不大于 30m 时测 5 处，每增加 10m 增加 1 处
4△	断面尺寸/mm	不小于设计值	尺量：长度不大于 50m 时测 10 个断面及 10 个扶壁，每增加 10m 增加 1 个断面及 1 个扶壁
5	顶面高程/mm	±20	水准仪：长度不大于 30m 时测 5 点，每增加 10m 增加 1 点
6	表面平整度/mm	≤8	2m 直尺：每 20m 测 3 处，每处测竖向、纵向 2 个方向

(3) 外观鉴定如下：

① 混凝土表面不应存在本书任务 1.3 知识拓展 1-3 所列限制缺陷。

② 墙体不得出现外鼓变形。

③ 泄水孔应无反坡、堵塞。

4) 锚杆、锚定板和加筋土挡土墙

(1) 基本要求如下：

① 锚杆、拉杆或筋带根数不得少于设计数量。

② 地基承载力应满足设计要求。

③ 筋带应理顺，放平拉直，筋带与面板、筋带与筋带连接牢固。

④ 锚杆的长度应大于或等于设计长度，锚杆插入锚孔内的长度不得小于设计长度的 98%。

⑤ 锚杆注浆性能应符合公路路基施工技术规范规定，锚孔内注浆应密实，注浆压力满足设计要求。

⑥ 沉降缝、伸缩缝、泄水孔的位置、尺寸和数量应满足设计要求；沉降缝及伸缩缝应竖直、贯通，采用弹性材料填充密实，填充深度满足设计要求。

⑦ 拉杆、锚杆的防护应满足设计要求。

(2) 实测项目如表 1-32～表 1-37 所示。

表 1-32　筋带实测项目

项次	检查项目	规定值或允许偏差	检查方法和频率
1	筋带长度	不小于设计值	尺量：每 20m 测 5 根(束)
2	筋带与面板连接	满足设计要求	目测：全部
3	筋带与筋带连接	满足设计要求	目测：全部
4	筋带铺设	满足设计要求	目测：全部

表 1-33　拉杆实测项目

项次	检查项目	规定值或允许偏差	检查方法和频率
1△	长度/mm	不小于设计值	尺量：每 20m 测 5 根
2	拉杆间距/mm	±100	尺量：每 20m 测 5 根
3	拉杆与面板、锚定板连接	满足设计要求	目测：全部

表 1-34　锚杆实测项目

项次	检查项目	规定值或允许偏差	检查方法和频率
1△	注浆强度/MPa	在合格标准内	砂浆按《验评标准》有关方法检查
2	锚孔孔深/mm	不小于设计值	尺量：抽查 20%
3	锚孔孔径/mm	满足设计要求	尺量：抽查 20%
4	锚孔轴线倾斜/%	2	倾角仪：抽查 20%
5	锚孔间距/mm	±100	尺量：抽查 20%
6△	锚杆抗拔力/kN	满足设计要求。设计未要求时，抗拔力平均值不小于设计值；80%锚杆的抗拔力不小于设计值；最小抗拔力不小于 0.9 设计值	抗拔力试验：检查数量按设计要求，设计未要求时按锚杆数 5%，且不少于 3 根检查
7	锚杆与面板连接	满足设计要求	目测：全部

表 1-35　面板预制实测项目

项次	检查项目		规定值或允许偏差	检查方法和频率
1△	混凝土强度/MPa		在合格标准内	按《验评标准》有关方法检查
2	边长/mm	边长<1m	±5	尺量：抽查 10%，每板长宽各测 1 次
		其他	±0.5%边长	
3	两对角线差/mm	边长<1m	≤10	尺量：抽查 10%，每板测 2 对角线
		其他	≤0.7%最大对角线长	
4△	厚度/mm		+5，-3	尺量：抽查 10%，每板测 2 处
5	表面平整度/mm		≤5	2m 直尺：抽查 10%，每板长方向测 1 处
6	预埋件位置/mm		≤5	尺量：抽查 10%

表 1-36 面板安装实测项目

项次	检查项目	规定值或允许偏差	检查方法和频率
1	每层面板顶高程/mm	±10	水准仪：长度≤30m 时测 5 组，每增加 10m 增加 1 组
2	轴线偏位/mm	≤10	挂线、尺量：长度≤30m 时测 5 点，每增加 10m 增加 1 点
3	面板坡度/%	+0，-0.5	铅锤法：长度≤30m 时测 5 处，每增加 10m 增加 1 处
4	相邻面板错台	≤5	尺量：长度≤30m 时测 5 条缝最大处，每增加 10m 增加 1 条
5	面板缝宽/mm	≤10	尺量：每 30m 检查 5 条，每增加 10m 增加 1 条

注：面板安装以同层相邻两板为一组。

表 1-37 锚杆、锚定板和加筋挡土墙总体实测项目

项次	检查项目		规定值或允许偏差	检查方法和频率
1	墙顶和肋柱平面位置/mm	路堤式	+50，-100	全站仪：长度≤30m 时测 5 点，每增加 10m 增加 1 点
		路肩式	±50	
2	墙顶和柱顶高程/mm	路堤式	±50	水准仪：长度≤30m 时测 5 点，每增加 10m 增加 1 点
		路肩式	±30	
3	肋柱间距/mm		±15	尺量：每柱间
4	墙面平整度/mm		≤15	2m 直尺：每 20m 测 3 处，每处测竖直、墙长 2 个方向

(3) 外观鉴定如下：
① 混凝土构件不应存在本书任务 1.3 知识拓展 1-3 所列限制缺陷。
② 锚头不得外露，封锚混凝土或砂浆应无裂缝、疏松。
③ 墙体不得出现外鼓变形。
④ 泄水孔应无反坡、堵塞。

5) 砌体坡面防护
(1) 基本要求如下：
① 勾缝砂浆强度不得小于浆砌砂浆强度。
② 坡面下端基础埋置深度及其地基承载力应满足设计要求。
③ 护面下填土密实度应满足设计要求，对坡面刷坡整平后方可铺砌。
④ 砌块应相互错缝、咬扣紧密，嵌缝饱满密实。
⑤ 应按设计要求设置沉降缝、伸缩缝、泄水孔、坡面防排水设施。
(2) 实测项目如表 1-38 所示。

表 1-38 砌体坡面防护实测项目

项次	检查项目	规定值或允许偏差	检查方法和频率
1△	砂浆强度/MPa	在合格标准内	按《验评标准》有关方法检验

续表

项次	检查项目		规定值或允许偏差	检查方法和频率
2	顶面高程/mm	料、块石	±30	水准仪：长度不大于30m时测5点，每增加10m增加1点
		片石	±50	
3	表面平整度/mm	料、块石	≤25	2m直尺：除锥坡外每50m测3处，每处纵、横向各1尺；锥坡处顺坡测3尺
		片石	≤35	
4	坡度		不大于设计值	坡度尺：长度不大于30m时测5处，每增加10m增加1处
5△	厚度或断面尺寸/mm		不小于设计值	尺量：长度不大于50m时测10个断面，每增加10m增加1个断面
6①	框格间距/mm		±150	尺量：抽查10%

注：① 仅适用于框格式护面。

(3) 外观鉴定如下：

① 浆砌缝开裂、勾缝不密实和脱落的累计换算面积不得超过该面面积的1.5%，且单个最大换算面积不应大于 $0.08m^2$。换算面积按缺陷缝长度乘以0.1m计算。

② 框格梁不得与坡面脱空。

③ 坡面不得出现塌陷、外鼓变形。

6) 石笼防护

(1) 基本要求如表1-39所示。

① 石笼、绑扎线及填充料的种类、规格和质量应满足设计要求。

② 地基处理及承载力应满足设计要求。

③ 石笼应充填饱满，填充料密实。

④ 石笼的坐码或平铺应错缝，绑扎应牢固，不得出现松脱、遗漏。

表1-39 石笼防护实测项目

项次	检查项目	规定值或允许偏差	检查方法和频率
1	平面位置偏位/mm	≤300	全站仪：按设计控制坐标测
2	长度/mm	≥(设计长度－300)	尺量：每段测
3	宽度/mm	≥(设计宽度－200)	尺量：每段测5处
4	高度/mm	不小于设计值	水准仪或尺量：每段测5处

(2) 外观鉴定如下：

① 坐码石笼不得出现通缝。

② 不得出现外鼓变形。

【知识拓展1-3】

《验评标准》附录P结构混凝土外观质量限制缺陷如下：

(1) 结构混凝土外观质量应进行全面检查。

(2) 外观质量检查前，结构混凝土的表面不得进行涂饰。

(3) 结构混凝土外观质量的限制缺陷应按表1-40确定。

表 1-40 结构混凝土外观质量限制缺陷

名称	现象	限制缺陷		
		支座垫石、锚下混凝土、锚索垫块等局部承压构件或部位	梁、板、拱、墩台身、盖梁、塔柱、防撞护栏、挡块、伸缩装置锚固块、封锚、小型预制构件等	挡土墙、承台、锚碇块体、隧道锚塞体、沉井、基础、桥头搭板、边坡框格梁等
裂缝	表面延伸到内部的缝隙	存在非受力裂缝和宽度超过设计规定值的受力裂缝①	存在宽度超过设计规定限值的非受力裂缝(设计未规定的,对防撞护栏及边坡框格梁、隐蔽结构或构件等为 0.3mm,其他结构或构件为 0.2mm);全预应力及 A 类预应力混凝土构件存在受力裂缝,B 类预应力构件和钢筋混凝土构件存在宽度超过设计和相关规范限值的受力裂缝	
孔洞	深度超过保护层厚度的孔穴	存在孔洞		
露筋	钢筋未被混凝土包裹而形成的外露	存在露筋		
蜂窝	表面缺失水泥浆形成的局部蜂窝样粗骨料外露	存在蜂窝	主要受力部位②:存在蜂窝;其他部位:单个蜂窝面积大于 0.02m²,或蜂窝总面积超过所在面面积的 1%,或深度超过 10mm 的蜂窝	单个蜂窝面积大于 0.04m²,或蜂窝总面积超过所在面面积 2%,或深度超过 15mm 的蜂窝
疏松	由离析、振捣不足而形成的局部不密实	存在疏松	主要受力部位②:存在疏松;其他部位:疏松总面积超过所在面面积的 1%;任何一处面积大于 0.02m² 的疏松;深度超过 10mm 的疏松	疏松总面积超过所在面面积的 2%;任何一处面积大于 0.04m² 的疏松;深度超过 15mm 的疏松
夹渣	混凝土中夹有杂物	存在夹渣	若杂物为钢筋、钢板等易腐蚀金属,视同为露筋;若杂物为土块、木块、混凝土碎块及其他杂物等视同为蜂窝	—
麻面	混凝土表面局部缺浆、粗糙或密集小凹坑	预制构件:麻面总面积超过所在面面积的 2%;其他结构或构件:麻面总面积超过所在面面积的 3%		非隐蔽结构或构件:麻面总面积超过所在结构或构件面积的 4%;隐蔽结构或构件:麻面总面积超过所在结构或构件面积的 6%
外形缺陷	棱线不直、翘曲不平、飞边凸肋、啃边、蹦角	影响结构使用功能或构件安装的外形缺陷,深度超过保护层厚度的啃边、蹦角		

续表

名称	现象	限制缺陷		
		支座垫石、锚下混凝土、锚索垫块等局部承压构件或部位	梁、板、拱、墩台身、盖梁、塔柱、防撞护栏、挡块、伸缩装置锚固块、封锚、小型预制构件等	挡土墙、承台、锚碇块体、隧道锚塞体、沉井、基础、桥头搭板、边坡框格梁等
其他表面缺陷	掉皮、起砂、污染		预制构件：缺陷超过所在面面积的2%；其他构件：缺陷超过所在面面积的3%	非隐蔽结构或构件：缺陷总面积超过所在结构或构件面积的4%；隐蔽结构或构件：缺陷总面积超过所在结构或构件面积的6%

注：① 非受力裂缝系指由荷载以外的作用而产生的裂缝，受力裂缝系指由荷载而产生的裂缝。

② 主要受力部位包括梁、板、盖梁的跨中、支承区段，拱脚、拱顶区段，塔、柱底区段，连接区段等部位。

【学情小测 1-3】

(1)【单选题】填石路基实测项目中的关键项目是（　　）。

　　A. 压实和弯沉　　B. 中线偏位　　C. 平整度　　D. 无关键项目

(2)【多选题】土方路基实测项目包括（　　）。

　　A. 压实度　　B. 弯沉　　C. 纵断高程　　D. 平整度

(3)【单选题】（　　）是级配碎石基层的实测关键项目。

　　A. 弯沉值　　B. 压实系数　　C. 固体体积率　　D. 压实度

(4)【单选题】水泥稳定粒料基层厚度的检查频率为（　　）。

　　A. 每100m车道1点　　　　B. 每150m车道1点

　　C. 每200m车道2点　　　　D. 每250m车道1点

(5)【单选题】下列四个选项中，属于水泥混凝土面层的实测关键项目的是（　　）。

　　A. 弯拉强度　　　　　　　B. 平整度

　　C. 抗滑构造深度　　　　　D. 相邻板高差

(6)【单选题】根据现行《公路工程质量检验评定标准》（JTG F80/1—2017）中规定，哪项不属于高速公路沥青混凝土面层的实测项目（　　）。

　　A. 压实度　　B. 平整度　　C. 厚度　　D. 弯拉强度

(7)【单选题】下列选项中，不属于管节预制实测项目的是（　　）。

　　A. 混凝土强度　　B. 内径　　C. 基础厚度　　D. 顺直度

(8)【单选题】下列关于盲沟的基本要求和外观鉴定的说法正确的是（　　）。

　　A. 进行盲沟外观鉴定时，进出水口可以有少量堵物

　　B. 反滤层应采用实质坚硬的较大粒料填筑

　　C. 盲沟的设置及材料规格、质量等应符合设计要求和施工规范规定

　　D. 排水层应用筛选过的中砂、粗砂、砾石等渗水性材料分层填筑

(9)【单选题】干砌挡土墙关键实测项目为（　　）。

　　A. 平面位置　　B. 竖直度或坡度　　C. 断面尺寸　　D. 顶面高程

(10)【单选题】锚杆、锚碇板和加筋土挡土墙总体实测项目是(　　)。

　　A. 锚杆间距　　　B. 锚杆长度　　　C. 墙面平整度　　　D. 混凝土强度

【任务单 1-3】

参见表 1-41。

表 1-41　路基路面检查项目任务单

专业　　　　班级　　　　姓名　　　　学号　　　　小组

任务：某等级道路,路基为土方路基、基层为稳定粒料基层、面层为沥青混凝土路面,试就这几个结构层写出其相应的现场实测项目,并标出重点实测项目。	
评定依据	
土方路基	
稳定粒料基层	
沥青混凝土路面	
其他说明	

学情小测 1-3

项目2 试验检测数据处理

【思维导图】

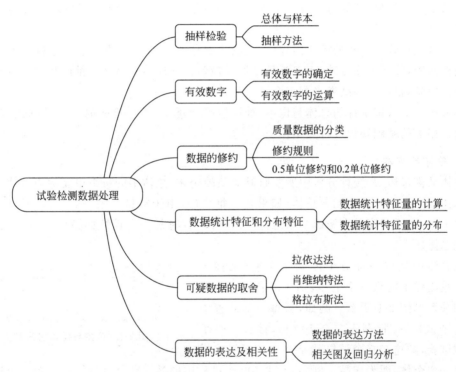

【本项目学习目标】

知识目标：

(1) 能够阐述总体和样本的定义；

(2) 能够阐述有效数字的含义；

(3) 能够阐述数据修约的规则,能够阐述0.2单位修约与0.5单位修约的方法；

(4) 能够阐述可疑数据的取舍方法种类；

(5) 能够阐述数据的表达方法以及相关图的不同形式。

能力目标：

(1) 能够对质量数据进行数值修约；

（2）能够计算数据的统计特征量；
（3）能够根据检测结果进行可疑数据的取舍；
（4）能够根据相关系数的大小判断检测数据的相关性。

素质目标：
（1）培养学生关注行业动态的良好职业素养；
（2）培养学生严谨细致、诚实守信、精益求精的职业素养。

任务 2.1　抽样检验

工程质量的评价是以试验检测数据为依据的，因此对原始数据进行分析处理才能得到可靠的试验检测结果，才能对工程质量进行严谨科学的判断。本项目以数理统计与概率论为基础，介绍试验检测数据的处理方法。

检验是质量管理工作的重要内容之一，其主要作用是对产品的合格性进行控制。在工程质量检验中，除重要项目外，大多数采用抽样检验。抽样检验是从某批产品中抽取较少的样本进行检验，根据试验结果来判定全批产品是否合格。

本节通过对数理统计的总体与样本、抽样检验的意义、抽样检验的条件等阐述，对质量数据统计相关的基础知识进行介绍。

1. 总体与样本

总体又称母体，是统计分析中所要研究对象的全体，总体中的每个单元称为个体。

总体分为有限总体和无限总体，如果是一批产品，由于数量有限，称为有限总体；如果是一道工序，由于工序总在源源不断地生产出产品，有时是一个连续的整体，这样的总体称为无限总体。

从总体中抽取一部分个体就是样本（又称子样），而组成样本的每一个个体，则为样品。总体与样本的关系如图 2-1 所示。例如，从每一桶沥青中抽取 2 个试样，一批沥青共有 100 桶，抽查 200 个试样做试验，则这 200 个试样就是样本。而组成样本的每一个个体，即为样品。例如，上述 200 个试样中的某一个就是该样本中的一个样品。

图 2-1　总体与样本的关系

样本容量（也称样本数）是样本中所含样品的数量，通常用 n 表示。上例中样本容量 $n=200$。样本容量的大小直接关系到判断结果的可靠性。

2. 抽样方法

为使抽样检验能对判定质量好坏提供准确的信息，必须明确"批"的划分，同批产品在原材料、工艺条件、生产时间等方面具备基本相同的条件。例如，抽样检验水泥、沥青等质量特性时，应将相同厂家、相同品种或相同强度等级的产品作为一个批，而不能将不同生产厂家和不同牌号的水泥或沥青划在一个批内。

抽样检验是从某批产品抽取较少的样本进行检验，根据试验结果来判定全批产品是否合格。因此，为使抽样检验能对判定质量好坏提供准确的信息，必须注意抽样检验应具有的条件。

抽样检验是以样本检验结果来推断批的好坏,故样本的代表性尤为重要。为使所抽取的样本成为批的可靠代表,常采用如下方法:

1) 单纯随机抽样

单纯随机抽样是指从总体 N 个单位中任意抽取 n 个单位作为样本,使每个样本被抽中的概率相等的一种抽样方式,如图 2-2 所示。单纯随机抽样是一种完全随机化的取样,它适用于对总体缺乏基本了解的场合,总体中每一个个体都有同等可能的机会被抽到。这种抽样方法事先不能考虑抽取哪一个样品,完全用偶然方法抽样,常用抽签或利用随机数表来抽取样品以保证样品代表性。

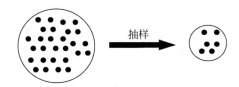

图 2-2 单纯随机抽样示例

2) 分层抽样

当批量或工序被分为若干层时,可从所有分层中按一定比例取样。分层抽样要先把所有元素按某种特征或标志划分成几个类型或层次,再在其中各抽取一个子样本,所有子样本构成了总的样本。例如,有 2 台拌和机同时拌制原材料相同的同等级混凝土,为了检验生产混凝土的质量特性,采用抽样方法时,应注意对 2 台拌和机分别取样,这样便于了解不同"层"的产品质量特性,研究各层造成不良品率的原因,或将甲、乙样品混合进行试验,了解混合产品的质量特性,如图 2-3 所示。

图 2-3 分层抽样示例

3) 两级抽样

当物品堆积在一起构成批量时,由于许多货箱堆积在一起,按单纯随机抽样相当麻烦。此时,可先从若干箱中进行第一级随机抽样,挑出部分箱物品,然后再从已挑选出的箱中对物品进行随机抽样,如图 2-4 所示。

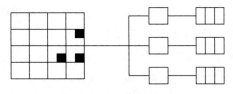

图 2-4 两级抽样示例

4）系统抽样

当对总体实行单纯随机抽样有困难时，如连续作业时抽样、产品为连续体时的抽样等，可采用一定间隔进行抽取的抽样方法，称为系统抽样或等距抽样。

系统抽样适合流水生产线上的取样，但应注意，当产品质量特性发生变化时，易产生较大偏差。例如，测路面弯沉值，由于路面是连续体，可每隔20m或50m测定一点，做抽样测定，如从 K0+010 开始，然后分别测定 K0+030、K0+050 等或 K0+060、K0+110 等位置的弯沉值。

【知识拓展 2-1】

抽样检测流程如下：

（1）凡是产品技术标准中已规定样本大小的，按标准规定执行；未明确规定样本大小的，按检测规程和相应的技术标准中的方法确定，也可按百分比抽样的方法确定。百分比抽样的抽样基数不得小于样本的 5 倍；在生产场所抽样时，当天产量不得小于均衡生产时的基本日均产量；在使用中抽样时，抽样基数不得小于样本的 2 倍。

（2）抽样方法采用随机抽样的方法，由委托检测的单位提供编号进行。原则上抽样人不得与产品直接见面，样本应在生产单位或使用单位已经检测合格的产品基础上抽取。特殊情况下也允许在生产场所已经检测合格的产品中抽取。

（3）抽样人应以适当的方式封存样本，由样本所在部门运往检测部门，运输方式应不损坏样本、样品箱、样品桶、样品包装的外观及性能。

（4）抽样结束后，由抽样人填写样品登记表，包括产品生产单位、产品名称、型号、样品中产品单件编号、封样的编号、抽样的依据、样本大小、抽样基数、抽样地点、运输方式、抽样日期、抽样人姓名、封样人姓名。

（5）检测时得到大量的原始数据，应进行分析和处理后才能获得准确可靠的检测结果。可以参照有关规范中有效数字的处理、可疑数据的剔除、误差的处理等方法进行实测数据的分析和处理。

【学情小测 2-1】

（1）【单选题】路基宽度检测每200m测定4处属于（　　）抽样方法。

  A. 全数检验 B. 单纯随机 C. 分层 D. 系统

（2）【多选题】下列抽样方法中（　　）属于抽样检验。

  A. 单纯随机抽样 B. 系统抽样 C. 全数检验 D. 两级抽样

（3）【多选题】抽样检验的类型包括以下（　　）。

  A. 分层抽样 B. 系统抽样 C. 全数检验 D. 目标检验

（4）【判断题】抽样检验中总体必须是有限的。（　　）

（5）【判断题】对一批产品中的每一个产品进行检验，并与质量标准进行比较，从而判断该批产品的质量状况的检验方法叫抽样检验。（　　）

【任务单 2-1】

参见表 2-1。

表 2-1　抽样检验任务单

专业　　　　班级　　　　姓名　　　　学号　　　　小组

任务：请结合生活按单纯随机抽样、分层抽样、两级抽样、系统抽样方法各举一例。		
抽样检验术语	总体	
	个体	
	样本	
	样品	
抽样检验方法举例	单纯随机抽样举例	
	分层抽样举例	
	两级抽样举例	
	系统抽样举例	
	其他说明	

微课 2.1

学情小测 2-1

思政素材 2.1

任务 2.2　有效数字

任何一个物理量,其测量结果必然存在误差,因此,表示一个物理量测试结果的数字取值是有限的。在测量和数值计算中,确定取几位数字来代表测量或计算的结果,这就涉及有效数字问题。例如,3.14 和 3.1416 作为圆周率 π 的近似数,分别有三位和五位有效数字。从计算数学的观点,有效数字可用来描述一个近似数的精度,一个数的相对(绝对)误差都与有效数字有关,有效数字的位数越多,相对(绝对)误差就越小。

1. 有效数字的确定

在科学实验中有两类数:一类数其有效位数均可认为无限制,即它们的每一位数是确定的,如各种计算式中的 $\sqrt{2}$、π 及自然数等;另一类数是用来表示测量结果的数,其末位数往往是估读得来,因此具有一定的误差或不确定性。在正常量测时一般只能估读到仪器最小刻度的 1/10,故在记录量测结果时,只允许末位有估读得来的不确定数字,其余数字均为准确数字,称这时所记的数字为有效数字。

有效数字的概念可表述为:由数字组成的一个数,除最末一位数是不确切值或可疑值外,其余均为可靠性正确值,则组成该数的所有数字包括末位数字在内称为有效数字,除有效数字外,其余数字为多余数字。

在量测工作中,量测的结果总会有误差,这种误差是与量测的仪器精度有关,也和人们的感官有关,所以表示量测结果的数字位数不可能太多,太多就会超过仪器的精度范围,而且会使人们误以为量测精度很高,当然也不应太少,太少会损失精度。例如,游标卡尺量测圆柱直径为 32.47mm,很明显,其中 3 是厘米位,2 是毫米位,4 是丝米位,而 7 是估计数字,因为换一个人量测的话,可能得出 32.46mm 或 32.48mm,因此,此数值的前三位是确定的数字,而第四位是估计值,称此数值有效数字为四位,所以 32.47mm 写成 32.470mm 是不正确的。

1) 有效数字的确定

对于"0"这个数字,它在数中的位置不同,可能是有效数字,也可能是多余数字。例如,30.05g 和 1.02010g 中所有的"0"皆为有效数字,而长度为 0.00320m 中的前三个"0"均为非有效数字,因为那些"0"只与所取的单位有关,而与量测的准确与否无关。又如,12000m,就很难区别"0"是有效数字还是非有效数字,如果按 12000m 则它为五位有效数字,但将它表示为 12×10^3 m 或表示为 12km 时则有效数字只有二位,所以对于数字后面的"0"要特别注意。一般约定,末位数的"0"指的是有效数字,如 1230×10^4 cm,同样 32.47mm,不能写成 32.470mm。

归纳起来有以下规律:

(1) 整数前面的"0"无意义,是多余数字。

(2) 对纯小数,在小数点后,数字前的"0"只起定位和决定数量级的作用,相当于所取量测的单位不同,所以,也是多余数字。

(3) 处于数中间位置的"0"是有效数字。

(4) 处于数后面位置的"0"是否为有效数字可分为以下三种情况:

① 数后面的"0",若把多余数字的"0"用 10 的乘幂来表示,使其与有效数字分开,这样在 10 的乘幂前面所有数字包括"0"皆为有效数字。

例如,20×10^3,有效数字为 2、0。

② 作为量测结果并注明误差值的数值,其表示的数值等于或大于误差值的所有数字,包括"0"皆为有效数字。

例如,测量某一试件的面积为 $A=0.0501\text{m}^2$,误差为 0.001m^2。则面积的有效数字为两位 5、0。

③ 上面两种情况外的数后面的"0"则很难判断是有效数字还是多余数字,因此,应避免采用这种不确切的表示方法。

例如,71300,既没有用 10 的幂表示,也没有说明误差要求,有效位数不确切。它可能是 713×10^2,也可能是 7.130×10^4,还可能是 7.1300×10^4,若无其他说明,很难判断其有效数字究竟是几个。

2) 有效位数的确定

一个数的有效数字占有的位数,即有效数字的个数,为该数的有效位数。

例如,0.0130、0.0245、1.03、6.05×10,这四个数的有效位数均为 3,有效数字都是 3 个。

再如,测量某一试件面积,得其有效面积 $A=0.0501502\text{m}^2$,测量的极限误差 $\delta_{\min}=0.000005\text{m}^2$,则测量结果应当表示为 $A=(0.050150\pm0.000005)\text{m}^2$。误差的有效数字为 1 位,即 5;而有效面积的有效数字应为 5 个,即 5、0、1、5、0;因 2 小于误差的数量级,故为多余数字。

再如,若给出的数值为 51800,则为不确切的表示方法。它可能是 518×10^2,也可能是 5.180×10^4,即有效数字可能是 3 个、4 个或 5 个。若无其他说明,则很难判定其有效数字究竟是几个。

在量测或计量中应取多少位有效数字,可根据下述准则判定:

(1) 对不需要标明误差的数据,其有效位数应取到最末一位数字为可疑数字(也称不确切或参考数字)。

(2) 对需要标明误差的数据,其有效位数应取到与误差同一数量级。

2. 有效数字的运算

确定了数值的有效数字位数,并按照修约原则修约后,还要对有效数字进行运算。运算法则主要有加减法、乘除法、平方和开方、对数运算法则。

1) 加减法

以小数点后有效数字位数最少的数值为依据,对其他数值的有效数字进行修约后,再进行运算。

例如,0.0243、7.1058、70.06、164.2 和 1000 的连续加法运算(表 2-2),需要以小数点后有效位数最少的 164.2 为依据,对其他数据进行保留 1 位小数的修约,再进行加法运算,结果为 1241.4。也可以以 164.2 为依据,对其他数据进行保留两位小数的修约,加法运算后结果为 1241.39,再以 164.2 为依据进行修约得到 1241.4。二者结果完全一致。

值得注意的是 0.0243,如果保留 1 位小数修约结果为 0.0,则记为 0.0,说明该数值对运算误差没有影响。减法、加减混合运算也遵循该法则。

表 2-2 有效数字加减法运算分析

序号	数值	小数点后有效数字位数	保留一位小数修约	保留两位小数修约
1	0.0243	3	0.0	0.02
2	1000	—	1000	1000
3	164.2	1	164.2	164.2

续表

序号	数值	小数点后有效数字位数	保留一位小数修约	保留两位小数修约
4	70.06	2	70.1	70.06
5	7.1058	4	7.1	7.11
结果			1241.4	1241.39

2）乘除法

以所有参与运算的数值中相对误差最大的数值为依据,确定有效数字的位数,然后对其他数值进行有效数字修约,再进行运算。

例如,0.0243、7.1058、70.06、164.2 和 1000 的乘除法运算（0.0243×7.1058×70.06×1000÷164.2）。

首先,分别计算所有数值的绝对误差和相对误差。如 7.1058 的有效数字为 5 位,可能产生的绝对误差为小数点之后第四位,即±0.0001,则相对误差为：（±0.0001）÷7.1058×100%=±0.001%。

其次,将所有数值按照相对误差由大到小排列：0.0243、1000、164.2、70.06、7.1058。

再次,选择相对误差最大数值确定有效数字保留位数,并以此为依据对其他数值进行有效数字修约。如 0.0243 的相对误差为（±0.41%）,在上述 5 个数值中最大,以它为依据确定有效数字保留 3 位,其他数值修约后为 1000、164、70.1、7.11；或者多保留一位有效数字,即 4 位有效数字,其他数值修约后为 1000、164.2、70.06、7.106。

最后,进行计算。保留 3 位有效数字修约后运算为 0.0243×7.11×70.1×1000÷164=73.8,结果为 73.8；保留 4 位有效数字修约后运算为 0.0243×7.106×70.06×1000÷164.2=73.68,然后再以 0.0243 为依据,进行有效数字修约,结果为 73.7,两种修约方式结果相差 0.1,如表 2-3 所示。

表 2-3 有效数字乘除法运算误差分析

序号	数值	有效数字位数	绝对误差	相对误差/%	保留 3 位有效数字	保留 4 位有效数字
1	0.0243	3	±0.0001	±0.41	0.0243	0.0243
2	1000	—	±1	±0.1	1000	1000
3	164.2	4	±0.1	±0.06	164	164.2
4	70.06	4	±0.01	±0.01	70.1	70.06
5	7.1058	5	±0.0001	±0.001	7.11	7.106
结果					73.8	73.68

3）平方和开方

其结果可比原数多保留一位有效数字。

例如,$585^2=3.422\times10^5$,$\sqrt{156}=12.49$。

4）对数运算

所取对数位数应与真数有效数字位数相等。

例如,$\lg 144=2.16$。

【知识拓展 2-2】

有效数字的四则运算：在实际操作中,数据量往往很大,需要计算器（机）进行连续的

"四则运算"。有效数字应该按照连续运算法则进行,即在过程中不考虑有效数字位数问题,直接将数值输入,得到结果时再考虑有效数字问题。

例如,$0.0243 \times 7.1058 \times 70.06 \times 1000 \div 164.2 - (0.0243 + 70.06 - 7.1058)$,利用四则运算中先乘除法后加减法运算法则,分别按习惯多保留一位有效数字修约,按照四则运算得到 $73.68 - 62.978 = 10.702$;此时,应以加减法运算法则为准,保留小数点后两位有效数字,得到结果为 10.70。如果将所有数值直接输入计算器(机),则得到 10.69583651887942,此时有效数字的修约原则依旧要参考上述计算步骤,结果仍为 10.70。两种运算方法的结果一致。

特别注意的是,在进行加减法运算时,会出现首位数数位增加或者减少的情况,造成有效数字的位数不好判定,如 $50.11 + 49.93 = 100.04$ 或 $50.11 - 49.93 = 0.18$。此时,有效数字位数即为计算结果所示。但是,乘除法运算则不会存在上述现象,计算结果有效数字位数清晰,如 $50.11 \times 49.93 = 2.502 \times 10^3$ 或 $50.11 \div 49.93 = 1.004$。

【学情小测 2-2】

(1)【单选题】判断 00316 的有效数字位数为(　　)。
  A. 3　　　　　B. 4　　　　　C. 5　　　　　D. 2

(2)【单选题】判断 0.003160 的有效数字位数为(　　)。
  A. 3　　　　　B. 4　　　　　C. 5　　　　　D. 6

(3)【单选题】判断 3.016 的有效数字位数为(　　)。
  A. 3　　　　　B. 4　　　　　C. 2　　　　　D. 1

(4)【单选题】判断 31600 的有效数字位数为(　　)。
  A. 3　　　　　B. 4　　　　　C. 5　　　　　D. 不确定

(5)【单选题】判断 3.16×10^2 的有效数字位数为(　　)。
  A. 2　　　　　B. 3　　　　　C. 4　　　　　D. 5

【任务单 2-2】

参见表 2-4。

表 2-4　有效数字的确定和计算任务单

专业	班级	姓名	学号	小组

任务:1.确定以下各数的有效数字:1.0009、1.68×10^2、0.050、380。
2.请对以下算式按有效数字的计算方法进行运算:
(1) $0.0183 + 4.105 + 70.06 + 164.12 =$
(2) $0.0243 \times 7.1058 \times 70.06 \times 1000 \div 164.2 =$
(3) $58^3 =$

有效数字的概念	

续表

有效数字的确定方法	整数前面的零	
	数字中间的零	
	纯小数	
	数字后面的零	
任务计算过程及结果		
其他说明		

微课 2.2　　学情小测 2-2

任务 2.3　数据的修约

反映某产品的某项质量特性指标的原始数据称为质量特征数据,简称质量数据。质量数据是质量信息的重要组成部分,工程质量控制、评价是以数据为依据,质量控制中常说的"一切用数据说话",就是要用数据来反映工序质量状况及判断质量效果。

1. 质量数据的分类

质量数据主要来源于工程建设过程中的各种检验,即材料检验、工序检验、竣工验收检验等,也包括使用过程中的必要检验。只有通过对质量数据的收集、处理、分析,才能达到对生产施工过程的了解、掌握及控制。没有质量数据就不可能有现代化的、科学的质量控制。质量数据根据自身特性,可分为计量值数据和计数值数据。

① 计量值数据。计量值数据是可以连续取值的数据,其表现形式是连续型的,如长度、厚度、直径、强度、化学成分等质量特征一般都可以用检测工具或仪器等测量(或试验)。类似这些质量特征的测量数据,一般都带有小数,如长度为 1.15m、1.18m 等。因此,在工程质量检验中,得出的原始检验数据大部分是计量值数据。

② 计数值数据。有些反映质量状况的数据是不能用测量器具来度量的。为了反映或描述属于此类型内容的质量状况,而又必须要用数据来表示时,便采用计数的办法,即用 1、2、3……连续地数出个数或次数,凡属于这种性质的数据即计数值数据。计数值数据的特点是不连续,并只能出现 0、1、2 等非负的整数,不可能有小数,如不合格品数、不合格的构件数、缺陷的点数等。一般来说,以判断的方法得出的数据和以感觉性检验方法得出的数据大多属于计数值数据。

计数值数据有两种表示方法:一种方法是直接用计数出来的次数、点数来表示,称为 Pn 数据;另一种方法是把它们(Pn)数据与总检查次(点)数相比,用百分数表示,称为 P 数据。P 数据在工程检验中经常使用,如某分项工程的质量合格率为 90%,即表示经检查为合格的点(次)数与总检查点(次)数的比值为 90%。但也应注意,不是所有用百分数表示的数据都是计数值数据,当分子、分母为计量值数据时,计算出来的百分数也应是计量值数据。一般可以这样说,在用百分数表示数据时,当分子、分母为计量值数据时,分数值为计量值数据;当分子、分母为计数值数据时,分数值为计数值数据。

2. 修约规则

数据修约是指通过省略原数值的最后若干数字,调整所保留的末位数字,使最后所得到的值最接近原数值的过程。

《数值修约规则与极限数值的表示和判定》(GB/T 8170—2008)中规定,科学技术与生产活动中,试验测定和计算得出的各种数值需要修约时,除另有规定外,应按本标准给出的规则进行。

1) 修约间隔

修约间隔是确定修约保留位数的一种方式,修约间隔的数值一经确定,修约值应为该数值的整数倍。

例如,指定修约间隔为 0.1,修约值即应在 0.1 的整数倍中选取,相当于将数值修约到一位小数。

例如,指定修约间隔为 100,修约值即应在 100 的整数倍中选取,相当于将数值修约到"百"数位。

2) 确定修约位数的表达方式

(1) 指定修约间隔为 10^{-n}(n 为正整数),或指明将数值修约到 n 位小数。

(2) 指定修约间隔为 1,或指明将数值修约到个数位。

(3) 指定修约间隔为 10^n,或指明将数值修约到 10^n 数位(n 为正整数),或指明将数值修约到十、百、千数位。

3) 进舍规则

在统计中将常用的数值修约规则归纳为以下几句口诀:"四舍六入五考虑,五后非零则进一,五后为零视奇偶,奇升偶舍要注意,修约一次要到位。"

(1) 拟舍弃的数字最左一位数字小于 5 时,则舍去,即保留的各位数字不变。

例如,将 12.498 修约到一位小数,得 12.5。

例如,将 12.498 修约成两位有效位数,得 12。

(2) 拟舍弃数字的最左一位数字大于 5 或者是 5,而其后跟有并非全部为 0 的数字时,则进一,即保留的末位数字加 1。

例如,将 1268 修约到百数位,得 13×10^2(特定时可写为 1300)。

例如,将 1268 修约成三位有效位数,得 127×10(特定时可写为 1270)。

例如,将 10.502 修约到个数位,得 11。

注:示例中"特定时"的含义系指修约间隔或有效位数明确时(下同)。

(3) 拟舍弃数字的最左一位数字为 5,而右面无数字或皆为 0 时,若所保留的末位数字为奇数(1、3、5、7、9)则进一,为偶数(2、4、6、8、0)则舍弃。

例如,修约间隔为 0.1。

拟修约数值	修约值
1.050	1.0
0.350	0.4

例如,修约间隔为 1000。

拟修约数值	修约值
2500	2×10^3(或 2000)
3500	4×10^3(或 4000)

例如,将下列数字修约成两位有效位数。

拟修约数值	修约值
0.0325	0.032
32500	32×10^3(或 32000)

4) 不许连续修约规则

(1) 拟修约数字应在确定修约位数后一次修约获得结果,而不得多次连续修约。

例如,修约 15.4546 修约间隔为 1。

正确的做法:15.4546→15。

不正确的做法:15.4546→15.455→15.46→15.5→16。

(2) 在具体实施中,有时测试与计算部门先将获得数值按指定的修约位数多一位或几位报出,而后由其他部门判定。为避免产生连续修约的错误,应按下述步骤进行:

① 报出数值最右的非零数字为 5 时,应在数值后面加"(+)"或"(−)"或不加符号,以分别表明已进行舍、进或未舍未进。

例如,16.50(+)表示实际值大于 16.50,经修约舍弃成为 16.50;16.50(−)表示实际值小于 16.50,经修约进位成为 16.50。

② 如果判定报出值需要进行修约,当拟舍弃数字的最左一位数字为 5 而后面无数字或皆为 0 时,数值后面有"(+)"者进一,数值后面有"(−)"者舍去,其他仍按上述进舍规则进行修约。

例如,将下列数字修约到个数位后进行判定(报出值多留一位到一位小数)

实测值	报出值	修约值
15.4546	15.5(−)	15
16.5203	16.5(+)	17
17.5000	17.5	18
−15.5546	−15.5(+)	−16

3. 0.5 单位修约和 0.2 单位修约

0.5 单位修约是指修约间隔为指定数位的 0.5 单位,即修约到指定数位的 0.5 单位。

例如,将 60.28 修约到个数位的 0.5 单位,得 60.5。

0.2 单位修约是指修约间隔为指定数位的 0.2 单位,即修约到指定数位的 0.2 单位。

例如,将 832 修约到百数位的 0.2 单位,得 840。

1) 0.5 单位修约方法

将拟修约数值乘以 2,按指定数位依进舍规则修约,所得数值再除以 2。

例如,将下列数字修约到个数位的 0.5 单位(或修约间隔为 0.5)

拟定修约数值 (A)	乘 2 ($2A$)	$2A$ 修约值 (修约间隔为 1)	A 修约值 (修约间隔为 0.5)
60.25	120.50	120	60.0
60.38	120.76	121	60.5
−60.75	−121.50	−122	−61.0

2) 0.2 单位修约方法

将拟修约数值乘以 5,按指定数位依进舍规则修约,所得数值再除以 5。

例如,将下列数字修约到百数位的 0.2 单位(或修约间隔为 20)

拟定修约数值 (A)	乘 5 ($5A$)	$5A$ 修约值 (修约间隔为 100)	A 修约值 (修约间隔为 20)
830	4150	4200	840
842	4210	4200	840
−930	−4650	−4600	−920

上述数值修约规则(有时称为"奇升偶舍法")与以往用的"四舍五入"的方法区别在于,用"四舍五入"法对数值进行修约,从很多修约后的数值中得到的均值偏大,用上述修约规则,进舍的状况和进舍误差均具有平衡性,若干数值经过这种修约后,修约值之和变大的可能性与变小的可能性是一样的。

【知识拓展 2-3】

负数修约时,先将它的绝对值按上述进舍规则进行修约,然后在修约值前面加上"−"。例如,将下列数字修约到十数位。

拟修约数值	修约值
−355	−360
−325	−320

例如,将下列数字修约成两位有效位数。

拟修约数值	修约值
−365	−36×10
−0.0365	−0.036

【学情小测 2-3】

(1)【单选题】对 1.050 进行修约,修约间隔为 0.1,修约值为(　　　)。

A. 1.0   B. 1.1   C. 1.05   D. 1.050

(2)【单选题】将 12.1498 修约到一位小数,修约值为( )。

A. 12.1   B. 12.2   C. 12.0   D. 12.14

(3)【单选题】将 0.0325 修约成两位有效数字,修约值为( )。

A. 0.033   B. 0.032   C. 0.03   D. 0.0325

(4)【单选题】将 60.78 修约到个位的 0.5 单位(或修约间隔为 0.5),修约值为( )。

A. 61.0   B. 62.0   C. 61.5   D. 60.5

(5)【单选题】将 43 修约到十位的 0.2 单位(或修约间隔为 2),修约值为( )。

A. 43.4   B. 43.2   C. 44   D. 43

【任务单 2-3】

参见表 2-5。

表 2-5 数据的修约任务单

专业　　　　班级　　　　姓名　　　　学号　　　　小组

任务:1. 某指标进行检测后得到数据如下:302.21549、302.22499、302.22600、302.22500、302.21500,按照要求将数据修约到保留两位小数。 2. 将 60.38 数值修约到个数位的 0.5 单位。 3. 将 830 修约到十数位的 0.2 单位。	
修约口诀	
0.5 单位修约方法	
0.2 单位修约方法	
任务完成结果	
其他说明	

微课 2.3　　学情小测 2-3　　思政素材 2.3

任务 2.4　数据统计特征和分布特征

在公路工程施工过程中，不论是原材料还是施工中的质量控制检验，都会取得大量的数据。对这些数据进行科学的分析，可以更好地评价原材料和工程质量。在公路质量检验评定标准中，也分别提出了许多数理统计的特征值。因此，项目试验人员应具备数理统计的基本知识。在进行试验成果的分析整理时，必须坚持理论与实际统一的原则。以现场和工程具体条件为依据，以测试所得的实际数据为基础，以数理统计分析为手段，区别不同统计，针对不同要求采取不同方法。下面简要介绍常用数理统计方法和数据处理方法。

1. 数据统计特征量的计算

用来表示统计数据分布及其某些特性的特征量分为两类：一类表示数据的集中程度，如算术平均值、中位数等；另一类表示数据的离散程度，主要有极差、标准偏差、变异系数。

1) 算术平均值

算术平均值是表示一组数据集中程度最有用的统计特征量，经常用样本的算术平均值来代表总体的平均水平。样本的算术平均值用 $\bar{x}$ 表示，如果 n 个样本数据为 $x_1, x_2, \cdots, x_n$，那么，样本的算术平均值如式(2-1)：

$$\bar{x} = \frac{1}{n}(x_1 + x_2 + \cdots + x_n) = \frac{1}{n}\sum_{i=1}^{n} x_i \tag{2-1}$$

2) 中位数

在一组数据 $x_1, x_2, \cdots, x_n$ 中，按其大小次序排序，以排在正中间的一个数表示总体的平均水平，称为中位数，或称为中值，用 $\tilde{x}$ 表示。当 n 为奇数时，正中间的数只有一个；当 n 为偶数时，正中间的数有两个，取这两个数的平均值作为中位数，如式(2-2)：

$$\tilde{x} = \begin{cases} x_{\frac{n+1}{2}} & n \text{ 为奇数} \\ \frac{1}{2}\left(x_{\frac{n}{2}} + x_{\frac{n}{2}+1}\right) & n \text{ 为偶数} \end{cases} \tag{2-2}$$

3) 极差

在一组数据中最大值 $x_{\max}$ 和最小值 $x_{\min}$ 之差，称为极差，记作 R，如式(2-3)：

$$R = x_{\max} - x_{\min} \tag{2-3}$$

极差没有充分利用数据的信息，但计算十分简单，仅适用于样本容量较小（$n<10$）的情况。

4) 标准偏差

标准偏差有时也称标准离差、标准差或均方差，是衡量样本数据波动性（离散程度）的指标。在质量检验中，总体标准偏差 σ 一般不易求得。样本的标准偏差 S 按式(2-4)计算：

$$S = \sqrt{\frac{(x_1-\bar{x})^2 + (x_2-\bar{x})^2 + \cdots + (x_n-\bar{x})^2}{n-1}} = \sqrt{\frac{\sum_{i=1}^{n}(x_i-\bar{x})^2}{n-1}} \tag{2-4}$$

5) 变异系数

标准偏差是反映样本数据的绝对波动状况，当测量较大的量值时，绝对误差一般较大;当测量较小的量值时,绝对误差一般较小。因此,用相对波动的大小,即变异系数更能反映样本数据的波动性。变异系数用 C_V 表示,是标准偏差 S 与算术平均值 $\bar{x}$ 的比值,如式(2-5):

$$C_V = \frac{S}{\bar{x}} \times 100\% \tag{2-5}$$

【例 2-1】 某路段沥青混凝土面层抗滑性能检测,摩擦系数的检测值(共 10 个测点)分别为:58、56、60、53、48、54、50、61、57、55(摆值),求摩擦系数的算术平均值、中位数、极差、标准偏差、变异系数。

解 由式(2-1)可得摩擦系数的算术平均值为:

$$\bar{F}_B = \frac{1}{10} \times (58+56+60+53+48+54+50+61+57+55) = 55.2(摆值)$$

检测值按大小次序排列为:61、60、58、57、56、55、54、53、50、48(摆值),则由式(2-2)可得中位数为:

$$\widetilde{F}_B = \frac{F_{B(5)} + F_{B(6)}}{2} = \frac{56+55}{2} = 55.5(摆值)$$

由式(2-3)可得极差为:

$$R = F_{B\max} - F_{B\min} = 61 - 48 = 13(摆值)$$

由式(2-4)可得标准偏差为:

$$S = \sqrt{\frac{(x_1-\bar{x})^2+(x_2-\bar{x})^2+\cdots+(x_n-\bar{x})^2}{n-1}}$$

$$= \sqrt{\frac{(58-55.2)^2+(56-55.2)^2+\cdots+(55-55.2)^2}{10-1}} = 4.13(摆值)$$

由式(2-5)可得变异系数为:

$$C_V = \frac{S}{\bar{x}} \times 100\% = \frac{4.13}{55.2} \times 100\% = 7.48\%$$

【例 2-2】 若甲路段沥青混凝土面层的摩擦系数算术平均值为 55.2(摆值),标准偏差为 4.13(摆值);乙路段的摩擦系数算术平均值为 60.8(摆值),标准偏差为 4.27(摆值)。求两路段的变异系数。

解 甲路段:

$$C_{V甲} = \frac{S_甲}{\bar{x}} \times 100\% = \frac{4.13}{55.2} \times 100\% = 7.48\%$$

乙路段:

$$C_{V乙} = \frac{S_乙}{\bar{x}} \times 100\% = \frac{4.27}{60.8} \times 100\% = 7.02\%$$

从标准偏差看,$S_甲 < S_乙$,但从变异系数分析,$C_{V甲} > C_{V乙}$,说明甲路段的摩擦系数相对波动比乙路段大,面层抗滑稳定性较差。

2. 数据统计特征量的分布

质量数据具有一定的规律性,这种规律性一般用概率分布来描述。概率分布的形式很多,在公路工程质量控制和评价中,常用到直方图、正态分布和 t 分布。

1)直方图

它是表示资料数据变化情况的一种主要工具。用直方图可以解析出资料数据的规则性,比较直观地看出产品质量特性的分布状态,对于资料数据分布状况一目了然,便于判断其总体质量分布情况。在制作直方图时,牵涉统计学的概念,首先要对资料数据进行分组,把收集到的工程质量数据用相等的组距进行分组,按要求进行频数(每组中出现数据的个数)统计,再在直角坐标系中以组界为顺序、组距为宽度在横坐标上描点,以各组的频数为高度在纵坐标上描点,然后连接各点画成长方形图,如图2-5所示。

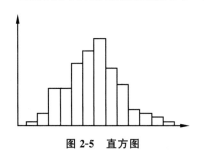

图 2-5 直方图

2)正态分布的函数与特点

正态分布是应用最多、最广泛的一种概率分布,而且是其他概率分布的基础。正态分布的概率密度函数如式(2-6):

$$f(x) = \frac{1}{\sqrt{2\pi}\sigma} e^{-\frac{(x-\mu)^2}{2\sigma^2}} \tag{2-6}$$

式中:x——随机变量;

μ——正态分布的平均值;

σ——正态分布的标准偏差。

平均值 μ 是 $f(x)$ 曲线的位置参数,决定曲线最高点的横坐标。标准偏差 σ 是 $f(x)$ 曲线的形状参数,它的大小反映了曲线的宽窄程度。σ 越大,曲线低而宽,随机变量在平均值 μ 附近出现的密度越小;σ 越小,曲线高而窄,随机变量在平均值 μ 附近出现的密度越大,如图2-6所示。

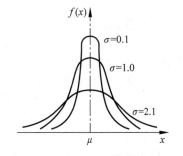

图 2-6 正态分布曲线

正态分布具有以下特点:

(1)正态分布曲线对称于 $x=\mu$,即以平均值为中心。

(2)当 $x=\mu$ 时,曲线处于最高点,当 x 向左右偏离时,曲线不断降低,整个曲线呈中间高、两边低的形状。

(3)曲线与横坐标轴围成的面积等于1,如式(2-7):

$$\int_{-\infty}^{\infty} \frac{1}{\sqrt{2\pi}\sigma} e^{-\frac{(x-\mu)^2}{2\sigma^2}} dx = 1 \tag{2-7}$$

一般地,随机变量 x 服从参数 μ 与 σ 的正态分布,可记 $x \sim N(\mu,\sigma)$。特别地,当 $\mu=0$、$\sigma=1$ 时的正态分布,称为标准正态分布,用 $N(0,1)$ 表示。它的概率密度函数如式(2-8):

$$f(x) = \frac{1}{\sqrt{2\pi}\sigma} e^{-\frac{x^2}{2}} \tag{2-8}$$

对于正态分布 $x \sim N(\mu,\sigma)$,它的测量值落入区间 (a,b) 的概率,用 $P(a<x<b)$ 表示,如式(2-9):

$$P(a<x<b) = \Phi\left(\frac{b-\mu}{\sigma}\right) - \Phi\left(\frac{a-\mu}{\sigma}\right) \tag{2-9}$$

$$\Phi(a) = \int_{-\infty}^{a} \frac{1}{\sqrt{2\pi}} e^{-\frac{x^2}{2}} dx \tag{2-10}$$

$$\Phi(b) = \int_{-\infty}^{b} \frac{1}{\sqrt{2\pi}} e^{-\frac{x^2}{2}} dx \tag{2-11}$$

利用式(2-9),可以求得双边置信区间的几个重要数据,如图 2-7 所示。

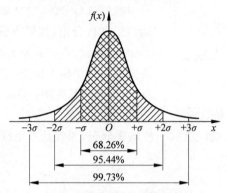

图 2-7　正态分布与置信区间

$$\begin{cases} P\{\mu - \sigma \leqslant x \leqslant \mu + \sigma\} = 0.6826 \\ P\{\mu - 1.96\sigma \leqslant x \leqslant \mu + 1.96\sigma\} = 0.9500 \\ P\{\mu - 2\sigma \leqslant x \leqslant \mu + 2\sigma\} = 0.9544 \\ P\{\mu - 3\sigma \leqslant x \leqslant \mu + 3\sigma\} = 0.9973 \end{cases} \tag{2-12}$$

双边置信区间可统一写成式(2-13):

$$\mu - \mu_{(1-\beta)/2} \cdot \sigma \leqslant x \leqslant \mu + \mu_{(1-\beta)/2} \cdot \sigma \tag{2-13}$$

式中:β——显著性水平;

$1-\beta$——置信水平;

$\mu_{(1-\beta)/2}$——双边置信区间的正态分布临界值;

$\mu - \mu_{(1-\beta)/2} \cdot \sigma$——置信下限;

$\mu + \mu_{(1-\beta)/2} \cdot \sigma$——置信上限。

同理可得,单边置信区间的几个重要数据:

$$\begin{cases} P\{x \leqslant \mu + \sigma\} = P\{x \geqslant \mu - \sigma\} = 0.8413 \\ P\{x \leqslant \mu + 1.645\sigma\} = P\{x \geqslant \mu - 1.645\sigma\} = 0.9500 \\ P\{x \leqslant \mu + 2\sigma\} = P\{x \geqslant \mu - 2\sigma\} = 0.9772 \\ P\{x \leqslant \mu + 3\sigma\} = P\{x \geqslant \mu - 3\sigma\} = 0.9987 \end{cases} \tag{2-14}$$

其置信区间可表示为:

$$x \leqslant \mu + \mu_{(1-\beta)} \cdot \sigma \quad 或 \quad x \geqslant \mu - \mu_{(1-\beta)} \cdot \sigma \tag{2-15}$$

式中:$\mu + \mu_{(1-\beta)} \cdot \sigma$——单边置信上限;

$\mu - \mu_{(1-\beta)} \cdot \sigma$——单边置信下限。

3) t 分布的函数和置信区间

t 分布的概率密度函数如式(2-16):

$$t(x,n) = \frac{\Gamma\left(\frac{n+1}{2}\right)}{\Gamma\left(\frac{n}{2}\right)\sqrt{n\pi}} \left(1 + \frac{x^2}{n}\right)^{-\frac{n+1}{2}} \tag{2-16}$$

式中：x——随机变量；

n——样本容量，在数理统计学中称自由度。

当随机变量 x 服从自由度为 n 的 t 分布时，记作 $x \sim t(n)$，其分布图形如图 2-8 所示。

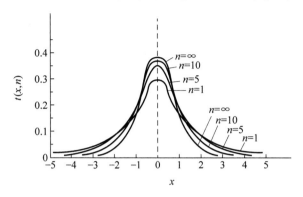

图 2-8　t 分布曲线

可以证明：当 $n \to \infty$ 时，t 分布趋于正态分布；一般来说，当 $n > 30$ 时，t 分布与正态分布 $N(0,1)$ 就非常接近了。但对较小的 n 值，t 分布与正态分布之间有较大的差异，且：

$$P\{|T| \geqslant t_0\} \geqslant P\{|x| \geqslant t_0\} \tag{2-17}$$

其中 $x \sim N(0,1)$，即在 t 分布的尾部比在标准正态分布的尾部有更大的概率。

在施工质量评价中，常需要解决总体标准偏差 σ 未知时，如何估计平均值置信区间的问题。为解决这一问题，一个很自然的想法就是利用样本标准偏差 S 代替总体标准偏差 σ。

设 $(x_1, x_2, \cdots, x_n)$ 来自正态分布总体，根据抽样分布定理可知：

$$T = \frac{\bar{x} - \mu}{\dfrac{S}{\sqrt{n}}} \sim t(n-1) \tag{2-18}$$

因此，根据给定的 β 和自由度 $n-1$，由"t 分布概率系数表"（本书附录1）查得 $t_{(1-\beta)/2}(n-1)$ 之值，由此得平均值 μ 的双边置信区间：

$$\left[\bar{x} - S \frac{t_{(1-\beta)/2}(n-1)}{\sqrt{n}}, \ \bar{x} + S \frac{t_{(1-\beta)/2}(n-1)}{\sqrt{n}} \right] \tag{2-19}$$

同理，可得 μ 单边置信的区间：

$$\mu \leqslant \bar{x} + S \frac{t_{(1-\beta)}(n-1)}{\sqrt{n}} \quad \text{或} \quad \mu \geqslant \bar{x} - S \frac{t_{(1-\beta)}(n-1)}{\sqrt{n}} \tag{2-20}$$

【知识拓展 2-4】

1）直方图的绘制

频数分布直方图即质量分布图，简称直方图，把收集到的质量数据按顺序分成若干间隔相等的组，以组距为横坐标，以落入各组的数据频数为纵坐标，按比例构成的若干矩形条排列的图，适用于对大量计量值数据总体分布特征进行推断。

频数是指在重复试验中，随机事件出现的次数。频数的统计方法有两种：一是以单个数值进行统计，即某个数据重复出现的次数就是它的频数；二是按区间数值进行统计，即在已收集的数据中按照一定划分范围把整个数值分成若干区间，按每个区间内数值重复出现的次数作为这个区间的频数。在质量控制中,多采用第二种方法,也就是按区间进行频数统计。

【例 2-3】 某沥青混凝土拌和过程中,油石比的抽检结果列于表 2-6 中,请绘制直方图。

表 2-6 油石比检测数据

顺序	数据/%										最大/%	最小/%	极差/%
1	6.12	6.35	5.84	5.90	5.95	6.14	6.05	6.03	5.81	5.86	6.35	5.81	0.54
2	5.78	6.25	5.94	5.80	5.90	5.86	5.99	6.16	6.18	5.79	6.25	5.78	0.47
3	5.66	5.64	5.88	5.71	5.82	5.94	5.91	5.84	5.68	5.91	5.94	5.64	0.30
4	6.03	6.00	5.95	5.96	5.88	5.74	6.06	5.81	5.76	5.82	6.06	5.74	0.32
5	5.89	5.88	5.64	6.00	6.12	6.07	6.25	5.74	6.16	5.66	6.25	5.64	0.61
6	5.58	5.73	5.81	5.57	5.93	5.96	6.04	6.09	6.01	6.04	6.09	5.57	0.52
7	6.11	5.82	6.26	5.54	6.26	6.01	5.98	5.85	6.06	6.01	6.26	5.54	0.72
8	5.86	5.88	5.97	5.99	5.84	6.03	5.94	5.95	5.82	5.88	6.03	5.82	0.21
9	5.85	6.43	5.92	5.89	5.90	5.94	6.20	6.14	6.07	6.43	5.85	0.58
10	6.08	5.86	5.96	5.53	6.24	6.19	6.21	6.32	6.05	5.97	6.32	5.53	0.79

(1) 收集数据

一般不少于 50~100 个数据。理论上数据越多越好,但因收集数据需要耗费时间和人力、费用,所以收集数据有限,本例为 100 个数据。

(2) 数据分析与整理

本例中最大值:$x_{\max}=6.43$;

最小值:$x_{\min}=5.53$;

极差值:$R=x_{\max}-x_{\min}=6.43-5.53=0.9$。

(3) 确定组数与组距

通常先定组数,后定组距。组数用 B 表示,应根据收集数据总数而定。当数据为 50 以下时,B 为 5~7;总数为 50~100 时,B 为 6~10;总数为 100~250 时,B 为 7~12;总数为 250 以上时,B 为 10~20。

组距用 h 表示,其计算公式为:

$$h=\frac{R}{B} \tag{2-21}$$

本例中取组数 $B=10$,组距 $h=0.9/10=0.09$。

(4) 确定组界值

确定组界值时,应使数据的全体落在第一组的下界值与后一组的上界值所组成的开区间之内;同时为避免数据恰好落在组界上,组界值要比原数据的精度高一位。组界值具体确定方法如下:

第一组的下界值$=x_{\min}-h/2$;

第一组的上界值$=x_{\min}+h/2$;

第一组的上界值就是第二组的下界值,第二组的下界值加上组距 h 即为第二组的上界值,以此类推。

本例中第一组界值为:$(5.53-0.09/2)\sim(5.53+0.09/2)=5.485\sim5.575$

(5) 统计频数

组界值确定后按组号统计频数、频率(相对频数),作频数分布统计表。本例的统计结果列于表 2-7。

表 2-7 频数分布统计

序号	分组区间	频数	频率	序号	分组区间	频数	频率
1	5.485~5.575	3	0.03	7	6.025~6.115	14	0.14
2	5.575~5.665	4	0.04	8	6.115~6.205	9	0.09
3	5.665~5.755	6	0.06	9	6.205~6.295	6	0.06
4	5.755~5.845	14	0.14	10	6.295~6.385	2	0.02
5	5.845~5.935	21	0.21	11	6.385~6.475	1	0.01
6	5.935~6.025	20	0.20		合计	100	1.0

(6) 绘制直方图

以横坐标为质量特性,纵坐标为频数(或频率)作直方图,如图 2-9 所示。

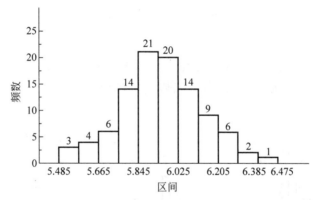

图 2-9 直方图

2) 直方图的应用

通过直方图形状,可以观察与判断产品质量特性分布情况(质量是否稳定),判断质量分布状态是否正常,判断生产过程是否正常,工序是否稳定,找出产生异常的原因,以决定是否采取相应处理措施。

(1) 判断质量分布状态

当生产条件正常时,直方图应该是中间高、两侧低、左右接近对称的正常型图形,如图 2-10(a)所示。当出现非正常型图形时,就要进一步分析原因,并采取措施加以纠正。

① 折齿形。图形出现凹凸状,如图 2-10(b)所示,这多数是由于分组不当或组距确定不当所致。

② 孤岛形。出现孤立的小直方图,如图 2-10(c)所示,这是由于少量材料不合格,或短时间内工人操作不熟练所造成的。

③ 双峰形。图形出现了两个峰顶,如图 2-10(d)所示,一般是由于两组生产条件不同的数据混淆在一起所造成的。

④ 缓坡形。图形向左或向右呈缓坡状,即平均值过于偏左或偏右,如图 2-10(e)所示,

这是由于工序施工过程中的上控制界限或下控制界限控制太严所造成的。

⑤ 绝壁形。直方图的分布中心偏向一侧,如图 2-10(f)所示,常是由操作者的主观因素所造成的,即一般多是因数据收集不正常(如剔除了不合格品的数据),或是在工序检验中出现了人为的干扰现象。

这时应重新进行数据统计或重新按规定检验。

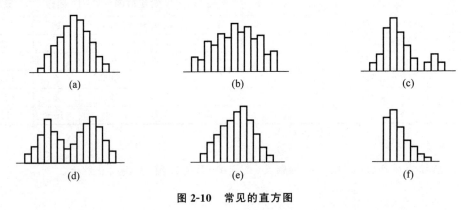

图 2-10 常见的直方图

(2) 判断施工能力

将正常型直方图与质量标准进行比较,即可判断实际生产施工能力。如图 2-11 所示,T 表示质量标准要求的界限,B 代表实际质量特性值分布范围。比较结果一般有以下情况:

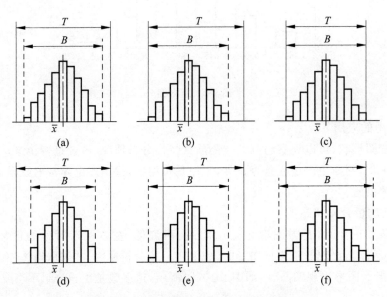

图 2-11 实际质量分布与质量标准的关系

① B 在 T 中间,两边各有一定余地,这是理想的控制状态,如图 2-11(a)所示。

② B 虽在 T 之内,但偏向一侧,有可能出现超上限或超下限不合格品,要采取纠偏措施,如图 2-11(b)所示。

③ B 与 T 相重合,实际分布太宽,极易产生超上限与超下限的不合格品,需要采取措施

提高工序能力,如图 2-11(c)所示。

④ B 过分小于 T,说明工序能力过大、不经济,如图 2-11(d)所示。

⑤ B 过分偏离 T 的中心,已经产生超上限或超下限的不合格品,需要调整,如图 2-11(e)所示。

⑥ B 大于 T,已经产生大量超上限与超下限的不合格品,说明工序能力不能满足技术要求,如图 2-11(f)所示。

【学情小测 2-4】

(1)【单选题】数据 57、55、60、54、49、56、52、61、59、58 的标准偏差为( )。
  A. 4.21　　　　　B. 4.41　　　　　C. 3.89　　　　　D. 4.48

(2)【单选题】数据 57、55、60、54、49、56、52、61、59、58 的中位数为( )。
  A. 54　　　　　B. 56.5　　　　　C. 57　　　　　D. 58

(3)【单选题】正态分布曲线的对称轴是( )。
  A. 平均值　　　B. 标准偏差　　　C. 中位数　　　D. 变异系数

(4)【单选题】正态分布曲线中当 $x=$( )时,曲线处于最高点。
  A. 平均值　　　B. 标准偏差　　　C. 中位数　　　D. 变异系数

(5)【单选题】当样本容量较小时,t 分布的尾部比正态分布的尾部有( )的概率。
  A. 更小　　　　B. 更大　　　　C. 一样　　　　D. 不确定

【任务单 2-4】

参见表 2-8。

表 2-8　数据统计特征和分布特征任务单

专业	班级	姓名	学号	小组

任务:测定摆值(共 10 个测点)分别为 55、56、59、60、54、53、52、54、49、53,求摆值的平均值、中位数、极差、标准偏差、变异系数。		
统计特征量的类型	表示集中程度	
	表示分散程度	
本任务的计算过程		

续表

表示数据分布特征的方式	
绘制正态分布的图形并写出其特点	
其他说明	

微课 2.4　　学情小测 2-4

任务 2.5　可疑数据的取舍

工程质量常会发生波动情况,由于质量的波动,自然会引起质量检测数据的参差不齐,如测量值过大或过小,这些过大或过小的测量数据是不正常的,或称为可疑数据,因此,在进行数据分析之前,应用数理统计法判别其真伪,并决定取舍。常用的方法有拉依达法、肖维纳特法、格拉布斯法等。

1. 拉依达法

在产品质量控制和材料试验研究中,遇到的总体情况绝大部分概率服从正态分布,而由正态分布可知,测量值落在区间$(\bar{x}-3S,\bar{x}+3S)$的概率为 99.73%,而落在这个区间之外的概率仅为 0.27%,也就是在近 400 次试验中才能遇到 1 次,在有限次的测量中发生这种情况的可能性很小,因而一旦有这样的数据出现,就认为该测量数据是不可靠的,应予以剔除。拉依达法正是基于这一原则提出的,即当试验次数较多时,可简单地用 3 倍标准偏差(3S)作为确定可疑数据取舍的标准。当某一测量数据(x_i)与其测量结果的算术平均值($\bar{x}$)之差大于 3 倍标准偏差时,如式(2-22):

$$|x_i - \bar{x}| > 3S \tag{2-22}$$

则该测量数据应舍弃。

另外,当测量值与平均值之差大于 2 倍标准偏差(即$|x_i - \bar{x}| > 2S$)时,则该测量值应保留,但需存疑。如发现生产(施工)、试验过程中,有可疑的异常值时,该测量值应予以舍弃。

拉依达法简单方便,不需查表,当试验检测次数较多($n>50$)或要求不高时可以应用,当试验检测次数较少(如$n<10$)时,在一组测量值中即使混有异常值,也无法舍弃。

2. 肖维纳特法

进行n次试验,其测量值服从正态分布,以概率$1/(2n)$设定一判别范围$(-K_nS, K_nS)$,当偏差(测量值x_i与其算术平均值$\bar{x}$之差)超出该范围时,就意味着该测量值x_i是可疑的,应予以舍弃。因此,肖维纳特法可疑数据舍弃的标准为式(2-23):

$$\frac{|x_i-\bar{x}|}{S} \geqslant K_n \tag{2-23}$$

式中:K_n——肖维纳特系数,与试验次数n有关,如表2-9所示。

表2-9 肖维纳特系数K_n

n	K_n	n	K_n	n	K_n	n	K_n	n	K_n	n	K_n
3	1.38	8	1.86	13	2.07	18	2.20	23	2.30	50	2.58
4	1.53	9	1.92	14	2.12	19	2.22	24	2.31	75	2.71
5	1.65	10	1.96	15	2.13	20	2.24	25	2.33	100	2.81
6	1.73	11	2.00	16	2.15	21	2.26	30	2.39	200	3.02
7	1.80	12	2.03	17	2.17	22	2.28	40	2.49	500	3.20

3. 格拉布斯法

格拉布斯法假定测量结果服从正态分布,根据顺序统计量来确定可疑数据的取舍。做n次重复试验,测得结果为$x_1,x_2,\cdots,x_i,\cdots,x_n$,且$x_i$服从正态分布。

为了检验$x_i(i=1,2,\cdots,n)$中是否有可疑值,可将x_i按其值由小到大的顺序重新排列,得:

$$x_1 \leqslant x_2 \leqslant \cdots \leqslant x_n$$

根据顺序统计原则,给出标准化顺序统计量g:

当最小值x_1可疑时,则 $g=\dfrac{\bar{x}-x_1}{S}$

当最大值x_n可疑时,则 $g=\dfrac{x_n-\bar{x}}{S}$

$$\tag{2-24}$$

式中:$\bar{x}$——测量值的算术平均值;

S——测量值的标准偏差。

根据格拉布斯统计量的分布,在指定的显著性水平β(一般$\beta=0.05$)下,求得判别可疑值的临界值$g_0(\beta,n)$。

格拉布斯法的判别标准:当$g \geqslant g_0(\beta,n)$时,则可疑值x_i是异常的,应予以舍去。其中,$g_0(\beta,n)$值列于表2-10中。

利用格拉布斯法每次只能舍弃一个可疑值,若有两个以上的可疑数据,应该一个一个地舍弃,舍弃第一个数据后,检测次数由n变为$n-1$,以此为基础再判别第二个可疑数据是否应舍去。每次均值和均方差要重新计算,再决定取舍。

表 2-10 格拉布斯系数 $g_0(\beta, n)$

n	β		n	β		n	β	
	0.01	0.05		0.01	0.05		0.01	0.05
3	1.15	1.15	12	2.55	2.29	21	2.91	2.58
4	1.49	1.46	13	2.61	2.33	22	2.94	2.60
5	1.75	1.67	14	2.66	2.37	23	2.96	2.62
6	1.94	1.82	15	2.70	2.41	24	2.99	2.64
7	2.10	1.94	16	2.74	2.44	25	3.01	2.66
8	2.22	2.03	17	2.78	2.47	30	3.10	2.74
9	2.32	2.11	18	2.82	2.50	35	3.18	2.81
10	2.41	2.18	19	2.85	2.53	40	3.24	2.87
11	2.48	2.24	20	2.88	2.56	50	3.34	2.96
						100	3.59	3.17

【例 2-4】 实验室进行同配合比的混凝土强度试验($n=10$),其试验结果分别为 25.8、25.4、31.0、25.5、27.0、24.8、25.0、26.0、24.5、23.0,单位为 MPa,分别试用拉依达法、肖维纳特法和格拉布斯法判别其取舍。

解 经计算 $\bar{x}=25.8$MPa,$S=2.1$MPa。

分析上述 10 个测量数据,当 $x_{\min}=23.0$MPa 和 $x_{\max}=31.0$MPa 时最可疑,故应首先判别 $x_{\min}$ 和 $x_{\max}$。

1) 拉依达法

因:$|x_{\max}-\bar{x}|=|31.0-25.8|=5.2MPa<3S=6.3$MPa

$|x_{\min}-\bar{x}|=|23.0-25.8|=2.8MPa<3S=6.3$MPa

故上述测量数据均不能舍弃。

2) 肖维纳特法

经查表 2-9,当 $n=10$ 时,$K_n=1.96$。对于测量值 31.0,则有:

$$\frac{|x_i-\bar{x}|}{S}=\frac{|31.0-25.8|}{2.1}=2.48>K_n=1.96$$

说明测量数据 31.0 是异常值,应予以舍弃。这一结论与拉依达法的结果是不一样的。

3) 格拉布斯法

测量数据按从小到大次序排列如下:23.0、24.5、24.8、25.0、25.4、25.5、25.8、26.0、27.0、31.0。

$$g(1)=\frac{\bar{x}-x_1}{S}=\frac{25.8-23.0}{2.1}=1.33$$

$$g(10)=\frac{x_{10}-\bar{x}}{S}=\frac{31.0-25.8}{2.1}=2.48$$

由于 $g(1)<g(10)$,首先判断 x_{10}。选定显著性水平 $\beta=0.05$,并根据 $\beta=0.05$ 和 $n=10$,由表 2-10 查得 $g_0(0.05,10)=2.18$。由于 $g_0(10)=2.48>g_0(0.05,10)=2.18$,所以 $x_{10}=31.0$ 为异常值,应予以舍弃。这一结论与肖维纳特法结论是一致的。

仿照上述方法继续对其余 9 个数据进行判别,经计算没有异常值。

【知识拓展 2-5】

1）最大误差

在误差理论中，不只是把均方差（σ）看成估计观测或试验结果精度的标准。在某一条件下，已知观测或试验结果的均方差后，并不意味着在这种条件下进行的观测或试验，其随机误差或单个观测值（或试验结果）与平均值的偏差将位于±σ范围内。

实际上所得的或可能发生的随机误差将比σ大得多，甚至为其2～3倍。但是，误差越大，它出现的机会或概率也将越小。

例如，已知某一观测或试验结果组属于正态分布，并已知其均方差σ，则根据概率论可利用正态分布表给出的系数Z值，求出σ的任意倍数随机误差出现的概率。从正态分布表可以看到，随机误差越大，它所出现的概率越小。当随机误差等于3σ时，它构成的范围$(x-3\sigma)\sim(x+3\sigma)$，将包括99.73%可能的观测值，或单个观测值将有99.73%的概率位于此区间内。

换句话说，随机误差或单个观测值与平均值的偏差大于3σ的概率等于0.0027，也即在10000个观测值中只能出现27个这样大的误差。在正常情况下，出现这样大的误差实际上是不可能的。因此，通常把等于3倍均方差的随机误差看成最大误差。

2）特异值

具有离散性的特大值或特小值统称为特异值。任何观测试验结果都带有误差，都具有离散性，而且有时会出现一些特大值或特小值。特异值出现的概率极小。在前面已经谈到，通常把等于3倍均方差的偏差看成最大误差。因此，可以将偏差大于3倍均方差的个别观测值看成特异值。如果将这些特异值与其他观测值放在一起进行统计分析，就会降低平均值的可靠性，增大均方差，使计算得到的波动范围、统计容许区间等过大。

例如，在对路基弯沉检测中，由于多种因素的影响，测得的弯沉值可能分散性大，而且会出现一些特大值，偶尔也会有特小值。如将这些特异值与其他值放在一起进行统计分析，则会增大平均值和均方差，从而增大代表弯沉值，其结果是，由于极少数特异值的存在而使设计出的路面在大部分面积上过厚。

为了妥善处理这些特异值，可以利用误差理论或数理统计原理来舍弃特异值。在某些情况下（如特大的弯沉值），对舍弃的特异值需另做处理。就弯沉测量而言，舍弃特异值后，弯沉值的平均值和均方差都降低了，代表弯沉值也就降低了。

【学情小测 2-5】

(1)【单选题】当检测次数为（　　）时，肖维纳特法与拉依达法几乎一样。
  A. 10   B. 50   C. 200   D. 无限大

(2)【多选题】肖维纳特法虽然改善了拉依达法，但存在着（　　）的问题。
  A. 当$n\to\infty$时，肖维纳特系数$K_n\to\infty$，此时所有的异常值都无法舍弃
  B. 当试验次数较少时，如$n<10$，在一组测量数据中即使有异常值都无法舍弃
  C. 肖维纳特系数与置信水平之间无明确关系
  D. 肖维纳特法不适用测量值服从正态分布的数据取舍

(3)【多选题】格拉布斯系数跟（　　）有关。
  A. 检测次数n B. 置信水平 C. 显著性水平 D. 标准偏差

(4)【多选题】可疑数据的取舍方法有(　　　)种。

　　A. 拉依达法　　　B. 肖维纳特法　　　C. 拉布西斯法　　　D. 格拉布斯法

【任务单 2-5】

参见表 2-11。

表 2-11　可疑数据的处理任务单

专业	班级	姓名	学号	小组

任务：某土方路基弯沉检测值如下($n=12$)：110、112、115、117、110、115、115、113、111、116、113、115(单位：0.01mm)，请分别用拉依达法、肖维纳特法和格拉布斯法判别其取舍。	
拉依达法判别公式	
肖维纳特法判别公式	
格拉布斯法判别公式	
计算过程	
结果判定	拉依达法的判定结果： 肖维纳特法的判定结果： 格拉布斯法的判定结果：
其他说明	

微课 2.5

学情小测 2-5

思政素材 2.5

任务 2.6　数据的表达及相关性

通过试验检测获得一系列数据,对这些数据进行深入的分析,以便得到各参数之间的关系,甚至用数学解析的方法,导出各参数之间的函数关系,这是数据处理的任务之一。

1. 数据的表达方法

测量数据的表达方法通常有表格法、图示法和经验公式法 3 种。

1）表格法

用表格来表示函数的方法,在自然科学和工程技术上用得特别多。在科学试验中一系列测量数据都是先列成表格,然后再进行其他处理。表格法简单方便,但不能进行深入分析。首先,尽管测量次数相当多,但它不能给出所有的函数关系;其次,从表格中不易看出自变量变化时函数的变化规律,而只能大致估计出函数是递增的、递减的或是周期性变化的等。列成表格是为了表示测量结果,或是为了以后的计算方便,同时也是图示法和经验公式法的基础。

表格有两种:一种是试验检测数据记录表;另一种是试验检测结果表。

试验检测数据记录表是该项试验检测的原始记录表,它包括的内容应有试验检测目的、内容摘要、试验日期、环境条件、检测仪器设备、原始数据、测量数据、结果分析以及参加人员和负责人等。

试验检测结果表只反映试验检测结果的最后结论,一般只有几个变量之间的对应关系。试验检测结果表应力求简明扼要,能说明问题。

2）图示法

在自然科学和工程技术中,用图示来表示测量数据,这是最普遍的一种方法。图示法的最大优点是一目了然,即从图形中可非常直观地看出函数的变化规律,如递增性或递减性,最大值或最小值,是否具有周期性变化规律等。但是,从图形上只能得到函数变化关系而不能进行数学分析。

图示法的基本要点如下:

(1) 在直角坐标系中绘制测量数据的图形时,应以横坐标为自变量,以纵坐标为对应的函数量。

(2) 坐标纸的大小与分度的选择应与测量数据的精度相适应。分度过粗时,影响原始数据的有效数字,绘图精度将低于试验中参数测量的精度;分度过细时会高于原始数据的精度。坐标分度值不一定自零起,可用低于试验数据的某一数值作起点和高于试验数据的某一数值作终点,曲线以基本占满全幅坐标纸为宜。

(3) 坐标轴应注明分度值的有效数字和名称、单位,必要时还应标明试验条件,坐标的文字书写方向应与该坐标轴平行,在同一图上表示不同数据时应该用不同的符号加以区别。

(4) 曲线平滑方法。测量数据往往是分散的,如果用短线连接各点得到的就不是光滑的曲线,而是折线。由于每一个测点总存在误差,按带有误差的各数据所描的点不一定是真实值的正确位置。根据足够多的测量数据,完全有可能做出一条光滑曲线,决定曲线的走向应考虑曲线应尽可能通过或接近所有的点,但曲线不必强求通过所有的点,尤其是两端的点,当不可能时,则应移动曲线尺,顾及所绘制的曲线与实测值之间的误差的平方和最小。此时曲线两边的点数接近于相等。

3) 经验公式法

测量数据不仅可用图形表示出函数之间的关系,而且可用与图形对应的一个公式来表示所有的测量数据,当然这个公式不可能完全准确地表达全部数据。因此,常把与曲线对应的公式称为经验公式,在回归分析中则称为回归方程。

把全部测量数据用一个公式代替,不仅有紧凑扼要的优点,而且可以对公式进行必要的数学运算,以研究各自变量与函数之间的关系。

根据一系列测量数据,如何建立公式,建立什么形式的公式,这是首先需要解决的问题。所建立的公式能正确表达测量数据的函数关系,往往不是一件容易的事情,在很大程度上取决于试验人员的经验和判断能力,而且建立公式的过程比较烦琐,有时还要多次反复才能得到与测量数据更接近的公式。

建立公式的步骤大致可归纳如下:

(1) 描绘曲线。以自变量为横坐标,函数量为纵坐标,将测量数据描绘在坐标纸上,并把数据点描绘成测量曲线(详见图示法)。

(2) 对所描绘的曲线进行分析,确定公式的基本形式。如果数据点描绘的基本上是直线,则可用一元线性回归方法确定直线方程。如果数据点描绘的是曲线,则要根据曲线的特点判断曲线属于何种类型。判断时可参考现成的数学曲线形状加以选择,对选择的曲线则按一元非线性回归方法处理。如果测量曲线很难判断属何种类型,则可按多项式回归处理。

(3) 曲线化直。如果测量数据描绘的曲线被确定为某种类型的曲线,则可先将该曲线方程变换为直线方程,然后按一元线性回归方法处理。

(4) 确定公式中的常量。代表测量数据的直线方程或经曲线化直后的直线方程表达式为 $y=a+bx$,可根据一系列测量数据确定方程中的常量 a 和 b,其方法一般有图解法、端值法、平均法和最小二乘法等。

(5) 检验所确定公式的准确性,即用测量数据中自变量值代入公式计算出函数值,看它与实际测量值是否一致,如果差别很大,说明所确定的公式基本形式可能有错误,则应建立另外形式的公式。

2. 相关图及回归分析

1) 相关图

在质量控制中,常会接触到各个质量因素之间的关系。这些变量之间的关系往往不能进行解析描述,不能由一个(或几个)变量的数值精确地求出另一变量的值,称为非确定性关系。相关图又称散布图,就是将两个非确定性关系变量的数据对应列出,标记在坐标图上,从点的散布情况来分析研究两种数据之间关系的图。在质量控制中借助相关图进行相关分析,可研究质量结果和原因之间的关系,进一步弄清影响质量特性的主要因素。

(1) 强正相关,如图 2-12(a)所示,x 增大,y 也随之线性增大。x 与 y 之间可用直线 $y=a+bx$(b 为正数)表示。此时,只要控制住 x,y 也随之被控制住了。

(2) 弱正相关,如图 2-12(b)所示,点分布在一条直线附近,且 x 增大,y 基本上随之线性增大,此时除了因素 x 外,可能还有其他因素影响 y。

(3) 强负相关,如图 2-12(c)所示,x 与 y 之间可用直线 $y=a+bx$(b 为负数)表示。

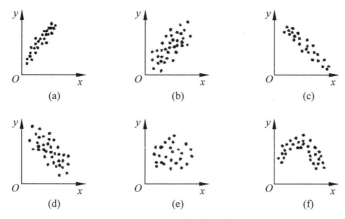

图 2-12 相关图的基本类型

y 随 x 的增大而减小。此时,可以通过控制 x 而控制 y 的变化。

(4) 弱负相关,如图 2-12(d)所示,x 增加,y 基本上随之线性减小,但点的分布不像强负相关那样呈直线状,此时除 x 之外,可能还有其他因素影响 y。

(5) 不相关,如图 2-12(e)所示,x 增加对 y 无影响,即 x 与 y 没有关系。

(6) 非线性相关,如图 2-12(f)所示,点的分布呈曲线状,x、y 之间可用曲线方程进行拟合,根据两变量之间的曲线关系,可以利用 x 的控制调整实现对 y 的控制。

2) 回归分析

若两个变量 x 和 y 之间存在一定关系,并通过试验获得 x 和 y 的一系列数据,用数学处理的方法得出这两个变量之间的关系式,这就是回归分析,也就是工程上所说的拟合问题,所得关系式称为经验公式,或回归方程、拟合方程。

如果两个变量 x 和 y 之间的关系是线性关系,就称为一元线性回归或直线拟合。如果两个变量之间的关系是非线性关系,则称为一元非线性回归或曲线拟合。对于非线性问题,可以通过坐标变化转换为线性回归问题进行处理。

(1) 一元线性回归分析

一元线性回归是工程中经常遇到的问题。通过试验,可以得到若干组的对应数据,根据这些数据画出相关图,当点大致分布在一条直线附近时,说明两变量之间存在线性关系,即可以用一条适当的直线来表示这两变量之间的关系。此方程为:$y=a+bx$,其中 a、b 为回归系数。

平面上的直线很多,而 a、b 值构成的最优直线必须是 $y=a+bx$ 方程的函数值与实际观测值之差最小。为此,根据最小二乘法原理,当所有数据偏差的平方和最小,所谓的直线最优。利用微积分中的极值原理,经数学推导,可得回归系数 a、b 的计算公式:

$$b = \frac{L_{xy}}{L_{xx}} \tag{2-25}$$

$$a = \bar{y} - b\bar{x} \tag{2-26}$$

式中:

$$L_{xy} = \sum_{i=1}^{n}(x_i - \bar{x})(y_i - \bar{y}) = \sum_{i=1}^{n} x_i y_i - \frac{1}{n}\sum_{i=1}^{n} x_i \sum_{i=1}^{n} y_i \tag{2-27}$$

$$L_{xx} = \sum_{i=1}^{n}(x_i - \bar{x})^2 = \sum_{i=1}^{n}x_i^2 - \frac{1}{n}(\sum_{i=1}^{n}x_i)^2 \qquad (2\text{-}28)$$

$$L_{yy} = \sum_{i=1}^{n}(y_i - \bar{y})^2 = \sum_{i=1}^{n}y_i^2 - \frac{1}{n}(\sum_{i=1}^{n}y_i)^2 \qquad (2\text{-}29)$$

【例 2-5】 工程检测中测得 8 组水泥混凝土试件快速抗压强度 $R_{快}$ 与 28d 标准抗压强度 $R_{标}$ 的对应数据,如表 2-12 所示,试用最小二乘法建立标准抗压强度 $R_{标}$ 与快速抗压强度 $R_{快}$ 的回归方程。

表 2-12 水泥混凝土试块抗压强度

序号	1	2	3	4	5	6	7	8
$x(R_{快})$	6.3	40.9	12.5	38.6	19.6	21.5	25.2	31.9
$y(R_{标})$	26.1	62.6	29.0	58.4	37.1	41.1	45.7	52.6

解 先列表(表 2-13)计算 $\sum_{i=1}^{n}x_i$、$\sum_{i=1}^{n}y_i$、$\sum_{i=1}^{n}x_iy_i$、x_i^2、$\bar{x}$、$\bar{y}$、n 等值,然后再代入上述公式计算出回归系数。

表 2-13 $\sum_{i=1}^{n}x_i$、$\sum_{i=1}^{n}y_i$、$\sum_{i=1}^{n}x_iy_i$、x_i^2 计算

n	$y_i(R_{标})$	$x_i(R_{快})$	x_iy_i	x_i^2
1	26.1	6.3	164.43	39.69
2	62.6	40.9	2560.34	1672.81
3	29.0	12.5	362.5	156.25
4	58.4	38.6	2254.24	1489.96
5	37.1	19.6	727.16	384.16
6	41.1	21.5	883.65	462.25
7	45.7	25.2	1151.64	635.04
8	52.6	31.9	1677.94	1017.61
共计	352.6	196.5	9781.90	5857.77

$$n = 8$$
$$\bar{x} = \frac{196.5}{8} = 24.56$$
$$\bar{y} = \frac{352.6}{8} = 44.075$$

代入公式可求得回归系数:

$$b = \frac{9781.90 - 196.5 \times 352.6/8}{5857.77 - 196.5^2/8} = 1.087$$

$$a = 44.075 - 1.087 \times 24.56 = 17.378 \approx 17.4$$

由此可得回归方程:

$$y = 17.4 + 1.087x$$

即

$$R_{标} = 17.4 + 1.087 R_{快}$$

（2）相关系数

上述求回归方程的计算过程中，并不需要事先假定两个变量之间一定具有相关关系。也就是说，就方法本身而言，即使在平面图上一堆杂乱无章的散点，也能用最小二乘法求出一条直线。显然，这样的直线是毫无意义的。那么，究竟什么样的回归直线才有意义呢？在数理统计中，一般用相关系数来定量描述两个变量之间线性相关的密切程度。

相关系数用 r 表示：

$$r = \frac{L_{xy}}{\sqrt{L_{xx}L_{yy}}} \tag{2-30}$$

相关系数 r 是描述回归方程线性相关的密切程度的指标；其取值范围为 $-1 \leqslant r \leqslant 1$，$r$ 的绝对值越接近于 1，x 和 y 之间的线性关系越好。当 $r = \pm 1$ 时，x 和 y 之间符合直线函数关系，称 x 和 y 完全相关，这时所有数据点均在一条直线上。如果 r 趋近于 0，则 x 和 y 之间没有线性关系，这时 x 和 y 可能不相关，也可能是曲线相关。

对于一个具体问题，只有当相关系数 r 的绝对值大于临界值 r_β 时，才可用直线近似表示 x 和 y 之间的关系，也就是 x 和 y 之间存在线性相关关系，其中临界值 r_β 与测量数据的个数 n 和显著性水平 β 有关，可通过查表 2-14 得到。

表 2-14　相关系数的临界值

$v=n-2$	β		$v=n-2$	β		$v=n-2$	β	
	0.05	0.01		0.05	0.01		0.05	0.01
1	0.997	1.000	15	0.482	0.606	29	0.355	0.456
2	0.950	0.990	16	0.468	0.590	30	0.349	0.449
3	0.878	0.959	17	0.456	0.575	35	0.325	0.418
4	0.881	0.917	18	0.444	0.561	40	0.304	0.393
5	0.745	0.874	19	0.433	0.549	45	0.288	0.372
6	0.707	0.834	20	0.423	0.537	50	0.273	0.354
7	0.666	0.798	21	0.413	0.526	60	0.250	0.325
8	0.632	0.765	22	0.404	0.515	70	0.232	0.302
9	0.602	0.735	23	0.396	0.505	80	0.217	0.283
10	0.576	0.708	24	0.388	0.496	90	0.205	0.267
11	0.553	0.684	25	0.381	0.487	100	0.195	0.254
12	0.532	0.661	26	0.374	0.478	150	0.159	0.208
13	0.514	0.641	27	0.367	0.470	200	0.138	0.181
14	0.490	0.623	28	0.361	0.463	300	0.113	0.148

【例 2-6】　对 30 块混凝土试件进行强度试验，分别测定其抗压强度 R 和回弹值 N，试验结果列于表 2-15 中，试确定 R-N 之间的线性回归方程，判断 R-N 的相关性（取显著性水平 $\beta = 0.05$）。

表 2-15　R-N 试验结果

序号	1	2	3	4	5	6	7	8	9	10
$x(N)$	27.1	27.5	30.3	31.0	35.7	35.4	38.9	37.6	26.9	25.0
$y(R)$/MPa	12.2	11.6	16.9	17.5	20.5	32.1	31.0	32.9	12.0	10.8

续表

序号	11	12	13	14	15	16	17	18	19	20
$x(N)$	28.0	31.0	32.2	37.8	36.6	36.6	24.2	31.0	30.4	33.3
$y(R)$/MPa	14.4	18.4	22.8	27.9	32.9	30.8	10.8	15.2	16.3	22.4
序号	21	22	23	24	25	26	27	28	29	30
$x(N)$	37.2	38.4	37.6	22.9	30.5	30.4	29.7	36.7	37.8	36.0
$y(R)$/MPa	31.7	27.0	32.5	10.6	12.9	14.6	18.6	25.4	23.2	28.3

解 经计算：

$$\bar{x} = 32.46, \quad \bar{y} = 21.14$$

$$\sum_{i=1}^{n} x_i^2 = 32256.27, \quad \sum_{i=1}^{n} y_i^2 = 15232.64$$

$$\left(\sum_{i=1}^{n} x_i\right)^2 = 948091.69, \quad \left(\sum_{i=1}^{n} y_i\right)^2 = 402209.64$$

$$\sum_{i=1}^{n} x_i y_i = 21574.35 \quad \left(\sum_{i=1}^{n} x_i\right)\left(\sum_{i=1}^{n} y_i\right) = 617520.54$$

按照式(2-27)、式(2-28)可求得：

$$L_{xx} = 644.21, \quad L_{xy} = 990.33$$

根据式(2-25)、式(2-26)可求得：

$$b = \frac{L_{xy}}{L_{xx}} = 1.537$$

$$a = \bar{y} - b\bar{x} = -28.751$$

回归方程则为：

$$y = -28.751 + 1.537x$$

或者：

$$R = -28.751 + 1.537N$$

根据式(2-29)可求得：

$$L_{yy} = 1825.65$$

相关系数：

$$r = L_{xy}/\sqrt{L_{xx}L_{yy}} = 0.9132$$

由试验次数 $n=30$，取显著水平 $\beta=0.05$，查表得相关系数临界值 $r_{0.05}=0.361$。

故 $r > r_{0.05}$，说明混凝土抗压强度 R 与回弹值 N 是线性相关的，所以确定的直线回归方程是有意义的。

【知识拓展 2-6】

一元非线性回归分析：如果两个变量 x 和 y 之间的关系是非线性关系，即某种曲线关系，可先将曲线方程转换为直线方程，然后按一元线性回归方法处理。

先做相关图以确定非线性函数的类型，即找到一条拟合曲线，然后用变量置换，使之线性化。

【学情小测 2-6】

(1)【多选题】数据的表示方法有(　　　　)。
　　A. 表格法　　　　B. 图示法　　　　C. 经验公式法　　　　D. 相关关系法

(2)【多选题】相关图中,两组数据相关性最好的类型为(　　　　)。
　　A. 强正相关　　B. 弱正相关　　C. 强负相关　　D. 弱负相关　　E. 不相关

(3)【判断题】数据的相关性可以用坐标图来表示。(　　　)

(4)【判断题】可以通过回归分析法建立两组数据之间的经验公式。(　　　)

【任务单 2-6】

参见表 2-16。

表 2-16　数据的表达及相关性任务单

专业　　　　班级　　　　姓名　　　　学号　　　　小组

任务:计算例 2-5 中混凝土快速抗压强度($R_{快}$)与 28d 标准抗压强度($R_{标}$)之间的相关系数。	
数据的表达方式类型	
本任务的计算过程	
其他说明	

学情小测 2-6　思政素材 2.6

项目3 现场测试位置的选定

【思维导图】

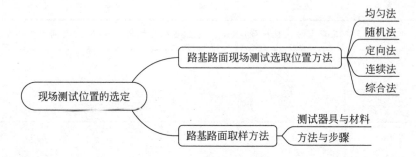

【本项目学习目标】

知识目标:
(1) 能够阐述现场测试选取位置的方法类型以及抽取方法;
(2) 能够阐述现场随机选取测试位置所需的仪器设备;
(3) 能够阐述钻芯机的组成。

能力目标:
(1) 能够根据要求用随机法确定测试区间、测试断面的具体位置;
(2) 能够根据要求用随机法确定测试点的具体位置。

素质目标:
培养学生关注自我发展、自我规划的能力,并能针对性地提升自己的职业能力和职业素养。

任务3.1 路基路面现场测试选取位置方法

对于公路工程路基路面的现场测试,以及在施工过程中进行质量管理与检查,施工结束后的竣(交)工验收以及道路使用期的路况评定,质量监督部门、检测机构、工程监理及施工企业针对不同的使用场合,对公路路基路面的技术指标进行测试。对公路路基路面各个层次进行各种测定时,根据实际用途和适用范围选择适合的技术方法开展测试工作。在开展现场测试工作之前,除了应针对所检验的技术指标,选择精度合适、质量合格、状态正常的仪器设备外,必须科学合理地选取具有代表性的检测路段进行现场测试。

公路工程建设及验收的现场测试是将工程相关方集中在一个需要检测的路段上,专业检测人员按照规范要求操作,对路基路面现场进行抽样试验检测,根据对检测点个体(测点)的测定,评价样本的各类技术指标,进而推定整个工程构造物的工程质量。

正确规范地选择测试位置是保证公路路基路面现场测试结果具有可靠性和代表性的前提,不同的选择方法,可能会得到截然相反的测试结论。因此在保证测试结果具有代表性的前提下,为减少对工程实体的影响,除了新建道路钻芯取样一般选择标线位置外,《公路路基路面现场测试规程》(JTG 3450—2019)中为了公正、合理地反映工程质量状况,现场测试选点的位置不应带有任何倾向性,选点方法包括均匀法、随机法、定向法、连续法、综合法。

1. 均匀法

将道路沿纵向或横向进行等间距划分,并在划分点处做好标记,在划分点上布置测点,如图 3-1 所示。

图 3-1　均匀法选点示意

2. 随机法

为了科学合理地反映工程实际状况,获得代表性数据,公路路基路面现场测试取样的位置采用随机选取的方法来确定,包括随机选择测试区间、断面和随机选择测点两种方式。

现场随机选取测试位置时,所用到的器具与材料如图 3-2 所示。

① 量尺:钢尺、皮尺或测距仪等。

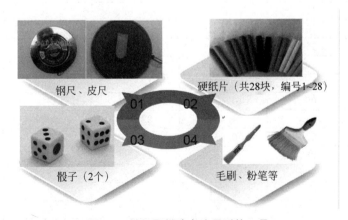

图 3-2　随机取样选点法用到的工具

② 硬纸片:编号为 1~28,共 28 块,每块大小 2.5cm×2.5cm,装在一个布袋中。也可用能够产生随机数的计算机软件(如 WPS 表格、EXCEL 表格等),如本书附录 2 所示。

③ 其他：骰子(2 个)、毛刷、粉笔等。

1) 随机选取测试区间或断面(纵向位置)的方法

根据路面施工或验收、质量评定方法等有关规范要求,确定需要测试的路段。它可以是一个作业段、一天完成的路段或路线全程。在路基路面工程质量验收时,通常以 1km 为一个测试路段。

(1) 按照有关标准规范规定的测试区间(断面)数量要求,将确定的测试路段划分为若干个区间或断面,将其编号为第 $1\sim n$ 个区间或第 $1\sim n$ 个断面,其总的区间数或断面数为 T。公路路基路面测试一般采用等长度(间距)划分区间(断面)。当区间(断面)数量 $T>30$ 时,应分次选取,若采用计算机软件进行随机选取,则不受选取数量限制。

(2) 随机抽取一块硬纸片,硬纸片上的编号即对应本书附录 2 上的栏号。根据所抽取硬纸片对应的栏号,依次找出该栏号下 A 列 $01\sim n$ 对应的 B 列中的值,也可通过计算机软件产生对应 A 值的 B 值,即得到 n 组 A、B 值。

(3) 将 n 个 B 值与总区间数或断面数 T 相乘,四舍五入成整数,即得到 n 个断面的编号,即可根据该编号确定实际断面位置。

【例 3-1】 按照有关规范规定,拟从 K0+000—K1+000 的 1km 测试路段中,按 20m 等间距选择 20 个断面测定路面宽度、高程、横坡等外形尺寸,确定所选断面的位置。

解 可采取以下方法确定断面：

(1) 按照 20m 等间距对拟测试路段内的断面进行编号,则 1km 总长的断面数 $T=1000/20=50$ 个,其编号为 $1,2,\cdots,50$。

(2) 从布袋中摸出一块硬纸片,其编号为 4,即使用本书附录 2 的第 4 栏。

(3) 从第 4 栏 A 列中挑出小于或等于 20 所对应的 B 列数值,将 B 列数值与 T 相乘,四舍五入得到 20 个断面号,断面号乘以选择断面,并得到 20 个断面的桩号,计算结果如表 3-1 所示。

表 3-1 路面宽度、高程、横坡检测断面随机选点计算

测点编号	4 栏 A 列	B 列	B 列数值×T	断面号	桩号
1	18	0.089	4.45	4	K000+080
2	10	0.102	5.1	5	K000+100
3	14	0.111	5.55	6	K000+120
4	19	0.285	14.25	14	K000+280
5	01	0.326	16.3	16	K000+320
6	05	0.421	21.05	21	K000+420
7	13	0.451	22.55	23	K000+460
8	02	0.461	23.05	23	K000+480
9	06	0.487	24.35	24	K000+500
10	08	0.497	24.85	25	K000+520
11	15	0.594	29.7	30	K000+600
12	17	0.691	34.55	35	K000+700
13	09	0.708	35.4	35	K000+720
14	07	0.709	35.45	35	K000+740
15	11	0.714	35.7	36	K000+760
16	03	0.748	37.4	37	K000+780

续表

测点编号	4 栏 A 列	B 列	B 列数值×T	断面号	桩号
17	20	0.781	39.05	39	K000+800
18	04	0.843	42.15	42	K000+840
19	12	0.884	44.2	44	K000+880
20	16	0.951	47.55	48	K000+960

2) 现场测试随机选点方法

(1) 按照有关标准规范要求确定测点数量 n，当 $n>30$ 时应分次选取，若采用计算机软件进行随机选取，则不受选取数量限制。

(2) 随机抽取一块硬纸片，纸片上的编号即对应本书附录 2 中的栏号。根据所抽取硬纸片的栏号，依次找出该栏号下 A 列 1～n 值对应的 B、C 列中的值，也可通过计算机软件产生对应 A 值的 B 值和 C 值，即得 n 组 A、B、C 值。

(3) 以 A 列中对应的 B 列中数值乘以测试路段的总长度，再加上测试路段起点的桩号，即得出取样纵向位置，即断面桩号。

(4) 以 A 列中对应的 C 列中的数值，乘以检查路面的宽度，再减去宽度的一半，即得出取样位置离路面中心线的距离。若差值为正(+)，表示在中心线的右侧；若差值为负(−)，则表示在中心线的左侧。

微课 4.2

【例 3-2】 按照有关规范规定，检查验收时拟在 K36+000—K37+000 的 1km 测试路段中选择 6 个测点进行钻孔取样检验压实度、沥青用量和矿料级配等，已知路面宽度为 10m，确定测点位置。

解 可按照如下方法确定钻孔位置：

(1) 随机抽取一张硬纸片，其编号为 3，即本书附录 2 中的第 3 栏。

(2) 栏号 3 中从上至下小于或等于 6 的数依次为 01、06、03、02、04 及 05。

(3) 附录 2 的 B 列中与这 6 个数相应的 6 个数分别为 0.175、0.310、0.494、0.699、0.838 及 0.977。

(4) 取样路段长度 1000m，计算得出 6 个乘积（取样位置与该段起点的距离）分别为 175m、310m、494m、699m、838m、977m。

(5) 附录 2 的 C 列中与这 6 个数相应的 6 个数分别为 0.647、0.043、0.929、0.073、0.166 及 0.494。

(6) 路面宽度为 10m，计算得 6 个乘积分别是 6.47m、0.43m、9.29m、0.73m、1.66m 及 4.94m。再减去路面宽度的一半，6 个取样的横向位置分别是右侧 1.47m、左侧 4.57m、右侧 4.29m、左侧 4.27m、左侧 3.34m 及左侧 0.06m。

上述计算结果如表 3-2 所示。

表 3-2 随机选取测点（纵向和横向位置）示例计算表

栏号 3			取样路段长 1000m		路面宽度 10m		测点数 6 个
测点编号	A 列	B 列	距起点距离/m	桩号	C 列	距路边缘距离/m	距中线距离/m
1	01	0.175	175	K36+175	0.647	6.47	右 1.47
2	06	0.310	310	K36+310	0.043	0.43	左 4.57

续表

栏号 3			取样路段长 1000m			路面宽度 10m	测点数 6 个
测点编号	A 列	B 列	距起点距离/m	桩号	C 列	距路边缘距离/m	距中线距离/m
3	03	0.494	494	K36+494	0.929	9.29	右 4.29
4	02	0.699	699	K36+699	0.073	0.73	左 4.27
5	04	0.838	838	K36+838	0.166	1.66	左 3.34
6	05	0.977	977	K36+977	0.494	4.94	左 0.06

3. 定向法

选取轮迹带或出现裂缝、错台、板角等具有某个特征或指定的位置作为测点,如图 3-3 所示。

图 3-3 定向法选点示意

4. 连续法

按相应标准的规定,沿道路纵向间距连续、均匀布置测区,如图 3-4 所示。

图 3-4 连续法选点示意

5. 综合法

同时按照上述两种以上选点方法的规定,确定测点位置。通常有沿道路纵向连续选择测区、测区内随机选择测点或者沿道路纵向均匀确定测区、测区内定向选取测点等。

【知识拓展 3-1】

随机选取测试位置是公路现场测试中的重要方法,由于其能从一定程度上避免人为因素对测试位置的干预,进而影响到测试结果的代表性,因此在早期的公路现场测试中广泛应用。但是,该方法在我国使用并不普遍,①是因为各施工规范、质量评定标准及相关试验方法要求不明确;②是因为随着测试技术的快速发展,大量连续式、高效率的检测装备的应用,其测试数据采集频率较传统测试手段提升了数十倍甚至上百倍,使得全样本检测成为可能,其测试结果的代表性反而高于随机选取方法。

公路现场测试中仍存在一定数量的手工测试手段,随着相关标准规范的不断完善,随机选取方法仍有一定的应用空间。随机抽取硬纸片而后查表计算得出测试位置的方法,是参考了美国各种规范通用且已实行多年的方法编写,我国《公路路面基层施工技术细则》

(JTG/T F20—2015)也已列入。但考虑该方法的步骤相对烦琐,且当前计算机技术已十分普及,现场获得随机数也较为容易,因此可以通过计算机软件程序产生随机数从而得到测试位置,以便使用。

【学情小测 3-1】

(1)【多选题】路基路面现场进行抽样试验时,可以采用(　　)选点方法。

　　A. 均匀法　　B. 随机法　　C. 定向法　　D. 连续法　　E. 综合法

(2)【单选题】在保证测试结果具有代表性的前提下,为减少对工程实体的影响,新建道路钻芯取样一般选择(　　)位置。

　　A. 行车道　　B. 标线　　C. 边缘　　D. 中间

(3)【单选题】当区间(断面)数量 $T>$(　　)时,应分次选取,若采用计算机软件进行随机选取,则不受选取数量限制。

　　A. 20　　B. 25　　C. 30　　D. 40

(4)【单选题】公路路基路面测试一般采用(　　)(间距)划分区间(断面)。

　　A. 不等长　　B. 递增　　C. 等长　　D. 递减

(5)【单选题】在路基路面工程质量验收时,通常以(　　)为一个测试路段。

　　A. 1km　　B. 2km　　C. 3km　　D. 4km

【任务单 3-1】

参见表 3-3。

表 3-3　现场随机选点任务单

专业		班级		姓名		学号		小组	
任务:拟从 K10+000—K11+000 的检测路段中选择 8 个点检测压实度、结构层厚度,试确定测点的位置(已知路面宽度为 20m,随机抽样编号为 4)。									
仪器设备									
确定过程									
其他说明									

学情小测 3-1　　思政素材 3.1

任务 3.2　路基路面取样方法

公路路基路面施工完成后,为检测其是否达到质量要求,需要对其进行现场相关测试,测试时的取样方法也决定了其工程质量是否能达到规定标准。

从路面上钻孔取样是近年来广泛采用的标准试验方法,对水泥混凝土面层、沥青混合料面层,或水泥、石灰、粉煤灰等无机结合料稳定基层取样,以测定其厚度、密度、材料级配或其他物理力学性质,通常用路面取芯钻机或路面切割机在现场钻取或切割路面的代表性试样。钻孔采取芯样的直径不宜小于最大集料粒径的 3 倍。

1. 测试器具与材料

(1) 路面钻芯机:手推式或车载式,配有淋水冷却装置。钻头为人造金刚石空心薄壁钻头,直径根据需要确定,选用 $\phi 100mm$ 或 $\phi 150mm$ 钻头。对水泥混凝土面层及沥青混合料面层采用 $\phi 100mm$,对水泥、石灰等无机结合料稳定基层,细粒土可适用 $\phi 100mm$,粗粒土可适用 $\phi 150mm$。路面钻芯机由机架部分、进给部分、变速器、给水部分、动力部分五部分组成,如图 3-5 所示。

(2) 路面切割机:手推式或牵引式,由电力驱动,也可利用汽车动力出液压泵驱动,附金刚石锯片,有淋水冷却装置,如图 3-6 所示。

图 3-5　路面钻芯机

图 3-6　路面切割机

(3) 台秤。

(4) 盛样器(袋)或铁盘等。

(5) 干冰(固体 CO_2)。

(6) 试样标签。

(7) 其他:镐、铁锹、量尺(绳)、毛刷、硬纸、棉纱等。

2. 方法与步骤

1) 准备工作

(1) 宜选择直径大于集料最大粒径 3 倍的钻头。

(2) 测试路段的选定:可以是一个作业段、一天完成的路段,或按相关规范的规定选取一定长度的检查路段。

(3) 按前述任务 3.1 中的路基路面现场测试随机法选点确定取样位置。

(4) 将取样位置清扫干净。

2) 取样步骤

(1) 在取样地点的路面,先用粉笔对钻孔位置做出标记或画出切割路面的大致区域。切割路面的面积根据取样目的和需要确定。

(2) 用钻芯机垂直对准路面钻孔位置,放下钻头,牢固安放,确保钻芯机在运转过程中不得移动。

(3) 开放冷却水,启动电动机,徐徐压下钻杆,钻取芯样,但不得使劲下压钻头。待钻透全厚度后,上抬钻杆,拔出钻头,停止转动,使芯样不损坏,取出芯样。沥青混合料芯样及水泥混凝土芯样可用清水漂洗干净后备用。

在此应说明:当因试验需要不能用水冷却时,应采用干钻孔,此时为保护钻头,可先用约 3kg 的干冰放在取样位置上,冷却路面约 1h,钻孔时通常以低温 CO_2 等冷却气体代替冷却水。

(4) 用切割机切割时将锯片对准切割位置,开放冷却水,启动电动机,徐徐压下锯片至要求深度(厚度),仔细向前推进至需要长度后抬起锯片,四面全部锯毕后,用镐或铁锹仔细取出试样。取得的路面试样应保持边角完整,颗粒不得散失。

(5) 在采取路面混合料试样时,应整层取样,试样应完整。将钻取的芯样或切割的试样,妥善盛放于盛样器中,必要时用塑料袋封装。

(6) 填写样品标签,一式两份,一份贴在试样上,另一份作为记录备查。试样标签的示例如图 3-7 所示。

(7) 用棉纱等材料吸走取样时留下的水分,待干燥后,用同类型材料对钻孔或被切割的路面坑洞进行填补压实。

```
试样编号:_____
路线或工程名称:_____
材料品种:_____
施工日期:_____
取样日期:_____
取样位置:桩号____中心线左___m 右___m
取样人:_____
试样保管人:_____
备注:_____
(注明试样用途或试验结果等)
```

图 3-7 试样标签示例

【知识拓展 3-2】

试验样品制作方法的一致性对试验结果影响较大。对于路基路面现场测试,从路面上钻取芯样实际上是制作试验样品的重要方法,钻取的芯样可以用于厚度、密度、强度等诸多的测试。相比于大多数无损间接的测试方法,钻芯取样开展的测试工作更为直观,更易使人接受和信服,所以很多仲裁试验仅采信通过钻芯取样得到的试验结果。

钻芯取样所用的钻头一般有两类：一类适用于对水泥混凝土路面与无机结合料稳定基层使用；另一类适用于沥青面层，也可通用，配有淋水冷却装置。芯样的直径取决于钻头，通常有 $\phi 50mm$、$\phi 100mm$、$\phi 150mm$。按照试件直径大于集料最大粒径 3 倍的要求，对沥青混合料及水泥混凝土路面通常采用 $\phi 100mm$ 的钻头，水泥、石灰等无机结合料稳定基层，细粒土可使用 $\phi 100mm$，粗粒土可使用 $\phi 150mm$。

【学情小测 3-2】

（1）【单选题】在路面钻芯取样方法中，钻孔采取芯样的直径不宜小于最大集料粒径的（　　）倍。

    A. 2   B. 3   C. 4   D. 5

（2）【单选题】钻孔取芯样法中，对基层材料有可能损坏试件时，也可用直径（　　）mm 的钻头，钻孔深度必须达到层厚。

    A. 120   B. 130   C. 140   D. 150

【任务单 3-2】

参见表 3-4。

表 3-4　路基路面取样方法任务单

专业		班级		姓名		学号		小组	
任务：欲从某高速公路 K1+000—K2+000 的检测路段中选点钻芯测试厚度，试写出钻芯方法步骤。									
试验名称及编号									
仪器设备									
方法步骤									
其他说明									

学情小测 3-2

项目4 路基路面几何尺寸及厚度检测

【思维导图】

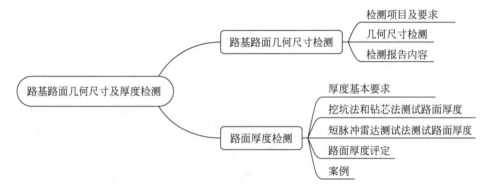

【本项目学习目标】

知识目标：
(1) 能够阐述路基路面几何尺寸的含义；
(2) 能够阐述路面厚度的含义以及测试方法类型；
(3) 能够阐述挖坑法及钻芯法测试路基路面厚度的适用范围、主要测试器具和材料。

能力目标：
(1) 能够和小组成员配合完成路基路面几何尺寸、挖坑法和钻芯法厚度的检测；
(2) 能够填写测试记录表并对测试结果进行数据处理；
(3) 能够根据检测结果对所测指标的合格性进行判定。

素质目标：
(1) 培养学生树立远大理想、关注自我发展、严于律己的良好素养；
(2) 培养学生关注行业前沿的职业素养。

任务4.1 路基路面几何尺寸检测

路基路面几何尺寸检测工作是公路工程施工技术管理的重要组成部分，也是公路工程施工质量控制和竣工验收评定工作中不可缺少的重要环节。在路基路面施工过程中、交工验收期间以及旧路调查中，都需要检测路基路面各部分的几何尺寸以保证其符合规定要求。

在公路工程竣工验收评定中,路基路面几何尺寸检测具体要求参见本书项目1中任务1.3路基路面检查项目中的具体要求。

1. 检测项目及要求

路基路面几何尺寸包括路基路面宽度、纵断面高程、横坡及中线偏位等,在路基路面施工过程中、交工验收期间及旧路调查中,都需要检测各部分的几何尺寸,以保证其符合要求。路基路面常见几何尺寸实测项目及要求如表4-1所示。

表4-1 路基土石方工程几何尺寸检测要求

结构名称	检查项目		规定值或容许偏差		检查频率
			高速公路、一级公路	其他公路	
土方路基	纵断高程/mm		+10,−15	+10,−20	水准仪:每200m测2点
	中线偏位/mm		50	100	全站仪:每200m测2点,弯道增加HY、YH两点
	宽度/mm		满足设计要求		尺量:每200m测4点
	横坡/%		±0.3	±0.5	水准仪:每200m测2个断面
石方路基	纵断高程/mm		+10,−20	+10,−30	水准仪:每200m测2点
	中线偏位/mm		≤50	≤100	全站仪:每200m测2点,弯道增加HY、YH两点
	宽度/mm		满足设计要求		尺量:每200m测4点
	横坡/%		±0.3	±0.5	水准仪:每200m测2个断面
水泥混凝土面层	纵断高程/mm		±10	±15	水准仪:每200m测2个断面
	中线偏位/mm		20		全站仪:每200m测2点
	宽度/mm		±20		尺量:每200m测4点
	横坡/%		±0.15	±0.25	水准仪:每200m测2个断面
沥青混凝土面层	纵断高程/mm		±15	±20	水准仪:每200m测2个断面
	中线偏位/mm		20	30	全站仪:每200m测2点
	宽度/mm	有侧石	±20	±30	尺量:每200m测4点
		无侧石	不小于设计值		
	横坡/%		±0.3	±0.5	水准仪:每200m测2个断面
稳定粒料基层和底基层	纵断高程/mm	基层	+5,−10	+5,−15	水准仪:每200m测2个断面
		底基层	+5,−15	+5,−20	
	宽度/mm		满足设计要求		尺量:每200m测4点
	横坡/%	基层	±0.3	±0.5	水准仪:每200m测2个断面
		底基层	±0.3	±0.5	
级配碎(砾)石基层和底基层	纵断高程/mm	基层	+5,−10	+5,−15	水准仪:每200m测2个断面
		底基层	+5,−15	+5,−20	
	宽度/mm		满足设计要求		尺量:每200m测4点
	横坡/%	基层	±0.3	±0.5	水准仪:每200m测2个断面
		底基层	±0.3	±0.5	

2. 几何尺寸检测

1) 仪器与材料技术要求

(1) 钢卷尺、钢直尺:分度值不大于1mm。

(2) 塞尺：分度值不大于 0.5mm。

(3) 经纬仪、水准仪或全站仪。经纬仪：精度 DJ_2；水准仪：精度 DS_3，如图 4-1 所示；全站仪：测角精度 2″，测距精度（$2mm+2\times10^{-6}s$（s 为测距）），如图 4-2 所示。

图 4-1　DS_3 自动安平水准仪　　　　图 4-2　2″全站仪

(4) 水平尺：金属材料制成，基准面应平直，长度不小于 600mm 且不大于 2000mm。

(5) 坡度测量仪：分度值 1°，如图 4-3 所示。

图 4-3　坡度测量仪

(6) 尼龙线：直径不大于 0.5mm。

2) 准备工作

(1) 确认路基或路面上已恢复的桩号。

(2) 在一个测试路段内选取测试的断面（接缝）位置并做上标记。将路基路面宽度、横坡、高程、中线偏位选取在同一断面位置，且宜在整米桩号上测试。

(3) 根据道路设计的要求，确定路基路面横断面各部分的边界位置并做好标记。

(4) 根据道路设计的要求，确定设计高程的纵断面位置并做好标记。

(5) 根据道路设计的要求，在与中线垂直的横断面上确定成型后路面的实际中线位置并做好标记。

(6) 当采用全站仪测量边坡坡度时，根据道路设计的要求，确定路基边坡的坡顶、坡脚位置并做好标记。

3) 横坡检测

高速公路、一级公路的路基横断面分为整体式和分离式两类，其中整体式断面路幅范围内主要包括车道、中间带(中央分隔带及左侧路缘带)以及路肩(硬路肩及土路肩),如图4-4所示;分离式断面路幅范围内主要包括车道和两侧路肩(硬路肩及土路肩)。

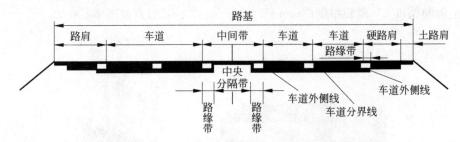

图 4-4　高速公路、一级公路整体式路基标准横断面

二、三、四级公路的路基标准横断面如图 4-5 所示,在路幅范围内包括车道、路肩以及错车道等。

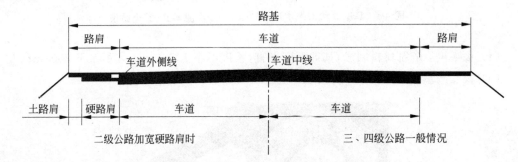

图 4-5　二、三、四级公路路基标准横断面

(1) 有中央分隔带的公路路面横坡测试方法。有中央分隔带的公路路面横坡是指路面与中央分隔带交界处及路面边缘与路肩交界处两点的高程差与水平距离的比值,以%表示。

① 检测方法:

a. 将精密水准仪(全站仪)架设在路基路面平顺处调平;

b. 将水准尺分别竖立在路面与中央分隔带分界的路缘带边缘(或路基顶面相应位置) d_1 处及路面与路肩交界位置或外侧路缘石边缘(或路基顶面相应位置) d_2 处,d_1 与 d_2 两测点应在同一横断面上,如图4-6所示;

c. 测量 d_1 与 d_2 处的高程,并记录读数 d_{1i}、d_{2i},以 m 计,准确至 0.001m;

d. 用钢卷尺测量两测点的水平距离 B_i,以 m 计,准确至 0.005m。

图 4-6　设有中央分隔带时横坡测点示意

② 各测点断面的横坡 i_i 计算方法:

按式(4-1)、式(4-2)计算实测横坡 i_i 与设计横坡 i_{0i} 之差,结果准确至 0.01%。

$$i_i = \frac{d_{1i} - d_{2i}}{B_i} \times 100\% \tag{4-1}$$

$$\Delta i_i = i_i - i_{0i} \tag{4-2}$$

式中:i_i——第 i 个断面的横坡,%;

d_{1i}、d_{2i}——第 i 个断面测点 d_1 及 d_2 处的高程读数，m；

B_i——第 i 个断面测点 d_1 与 d_2 之间的水平距离，m；

Δi_i——第 i 个断面的横坡偏差，%；

i_{0i}——第 i 个断面的设计横坡，%。

(2) 无中央分隔带的公路路面横坡测定方法。无中央分隔带的公路路面横坡是指路拱两侧直线部分的坡度，以%表示。

① 检测方法：

a. 将水准仪（全站仪）架设在路基路面平顺处调平；

b. 将水准尺分别竖立在道路中心 d_1（或路基顶面相应位置）及路面与路肩交界位置或外侧路缘石边缘（或路基顶面相应位置）d_2 处，d_1 与 d_2 两测点应在同一横断面上，如图 4-7 所示；

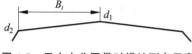

图 4-7　无中央分隔带时横坡测点示意

c. 测量 d_1 与 d_2 处的高程，并记录读数 d_{1i}、d_{2i}，以 m 计，准确至 0.001m；

d. 用钢卷尺测量两测点的水平距离 B_i，以 m 计，准确至 0.005m。

② 计算方法：

参见式(4-1)、式(4-2)。

4) 路基路面宽度检测

路基宽度是指行车道与路肩宽度之和，以 m 计；路面宽度包括行车道、路缘带、变速车道、爬坡车道、硬路肩和紧急停车带的宽度，以 m 计。

(1) 检测方法：用钢卷尺沿中心线垂直方向水平量取路基路面各部分的宽度，以 m 计，准确至 0.001m。测量时钢卷尺应保持水平，不得将尺紧贴路面量取，也不得使用皮尺。

(2) 计算方法：按式(4-3)计算各个断面的实测宽度 B_i 与设计宽度 B_{0i} 之差。总宽度为路基路面各部分宽度之和。

$$\Delta B_i = B_i - B_{0i} \tag{4-3}$$

式中：ΔB_i——第 i 个断面的宽度偏差，m。

5) 纵断面高程检测

公路纵断面高程指沿路线中线用水准测量的方法测量出来的中桩地面高程。

(1) 检测方法：

① 将水准仪架设在路面平顺处调平，将水准尺竖立在设计高程的纵断面位置上，以路线附近的水准点高程作为基准。

② 测量高程并记录读数，以 m 计，准确至 0.001m。

③ 连续测试全部测点，并与水准点闭合，闭合差应达到三等水准测量要求。

(2) 计算方法：

$$\Delta H_i = H_i - H_{0i} \tag{4-4}$$

式中：H_i——第 i 个断面的纵断面实测高程，m；

H_{0i}——第 i 个断面的纵断面设计高程，m；

ΔH_i——第 i 个断面的纵断面高程偏差，m。

6）中线偏位检测

路面实际中心线偏离设计中心线的距离为路面中线偏位，以 mm 计。

(1) 对有中线坐标的道路。根据待测点 P 的施工桩号，在道路上标记 P 点，从设计资料中查出该点的设计坐标，用经纬仪（全站仪）对该设计坐标进行放样，并在放样点 P' 做好标记，量取 PP' 的长度，即为中线偏位 Δ_{CL}，以 mm 计，准确至 1mm。

(2) 对无中线坐标的道路。应首先恢复交点或转点，实测偏角和距离，然后采用切线支距法或偏角法等传统方法敷设道路中线的设计位置，量取设计位置与施工位置之间的距离，即中线平面偏位 Δ_{CL}，以 mm 计，准确至 1mm。

7）路基边坡坡度检测

路基边坡的坡度影响路基的整体稳定性和工程量。路基边坡的形状有直线形边坡、折线边坡和台阶边坡三种。边坡坡度通常以 $1:m$ 表示。路基边坡各部分位置，如图 4-8 所示。

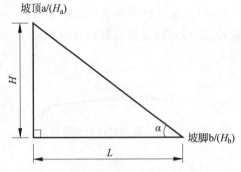

图 4-8　路基边坡各部分位置示意

(1) 全站仪法。

① 检测方法：将全站仪架设在路基路面平顺处调平，在同一横断面上选择坡顶 a、坡脚 b 两测点，分别测量其相对高程并记录读数 H_a、H_b，同时测量并记录两点间的水平距离 L，测量结果以 m 计，准确至 0.001m。

② 计算方法：全站仪法采用式(4-5)、式(4-6)计算路基边坡坡度：

$$\Delta H_i = H_{ai} - H_{bi} \tag{4-5}$$

$$m_i = L_i / H_i \tag{4-6}$$

式中：ΔH_i——第 i 个断面坡顶、坡脚测点的高差即垂直距离，m；

H_{ai}、H_{bi}——第 i 个断面坡顶、坡脚测点的相对高程读数，m；

m_i——第 i 个断面的坡度值，路面坡度以 $1:m_i$ 表示；

L_i——第 i 个断面坡顶、坡脚测点的水平距离，m。

(2) 坡度测量仪法。将坡度测量仪的测试面垂直于路中线放在待测边坡上，旋转刻度盘，将水平气泡调到水平位置，读取并记录刻度盘上的刻度值即为路基边坡坡度，保留两位小数。

8）相邻板高差检测

将水平尺垂直跨越接缝并水平放置于高出的一侧，用塞尺量测接缝处水平尺下基准面与位置较低板块的高差，以高差最大值为该接缝处的相邻板高差 H，以 mm 计，准确至 0.5mm。

9）纵、横缝顺直度检测

(1) 纵缝顺直度检测。在待测试路段的直线段上，将尼龙线对齐 20m 长的纵缝两端并拉直，用钢直尺量测纵缝与尼龙线的最大间距，以 mm 计，准确至 1mm，即为该处纵缝顺直度。

(2) 横缝顺直度检测。将尼龙线沿板宽对齐面板横缝两端并拉直，用钢直尺量测横缝与尼龙线的最大间距，以 mm 计，准确至 1mm，即为该板的横缝顺直度。

3. 检测报告内容

(1) 以评定路段为单位,列出桩号、宽度、高程、横坡以及中线偏位测定的记录表,记录平均值、标准偏差(简称标准差)、变异系数,并注明不符合规范要求的断面。

(2) 纵断面高程测试报告中,应报告实测高程与设计高程的差值,低于设计高程为负值,高于设计高程为正值。

(3) 路面横坡测试报告中,应报告实测横坡的差值。实测横坡小于设计横坡,差值为负;实测横坡大于设计横坡,差值为正。

【例 4-1】 某高速公路路基路面几何尺寸检测纵断高程、横坡、宽度、中线偏位结果汇总于表 4-2。

表 4-2 路基路面几何尺寸检测记录

工程名称:×× 　路段桩号:K18+000—K19+000 　结构名称:沥青混凝土面层
检验者: 　　　　计算者: 　　　　校核者: 　　　　检测日期:

序号	测点桩号	纵断高程			横坡/%			宽度			中线偏位/mm
		实测值 H_i/m	设计值 H_{0i}/m	差值 ΔH_i/mm	实测值 i_i	设计值 i_{0i}	差值 Δi_i	实测值 B_i/m	设计值 B_{0i}/m	差值 ΔB_i/mm	实测值
1	K18+020	90.470	90.465	+5	0.6	0.5	+0.1	21.515	21.5	+15	10
2	K18+160	90.942	90.948	−6	0.7	0.5	+0.2	21.510	21.5	+10	15
3	K18+220	95.140	95.144	−4	0.4	0.5	−0.1	21.505	21.5	+5	5
4	K18+280	95.693	95.690	+3	0.5	0.5	0	21.510	21.5	+10	10
⋮	⋮	⋮	⋮	⋮	⋮	⋮	⋮	⋮	⋮	⋮	⋮
20	K19+000	96.466	96.465	+1	0.7	0.5	+0.2	21.515	21.5	+15	10

【知识拓展 4-1】

根据《公路工程质量检验评定标准 第一册 土建工程》(JTG F80/1—2017),对于路基施工过程质量控制及竣(交)工验收时需进行边坡坡度测试,对于水泥混凝土路面的施工过程质量控制及交工验收时需进行相邻板高差以及纵横缝顺直度测试。

坡度测量仪是近年来应边坡坡度测试需求而出现的测试设备,结构简单,使用方便,但因其有效测试长度较小,测试结果受坡面施工质量影响较大,使用时需注意选择合适的测试位置。

【学情小测 4-1】

(1)【多选题】路基路面几何尺寸检测的内容包括路基路面各部分的(　　)。
　　A. 宽度　　　　B. 中线偏位　　　C. 纵断面高程　　　D. 横坡

(2)【单选题】进行路基路面宽度检测时,应(　　)。
　　A. 使用钢卷尺测量　　　　　　B. 高速公路精确至 0.005m
　　C. 使用皮尺测量　　　　　　　D. 紧贴路面量取

(3)【判断题】进行路基路面纵断面高程测试时,依次将塔尺竖立在中线的测定位置上,连续测定全部测点,并与水准点闭合。(　　)

(4)【判断题】路基路面纵断面高程测试报告中实测高程与设计高程的差值,低于设计高程为负,高于设计高程为正。(　　)

【任务单 4-1】

参见表 4-3。

表 4-3 路基路面几何尺寸检测任务单

专业		班级		姓名		学号		小组	

任务:欲从某高速公路 K1+000—K2+000 的检测路段中测定横坡、宽度,试写出其测试步骤。	
试验名称及编号	
仪器设备	
横坡测试方法	
宽度测试方法	
其他说明	

微课 11.1　　学情小测 4-1　　思政素材 4.1

任务 4.2　路面厚度检测

在路面工程中,各层次的厚度是和道路整体强度密切相关的。路面设计中不管是刚性路面,还是柔性路面,各个层次的厚度都是强度的主要决定因素,只有在保证厚度的情况下,路面的各个层次及整体的强度才能得到保证。除了能保证强度外,严格控制各结构层的厚度,还能对路面的高程起到一定的控制作用。在路面施工完成后,路面各结构层的厚度是工程竣工验收的基础资料。所以,在《公路工程质量检验评定标准 第一册 土建工程》(JTG F80/1—2017)中,路面厚度是各个层次实测项目中的关键项目。

1. 厚度基本要求

路面各结构层厚度的检测一般与压实度检测同时进行,当用灌砂法进行压实度检测时,可量取挖坑灌砂深度为结构厚度;当用钻芯法检测压实度时,可直接量取芯样作为结构厚度;还可以用雷达及超声波法进行无破损检测,直接测出结构厚度。

路面各层施工完成后及工程交工验收检查使用时,必须进行厚度的检测。几种常用的路面结构层厚度的代表值与单点合格值的允许偏差,如表4-4所示。

表4-4 几种常用的路面结构层厚度的代表值与单点合格值的允许偏差

类型与层位		厚度/mm				检查频率
		代表值		单点合格值(单值)		
		高速公路、一级公路	其他公路	高速公路、一级公路	其他公路	
水泥混凝土面层		－5	－5	－10	－10	每200m测2点
沥青混凝土、沥青碎石面层		总厚度:设计值的－5% 上面层:设计值的－10%	设计值的－8%	总厚度:设计值的－10% 上面层:设计值的－20%	设计值的－15%	每200m测1点
沥青贯入式面层		—	设计值的－8%或－5	—	设计值的－15%或－10	每200m测2点
稳定粒料	基层	－8	－10	－10	－20	每200m测2点
	底基层	－10	－12	－25	－30	
级配碎(砾)石	基层	－8	－10	－10	－20	每200m测2点
	底基层	－10	－12	－25	－30	

路面各结构层厚度的检测方法与结构层的层位和种类有关,基层和砂石路面的厚度可用挖坑法测定,沥青面层及水泥混凝土路面板的厚度应用钻芯法测定。

2. 挖坑法和钻芯法测试路面厚度

挖坑法适用于基层或砂石路面的厚度测试,钻芯法适用于沥青面层、水泥混凝土路面板和能够取出完整芯样的基层的厚度测试。

1)挖坑法厚度测试

(1)检测器具与材料

① 挖坑用镐、铲、凿子、锤子、小铲、毛刷,如图4-9所示。

② 量尺:钢直尺、游标卡尺,分度值不大于1mm,如图4-10所示。

③ 其他:搪瓷盘、棉纱等。

(2)准备工作

① 按随机选点的方法确定挖坑测试的位置,如为既有道路,应避开坑洞等显著缺陷或接缝位置。

② 在选择的试验地点,选一块约400mm×400mm的平坦表面,用毛刷将其清扫干净。

微课5.1

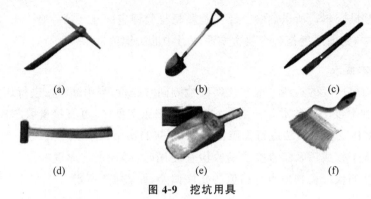

图 4-9 挖坑用具

（a）镐；（b）铲；（c）凿子；（d）锤子；（e）小铲；（f）毛刷

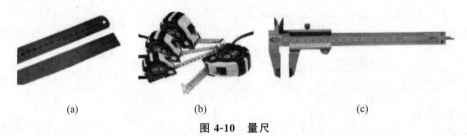

图 4-10 量尺

（a）钢直尺；（b）钢卷尺；（c）游标卡尺

（3）挖坑法厚度测试步骤

① 根据材料坚硬程度，选择镐、铲、凿子等适当的工具，开挖这一层材料，如图 4-11 所示，直至层位底面，在便于开挖的前提下，开挖面积应尽量缩小，坑洞大体呈圆形，边开挖边将材料铲出，置于搪瓷盘中。

② 用毛刷清扫坑底，确认已开挖至下一层的顶面。

③ 将直尺平放横跨于坑的两边，用钢直尺在坑的中部位置垂直伸至坑底，测量坑底至直尺下缘的距离，即为测试层的厚度，以 mm 计，准确至 1mm，如图 4-12 所示。

图 4-11 现场挖坑

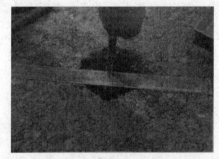

图 4-12 测量测试层厚度

④ 坑洞填补：挖坑法对取样路面造成的坑洞，应采用与取样层相同的材料填补压实，可按下列方法填补坑洞：

a. 清理坑中残留物。

b. 对于无机结合料粒料基层可用挖坑取出的材料，适当加水拌和后分层填补，并用小锤压实。

c. 补坑结束时,宜比原面层略高出少许,用重锤或压路机压实整平。

应特别注意的是,挖坑应仔细,并保证填补质量,以免造成路面隐患。

2) 钻芯法厚度测试

(1) 检测器具与材料

① 路面取芯机:手推式或车载式,配有淋水冷却装置。钻头为人造金刚石空心薄壁钻头,标准直径为 $\phi100mm$,如芯样仅供测量厚度,不做其他试验时,对沥青面层与水泥混凝土板也可用 $\phi50mm$ 的钻头,对基层材料有可能损坏试件时,也可用 $\phi150mm$ 的钻头,但钻孔深度均必须达到层厚。

② 量尺:钢直尺、游标卡尺,分度值不大于 1mm。

③ 其他:搪瓷盘、棉纱等。

微课 5.2

(2) 准备工作

① 按随机选点的方法确定钻芯测试的位置,如为既有道路,应避开坑洞等显著缺陷或接缝位置。

② 在选择的试验地点,选一块约 400mm×400mm 的平坦表面,用毛刷将其清扫干净。

(3) 钻芯法厚度测试步骤

① 用路面取芯机钻孔并取出芯样,如图 4-13 所示,钻孔深度应超过测试层的底面。

② 取出完整芯样,找出与下层的分界面。

③ 用钢直尺或游标卡尺沿芯样圆周对称的十字方向量取表面至分界面的高度,共四处,计算其平均值,即为该层的厚度,以 mm 计,准确至 1mm,如图 4-14 所示。

图 4-13 钻芯过程

图 4-14 量取厚度

在沥青路面施工过程中,当沥青混合料尚未冷却时,可根据需要随机选择测点,用大螺丝刀插入至沥青层底面深度后用尺读数,量取沥青层的厚度,以 mm 计,精确至 1mm。

取样时应注意:

① 取得的路面试块应保持边角完整,颗粒不得散失。

② 采取的路面混合料试样应整层取样,试样不得破碎。

③ 将钻取的芯样或切割的试块妥善盛放于盛样器中,必要时用塑料袋封装。

④ 填写样品标签,一式两份,一份贴在试样上,另一份作为记录备查。

⑤ 钻孔采取芯样的直径不宜小于最大集料粒径的 3 倍。

(4) 钻孔填补

采用与取样层相同的材料填补压实,取样路面的钻孔可按下列方法填补:

① 适当清理坑中残留物,钻孔时留下的积水应用棉纱吸干,待干燥后再补坑。

② 对无机结合料稳定层及水泥混凝土路面板，应按相同配比新拌材料分层填补并用小锤夯实，水泥混凝土中宜掺加少量快凝早强的外加剂。

③ 对于正在施工的沥青路面，用相同级配的热拌沥青混合料分层填补，并用热的铁锤或热夯夯实整平，旧路钻孔也可用乳化沥青混合料修补。

④ 所有补坑结束时，宜比原面层略高出少许，用重锤或压路机压实整平。

应特别注意的是，钻孔应仔细，并保证填补质量，以免造成路面隐患而导致开裂。

3) 结果处理

① 按式(4-7)计算实测厚度 h_i 与设计厚度 h_{0i} 之差：

$$\Delta h_i = h_i - h_{0i} \tag{4-7}$$

式中：h_i——路面第 i 层的实测厚度，mm；

h_{0i}——路面第 i 层的设计厚度，mm；

Δh_i——路面第 i 层厚度的偏差，mm。

② 按数理统计的方法，计算一个测试路段厚度的平均值、标准差，并计算厚度代表值。

③ 当检查路面总厚度时，将各层平均值相加即为路面总厚度。

4) 检测报告内容

本方法应报告以下技术内容：

(1) 现场测试位置信息(桩号、路面结构层类型等)。

(2) 各测试位置的路面厚度实测值和设计值、路面厚度偏差。

(3) 测试路段厚度的平均值、标准差、代表值。

3. 短脉冲雷达测试法测试路面厚度

用钻芯法检测路面面层厚度时，会对面层有一定的破坏作用。随着科学技术的发展，自20世纪80年代开始，发达国家研究用地质雷达检测路面层厚度技术，并取得了成功。该项检测技术是一种先进的、高效的、不损坏路面的、连续的检测路面面层厚度的方法。

1) 地质雷达快速检测厚度的基本原理

地质雷达检测公路路面面层厚度属于反射探测法，是用高频无线电波来确定介质内部物质分布规律的一种物理方法。其基本原理是不同的介质具有不同的介电常数，地质雷达通过发射天线向地下发射一定强度的高频电磁波，电磁波在地下传播的过程中遇到不同介电常数的界面时，一部分能量产生反射波，一部分能量继续向地下传播，如图4-15所示。通过接收天线接收反射回地面的电磁波，地质雷达根据接收到电磁波的波形、振幅、强度和时间的变化特征，推断地下介质的空间位置、结构、形态和埋藏深度。

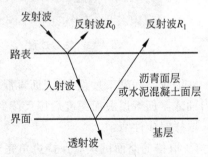

图 4-15 电磁波在路面面层中的反射

2) 适用范围

短脉冲雷达适用于测试沥青路面面层厚度，但是不适用于潮湿路面或用富含铁矿渣集料等介电常数较高的材料铺筑的路面。

3) 雷达路面检测仪主要结构与功能

雷达检测设备有两种：一种是便携式，宜于在野外检测与局部检测；另一种是车载式，适合于高速、大面积检测。便携式雷达路面检测仪如图 4-16 所示,车载式雷达路面检测车如图 4-17 所示。

图 4-16 便携式雷达路面检测仪

图 4-17 车载式雷达路面检测车

目前,国内通常由越野车、主机、单体屏蔽天线、空气耦合线组成雷达路面检测车。这种检测车是将地质雷达路面检测系统安装在越野车后排座椅上。地质雷达路面检测系统测厚装置主要包括固体腔、天线、时窗记录器、波形显示器与打印输出五部分,如图 4-18 所示,图中 λ_0 表示发射信号,λ_1 表示接收信号。

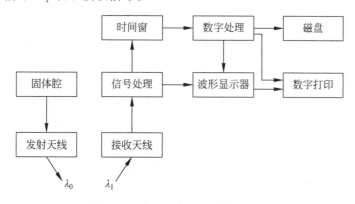

图 4-18 路面雷达测厚技术结构框

第一部分固体腔是雷达的核心,脉冲高频电磁波就由此产生,它是一种特制的共振腔。产生的频率可达到 2GHz 以上。共振腔要求振源稳定,选频准确。

第二部分天线又可分为发射天线与接收天线两部分。发射天线是将波源的高频电磁波向路基路面定向发送的主要器件,要求定向性好、发射稳定、功率损失小,这是一般材料所达不到的。为了使天线不贴地发射,以便车载快速扫描测定,天线特制成空气耦合聚焦型,并制成横向电磁波喇叭形。天线发射器具有很高的分辨率,最高输出电压为 5V。根据检测用途,天线可分成 50MHz、100MHz、300MHz、500MHz、1GHz 等多种。接收天线可组成发、收两用型。

第三部分时窗记录器是发射计时脉冲的主要器件,由于它是时间的集中器,故称时间窗。采样收发时间为雷达测时的主要工作,因此,时间窗对雷达检测显得尤为重要。

第四部分波形显示器,它能真实、直观地将测量体显示在波形图上。

第五部分打印输出,主要是将被测波形体与时间记录打印在纸上,以便使用。雷达测量时,覆盖面积为 30cm×40cm。

其主要技术要求如下:

(1) 距离标定误差不大于 0.1%。

(2) 最小分辨层厚不大于 40mm。
(3) 系统测量精度要求如表 4-5 所示。

表 4-5　系统测量精度要求

测量深度	测量误差允许范围
$H<100\text{mm}$	$\pm 3\text{mm}$
$H\geqslant 100\text{mm}$	$\pm 3\%H$

(4) 天线：采用空气耦合方式，带宽能适应所选择的发射脉冲频率。

4) 方法与步骤

(1) 准备工作

① 测试前应收集设计图纸、施工配合比等资料，以合理确定标定路段。
② 按要求进行距离标定。
③ 将天线安装牢固，用连接线连接主机，并按要求开机预热。
④ 将金属板放置在天线正下方，启动控制软件，完成测试系统标定。
⑤ 根据不同的测试目的，设置控制软件的采样间隔、时间窗、增益等参数。

(2) 测试步骤

① 开启安全警示灯，将天线正下方对准起点，启动软件测试程序，缓慢加速承载车到正常测试速度。
② 测试过程中，操作人员应标记测试路段内的桥梁、隧道等构造物的起点、终点。
③ 测试过程中，承载车每隔一定距离应完全停下，在采集软件上做标记，雷达图像应界面清晰、容易辨识且没有突变，同时在地面上找出雷达天线中心所对应的位置，做好标记；按随机选点的方法在标记处钻取芯样并量测芯样高度；将现场钻取的芯样高度与雷达采集软件的结果进行对比，得出芯样的波速；将该标定路段的芯样波速平均值输入测试程序；每个波速标定路段钻芯取样位置应均匀分布，取样间距不宜超过 5km，芯样数量应足以保证波速标定结果的代表性和准确性。
④ 当承载车到达测试终点后，停止采集程序。
⑤ 操作人员检查数据文件，文件应完整，内容应正常，否则应重新测试。
⑥ 关闭测试系统电源，结束测试。

5) 结果处理

(1) 厚度计算。由雷达识别软件自动识别各层分界线，得到雷达波在各层中的双程走时 Δt。根据该双程走时以及电磁波在路面材料中的传播速度，按照式(4-8)计算面层厚度：

$$T = v \times \frac{\Delta t}{2} = \frac{\Delta t \times c}{2\sqrt{\varepsilon}} \tag{4-8}$$

式中：T——面层厚度，mm；
c——电磁波在空气中的传播速度，约 300mm/ns；
ε——面层的相对有效介电常数，取决于构成面层的所有物质的介电常数；
v——电磁波在路面材料中的传播速度，mm/ns；
Δt——雷达波在路面面层中的双程走时，ns。

(2) 按照检测路段数据统计的方法，计算一个测试路段的厚度平均值、标准差，并计算厚度代表值。

6) 检测报告

本方法应报告如下技术内容：

(1) 测试路段信息(起止桩号、路面结构层材料类型等)。

(2) 电磁波在路面材料中的传播速度、面层厚度。

(3) 测试路段的厚度平均值、标准差、代表值。

4. 路面厚度评定

评定路段内路面结构层的厚度应按代表值和单点合格值的允许偏差进行。厚度平均值的下置信限 h_L 应不小于设计厚度减去均值允许误差。

1) 代表值的计算

厚度平均值的下置信界限(厚度代表值)按式(4-9)计算：

$$h_L = \bar{h} - S \frac{t_\alpha}{\sqrt{n}} \quad (4-9)$$

微课 5.3

式中：h_L——厚度代表值(算术平均值的下置信界限)，mm；

$\bar{h}$——厚度平均值，mm；

S——标准差，mm；

n——检查数量；

t_α——t 分布表中随测点数和保证率(或置信度 α)而变的系数。采用的保证率：高速公路和一级公路基层、底基层为99%，面层为95%；其他公路基层、底基层为95%，面层为90%。$\frac{t_\alpha}{\sqrt{n}}$ 可查 t 分布表，如本书附录1所示。

2) 厚度评定

当厚度代表值大于或等于设计厚度减去代表值允许偏差时，则按单个测点的偏差是否超过极限值(单点合格值的最小值，也即单值最薄处)来评定合格率。厚度为关键项目，合格率大于或等于95%，该分项工程评定为合格。当厚度代表值小于设计厚度减去代表值允许偏差时，该评定路段厚度不合格，则相应分项工程评为不合格。

代表值允许偏差和单点合格值允许偏差如表4-4所示。

沥青面层宜按沥青铺筑层总厚度进行评定，高速公路和一级公路分2~3层铺筑时，还应进行上面层厚度的检查与评定。

【例4-2】 某高速公路沥青混凝土面层进行厚度检测，将检测结果汇总于表4-6，请计算一个评定路段内厚度的差值、平均值、标准差、变异系数及厚度代表值。

表4-6 路面厚度检测记录(钻芯法)

工程名称：__××工程__　　路段桩号：__K18+000—K19+000__　　结构名称：__沥青混凝土面层__
检验者：_____　　计算者：_____　　校核者：_____　　检测日期：_____

序号	测点桩号	距中线距离/m	路面厚度		
			实测值/cm	设计值/cm	差值/mm
1	K18+000	右1.47	4.1	4	+1
2	K18+200	左4.57	3.9	4	-1
3	K18+400	右4.29	4.2	4	+2

续表

序号	测点桩号	距中线距离/m	路面厚度		
			实测值/cm	设计值/cm	差值/mm
4	K18+600	左 4.27	3.7	4	−3
5	K18+800	左 3.34	4.1	4	+1
6	K19+000	右 0.06	3.8	4	−2
平均值 $\bar{h}$/cm	4.0	标准差 S/cm	0.2	变异系数 C_V/%	5	代表值 h_L/cm	3.8

【例 4-3】 某路段水泥混凝土路面板厚检测数据如表 4-7 所示。采用的保证率为 95%，设计厚度 $h_0 = 25$ cm，代表值允许偏差为 −5 mm，单值的允许偏差为 −10 mm，试对该路段的板厚进行评价。

表 4-7 水泥混凝土路面板厚度检测结果 cm

序号	1	2	3	4	5	6	7	8	9	10
厚度 h_i	25.1	24.8	25.1	24.6	24.7	25.4	25.2	25.3	24.7	24.9
序号	11	12	13	14	15	16	17	18	19	20
厚度 h_i	24.9	24.8	25.3	25.3	25.2	25.0	25.1	24.8	25.0	25.1
序号	21	22	23	24	25	26	27	28	29	30
厚度 h_i	24.7	24.9	25.0	25.3	25.2	25.1	25.0	25.0	25.5	25.4

解 经计算得：

$$\bar{h} = 25.05 \text{cm}, \quad S = 0.24 \text{cm}$$

根据 $n = 30, \alpha = 95\%$，查表可得：

$$\frac{t_\alpha}{\sqrt{n}} = 0.310$$

厚度代表值为算术平均值的下置信界限，即

$$h_L = \bar{h} - S \frac{t_\alpha}{\sqrt{n}} = (25.05 - 0.24 \times 0.310) \text{cm} = 24.98 \text{cm}$$

已知 $h_0 = 25$ cm，代表值的允许偏差为 −5 mm，

$$h_L = 24.98 > (25 - 0.5) \text{cm} = 24.5 \text{cm}$$

故按单个值评定，单值的允许偏差为 −10 mm，则单值的极限值（单值最薄值）为：

$$h_{极值} = (25 - 1.0) \text{cm} = 24 \text{cm}$$

由于：

$$h_{i\min} = 24.6 \text{cm} > h_{极值} = 24 \text{cm}$$

故所有点都符合要求，即合格点数 $m = 30$，检测点数 $n = 30$，合格率

$$P = \frac{m}{n} \times 100\% = \frac{30}{30} \times 100\% = 100\%$$

所以，该混凝土路面板厚合格率 100%，大于混凝土板厚作为关键项目（表 1-20）所要求的合格率 95%，故厚度评定为合格。

【知识拓展 4-2】

地质雷达路面检测仪应用领域很广，在考古、建筑、铁路、公路、水利、电力、采矿、航空等

领域都有重要的应用,它可解决场地勘查、线路选择、工程质量检测、病害诊断、超前预报以及地质构造研究问题。例如,在隧道工程建设中,地质雷达主要用于隧道施工质量(衬砌厚度、空洞等)检测、隧道地质超前预报,提前探明隧道前方的工程地质情况,以保证施工人员、设备安全,保证施工工期和质量。

在公路工程施工过程中,就已应用地质雷达检测仪对沥青混凝土与水泥混凝土路面厚度的检测情况来看,效果比较理想。例如,用公路型 SIR-10H 地质雷达对高等级公路路面面层测试结果为:沥青混凝土层设计厚度 10cm,探测 10.7cm,挖测 10.1cm,绝对误差为 6mm;水泥混凝土层设计厚度 23cm,探测 21.8cm,钻测 22.1cm,绝对误差为 3mm。通过此测量数据可以看出,利用雷达检测路面厚度是可取的。

随着雷达技术的发展,检测精度将会被提高。在长距离、快速路面厚度的测量中,雷达将有广阔的应用前景。例如,要知道某新铺的沥青路面厚度是否合格,用检测车不到半小时就能一目了然。通过实地检测,地质雷达路面检测设备测出所铺沥青的厚度,如测出该路面黑色沥青层厚度为 9cm,其中 SBS 改性沥青厚度为 4cm,中粒式沥青厚度为 5cm,符合道路设计标准。

采用本方法测试路面厚度时,短脉冲雷达天线频率是影响测试效果的重要因素,建议根据被测路面的标称厚度选择适当频率的天线。一般情况下,当被测路面标称厚度小于 10cm 时,通常选用频率不小于 2GHz 的雷达天线;标称厚度为 10~25cm 时,通常选用频率不小于 1.5GHz 的雷达天线;标称厚度大于 25cm 时,通常选用频率不小于 1GHz 的雷达天线。

为了准确计算出路面厚度,需要尽量准确地得到路面材料的介电常数或者雷达波在材料中的传播速度。已知被测材料介电常数,一般按式(4-10)计算电磁波在其中的传播速度:

$$v = \frac{c}{\sqrt{\varepsilon}} \tag{4-10}$$

式中:c——电磁波在大气中的传播速度,约 300mm/ns;

ε——面层的相对介电常数,它取决于构成面层的所有物质的介电常数。

然而,介电常数(或波速)随着路面结构设计厚度、集料类型、沥青产地、混合料类型、施工水平、密度以及湿度等的变化而不同,因此,测试时一般应通过现场钻芯取样的方式标定波速,且应根据上述因素的差异,确定合理的波速标定段落长度和钻芯取样数量,确保波速标定结果的代表性及准确性。波速标定段落长度一般不宜大于 20km,同一标定段落内,根据有关单位积累的检测经验,一般情况下芯样个数在 3 个以上时基本能保证波速标定结果的代表性和准确性。部分常见材料的相对介电常数范围如表 4-8 所示,可作为波速标定时的参考。

表 4-8　部分常见材料的相对介电常数参考范围

介 质 类 型	相对介电常数范围	介 质 类 型	相对介电常数范围
空气	1	沥青混凝土	3~10
水	81	干砂	3~6
普通水泥混凝土	4~15	石灰岩	7~9

【学情小测 4-2】

(1)【单选题】在路面钻芯取样方法中,钻孔采取芯样的直径不宜小于最大集料粒径的( )倍。

  A. 2   B. 3   C. 4   D. 5

(2)【单选题】对无机结合料粒料基层,可用挖坑时取出的材料,适当加水拌和后分层填补,并用( )压实。

  A. 重锤   B. 铁锤   C. 小锤   D. 热夯

(3)【多选题】根据《公路路基路面现场测试规程》(JTG 3450—2019),挖坑法适用于( )。

  A. 沥青面层厚度   B. 基层路面厚度

  C. 水泥混凝土路面板厚度   D. 砂石路面厚度

(4)【单选题】下列有关雷达测试路面结构层厚度的说法,错误的是( )。

  A. 利用短脉冲雷达进行路面面层厚度的检测属于无损检测

  B. 用于检测路面厚度的雷达天线频率一般为 1.0GHz 以上

  C. 雷达发射的电磁波在道路面层传播过程中不受环境影响

  D. 此种测试方法的工作原理是:利用雷达波在不同物质界面上的反射信号,识别分界面,通过电磁波的走时和在介质中的波速推算相应介质的厚度

【任务单 4-2】

参见表 4-9。

表 4-9 钻芯法检测厚度任务单

专业	班级	姓名	学号	小组

任务:某高速公路沥青混凝土面层进行厚度检测,将检测结果汇总于下表,请计算一个评定路段内厚度的差值、平均值、标准差、变异系数及厚度代表值,并评定合格性(已知厚度代表值容许偏差为 -8 mm,单值容许偏差为 -10 mm, $t_{0.99}/\sqrt{9}=0.966$)。

路面厚度检测记录(钻芯法)

序号	测点桩号	距中线距离/m	路面厚度 实测值/cm	设计值/cm	差值/mm
1	K1+000	右 1.35	21.0	20	
2	K1+200	左 1.58	22.0	20	
3	K1+400	右 2.26	19.0	20	
4	K1+600	右 1.50	19.0	20	
5	K1+800	左 0.86	20.0	20	
6	K2+000	右 1.54	21.0	20	
7	K2+200	左 2.38	21.0	20	
8	K2+400	右 1.52	22.0	20	
9	K2+600	左 1.64	19.0	20	
平均值 $\bar{h}$/cm		标准差 S/cm		变异系数 C_V/%	代表值 h_L/cm

试验项目名称及编号	

续表

检测频率	
主要仪器设备	
检测步骤简要流程	
补坑的方法	
任务的评定过程及结论	

学情小测 4-2　思政素材 4.2

项目5 路基路面压实度检测

【思维导图】

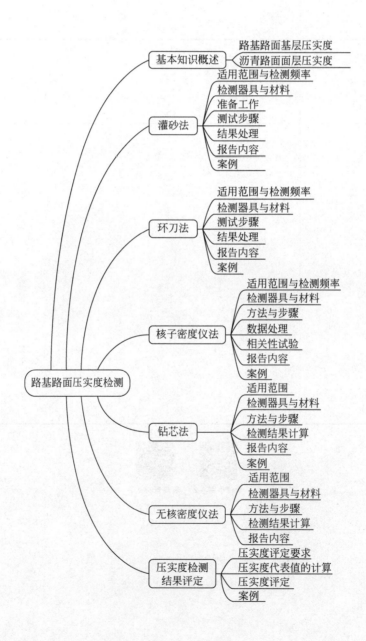

【本项目学习目标】

知识目标：
(1) 能够阐述路基路面压实度的含义；
(2) 能够阐述灌砂法、环刀法、核子密度仪法、钻芯法和无核密度仪法的检测原理、适用范围、主要测试器具和材料；
(3) 能够阐述压实度检测报告内容。

能力目标：
(1) 能够和小组成员配合完成灌砂法和环刀法的测试；
(2) 能够填写测试记录表并对测试结果进行数据处理；
(3) 能够根据检测结果对压实度的合格性进行判定。

素质目标：
(1) 培养学生交通强国的责任意识；
(2) 培养学生的沟通能力以及团队合作意识。

任务 5.1 基本知识概述

压实度是路基路面检测中的关键指标，许多高速公路发生早期损害大多与压实不足有关。经过大量试验证明，路基路面压实质量是道路工程施工质量管理最重要的内在指标之一，只有对路基路面结构层进行充分压实，才能使路基土和路面材料的强度大大增加，减少路基路面在行车荷载作用下产生的变形，增强路基路面材料的强度稳定性，降低其透水性，保证其使用质量；若压实不足，则路面容易产生车辙、裂缝、沉陷以及整个路面被剪切破坏。

现场压实质量用压实度来表示，压实度是指土或其他筑路材料压实后的(干)密度与标准最大(干密度)标准密度之比，以百分数表示。

1. 路基路面基层压实度

对于土方路基路面基层，压实度是指工地压实后的实际达到的干密度与该材料的室内标准最大干密度之比，用百分数表示，如式(5-1)所示：

$$K = \frac{\rho_d}{\rho_{dmax}} \times 100\% \tag{5-1}$$

式中：K——测试地点的施工压实度，%；

ρ_d——现场干密度，g/cm³；

ρ_{dmax}——室内最大干密度，g/cm³。

1) 现场密度的测试方法

施工现场实际达到的干密度可以通过测定现场密度和含水量，再根据现场密度和含水量计算得到。路基路面基层现场测试密度的方法有灌砂法、环刀法、核子密度仪法等，其适用范围如表5-1所示。

表 5-1　现场密度检测方法及适用

试验方法	适用范围
灌砂法	适用于现场测试基层或底基层、砂石路面及路基结构的压实度,不适用于填石路堤等有大孔洞或大空隙的结构压实度测试
环刀法	适用于现场测试细粒土及龄期不超过 2d 的无机结合料稳定细粒土结构的密度,并计算施工压实度,以评价结构层的压实质量
核子密度仪法	适用于用核子密度仪测试路基路面材料的密度和含水率,并计算施工压实度,以评价结构层的压实质量;适用于施工质量的现场快速评定,不宜用作仲裁试验或评定验收试验
无核密度仪法	适用于现场无核密度仪快速测试当日铺筑且未开放交通的沥青路面各层沥青混合料的密度,并计算压实度,测试结果不宜用于评定验收
钻芯法	适用于测试从压实的沥青路面上钻取沥青混合料芯样的密度,并计算施工压实度,以评价结构层的压实质量;同时适用于龄期较长的无机结合料稳定类基层和底基层的密度检测

2) 路基土最大干密度和最佳含水量的确定

土方路基和路面基层的最大干密度以重型击实标准为准,对于特殊干旱、潮湿地区或过湿土以及铺筑中、低级路面的三、四级公路路基,则以路基设计施工规范规定的击实试验方法和压实度标准进行评定。

根据土的性质、颗粒的差别,确定最大干密度的方法可选用击实法、振动台法和表面振动压实仪法,各种方法的适用范围如表 5-2 所示。

表 5-2　土的最大干密度确定方法

试验方法	适用范围	土的粒组
击实法	内径 100mm 的试筒适用于粒径不大于 20mm 的土; 内径 152mm 的试筒适用于粒径不大于 40mm 的土	细粒土 粗粒土
振动台法、表面振动压实仪法	① 本试验规定采用振动台法测定无黏性自由排水粗粒土和巨粒土(包括堆石料)的最大干密度; ② 本试验方法适用于通过 0.075mm 标准筛的干颗粒质量百分数不大于 15% 的无黏性自由排水粗粒土和巨粒土; ③ 对于最大颗粒大于 60mm 的巨粒土,因受试筒容许最大粒径的限制,宜按相似级配法的规定处理	粗粒土 巨粒土

注:《公路土工试验规程》(JTG 3430—2020)中粒径小于 0.075mm 的土为细粒土;粒径在 0.075～60mm 的土为粗粒土;粒径大于 60mm 的土为巨粒土。

(1) 击实法。击实试验确定土的最大干密度和最佳含水率,如图 5-1 所示。击实试验根据击实功的不同,可以分为轻型击实法和重型击实法,如表 5-3 所示。这两种方法的原理和基本规律相似,但重型击实试验的单位击实功是轻型击实试验的 4.5 倍。现场检测采用哪种方法,应根据有关规定或工程科学试验的特殊要求选定。试验表明,在单位体积击实功相同的情况下,同类土用轻型和重型击实试验的结果相同。根据试样的含水率不同,击实试验又分为干土法和湿土法,如表 5-4 所示,对于高含水率土宜选用湿土法,对于非高含水率土则选用干土法,这两种方法试样都不可重复使用。

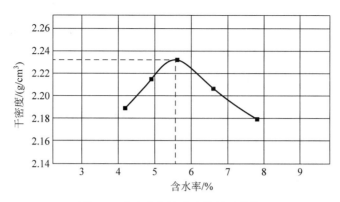

图 5-1 含水率与干密度的关系曲线

表 5-3 击实试验方法种类

试验方法	类别	锤底直径/cm	锤质量/kg	落高/cm	试筒尺寸			层数	每层击数	最大粒径/mm
					内径/cm	高/cm	容积/cm³			
轻型击实法	Ⅰ.1	5	2.5	30	10	12.7	997	3	27	20
	Ⅰ.2	5	2.5	30	15.2	17	2177	3	59	40
重型击实法	Ⅱ.1	5	4.5	45	10	12.7	997	5	27	20
	Ⅱ.2	5	4.5	45	15.2	17	2177	3	98	40

表 5-4 试料用量

使用方法	试筒内径/cm	最大粒径/mm	试料用量
干土法	10	20	至少 5 个试样,每个 3kg
	15.2	40	至少 5 个试样,每个 6kg
湿土法	10	20	至少 5 个试样,每个 3kg
	15.2	40	至少 5 个试样,每个 6kg

① 干土法。过 40mm 筛后,四分法至少准备 5 个试样,分别加入不同水分(按 1%～3%含水率递增),将土样拌和均匀,闷料一夜,分别测定 5 组试样的击实密度(ρ)及各试样的含水量(w),并计算干密度(ρ_d)。将 5 组试样的测试含水量以及计算得到的干密度点绘在图 5-1 中的坐标图上,得到一条干密度与含水量之间的关系曲线,从曲线上找到峰值对应的干密度即为最大干密度(ρ_{dmax}),对应的含水量即为最佳含水量(w_0)。

② 湿土法。对于高含水率土,拣除大于 40mm 的石子,保持天然含水率的第一个土样,可立即用于击实试验,其余几个试样,将土分成小土块,分别风干,使含水率按 2%～4%递减,制备 4 个以上试样做击实试验,分别测定 5 组试件的击实密度及相应试样的含水量,并绘制击实曲线,确定最大干密度和最佳含水量。

(2) 表面振动压实仪法与振动台法均采用振动方法测定土的最大干密度。不同之处在于:表面振动压实仪法的振动作用是自土体表面垂直向下传递,而振动台法是整个土样同时受到垂直方向的振动作用。研究结果表明,这两种方法对无黏性自由排水土最大干密度试验的测定结果基本一致,但振动台法试验设备及操作比较复杂;表面振动压实仪法相对比较简单,且更接近于现场振动碾压的实际状况。在实际使用时,可根据试验设备情况选择试验方法,但推荐优先考虑采用表面振动压实仪法。

对于粒径大于 60mm 的巨粒土,因受试筒允许最大粒径的限制,推荐采用按相似级配法缩小粒径的系列模型试料。以上各种试验方法的仪器设备、试验步骤等详见《公路土工试验规程》(JTG 3430—2020)。

3) 路面基层混合料最大干密度及最佳含水率的确定

常见的路面基层材料有半刚性材料和粒料类两种。其中,粒料类基层材料可参照粗粒土和巨粒土的试验方法确定最大干密度。半刚性材料基层材料按照《公路工程无机结合料稳定材料试验规程》(JTG E51—2009)执行,采用击实法确定最大干密度。但当粗集料含量较大(50%以上)时,需采用以下理论计算法求得。

(1) 石灰土、二灰稳定粒料。

根据室内试验测得结合料的最大干密度 ρ_1 和集料的表观相对密度 γ,把已确定的结合料与集料的质量比换算为体积比 $V_1:V_2$,则混合料的最大干密度 ρ_{dmax} 按式(5-2)计算。

$$\rho_{dmax} = V_1\rho_1 + V_2\gamma \tag{5-2}$$

石灰土、二灰稳定粒料的最佳含水率 w_0 是结合料的最佳含水率 w_1 和集料饱水裹覆含水率 w_2 的加权值,可按式(5-3)计算:

$$w_0 = w_1 A + w_2 B \tag{5-3}$$

式中:A、B——结合料和集料的质量百分比,以小数计。

饱水裹覆含水率是指把集料浸水饱和后取出,不擦去表面裹覆水时的含水率。除吸水率特大的集料外,此值对于砾石可以取 3%,碎石可以取 4%。

(2) 水泥稳定粒料。

此类材料的最大干密度 ρ_{dmax} 与集料的最大干密度 ρ_G 和水泥硬化后的水泥质量有关,按式(5-4)计算:

$$\rho_{dmax} = \frac{\rho_G}{1 - \frac{(1+K)a}{100}} \tag{5-4}$$

式中:ρ_G——集料在振动台上加载振动而得到的最大干密度,g/cm³;

a——水泥含量,%;

K——水泥水化时水的增量,视水泥品种不同而异,一般为水泥质量的 10%~25%,以小数计。

水泥加水拌匀后,在 105℃烘箱中烘干,称量试验前水泥质量和烘干后硬化的水泥质量之差,即可求得水泥水化的增量。

因水泥中含有水化产物,故用烘干法不能正确测出水泥稳定粒料的最佳含水率。根据对比试验,水泥稳定粒料的最佳含水率 w_0 按式(5-5)计算:

$$w_0 = (0.5 + K)a + w_2\left(1 - \frac{a}{100}\right) \tag{5-5}$$

式中:w_2——集料饱水裹覆含水率,%;

其余符号意义同上。

2. 沥青路面面层压实度

沥青混合料面层的压实度是指按施工规范规定的方法测定的压实沥青混合料的实际密度(毛体积密度或表观密度)与标准密度之比,用百分数表示。

沥青面层的压实度按式(5-6)计算：

$$K = \frac{\rho_s}{\rho_0} \times 100\% \tag{5-6}$$

式中：K——沥青层某一测定部位的压实度，%；

ρ_s——由试验测定的压实沥青混合料实际密度，g/cm³；

ρ_0——沥青混合料标准密度，g/cm³。

1) 现场密度的确定

沥青路面现场测试密度的方法有钻芯法、核子密度仪法、无核密度仪法等。钻芯法测定芯样密度的试验方法分为水中重法、表干法、蜡封法、体积法四种，每种试验方法的适用条件如表 5-5 所示。

表 5-5　压实沥青混合料密度试验方法及适用范围

试验方法	适用范围
水中重法	适用于测定吸水率小于 0.5% 的密实沥青混合料试件
表干法	适用于测定吸水率不大于 2% 的各种沥青混合料试件，包括密级配沥青混凝土、沥青玛琦脂碎石混合料(SMA)和沥青稳定碎石等沥青混合料试件的毛体积相对密度和毛体积密度
蜡封法	适用于测定吸水率大于 2% 的沥青混凝土或沥青碎石混合料试件的毛体积相对密度或毛体积密度
体积法	仅适用于不能用表干法、蜡封法测定的空隙率较大的沥青碎石混合料及大空隙透水性开级配沥青混合料(OGFC)等

2) 标准密度的确定

沥青混合料标准密度以实验室标准密度、最大理论密度或试验路段密度为准。按照《公路沥青路面施工技术规范》(JTG F40—2019)规定，沥青混合料标准密度有以下三种：

（1）以实验室马歇尔试件密度作为标准密度。沥青拌和厂每天取样 1~2 次实测的马歇尔试件密度，取平均值作为该批混合料铺筑路段压实度的标准密度，其试件成型温度与路面复压温度一致。当采用配合比设计时，也可采用其他相同的成型方法的实验室密度作为标准密度。

（2）以每天实测的最大理论密度作为标准密度。对普通沥青混合料，沥青拌和厂在取样进行马歇尔试验的同时，以真空法实测最大理论密度，平行试验的试样数不少于 2 个，以平均值作为该批混合料铺筑路段压实度的标准密度；但对改性沥青混合料、SMA 混合料以每天总量检验的结果及油石比平均值计算的最大理论密度为准，也可采用抽提筛分的结果及油石比计算最大理论密度。

（3）以试验路钻芯试件密度作为标准密度。用核子密度仪定点检查密度不再变化为止，然后取不少于 15 个钻孔试件的平均密度为计算压实度的标准密度。

施工及验收过程中的压实度检验不得采用配合比设计时的标准密度，可根据需要选用实验室马歇尔试件标准密度、最大理论密度、试验路钻芯密度中的 1 种或 2 种，作为钻孔法检验评定的标准密度。

施工中采用核子密度仪等无破损检测设备进行压实度控制时，宜以试验路密度作为标准密度,核子密度仪的测点数不宜少于 39 个,取平均值,但核子密度仪需经标定认可。

【知识拓展 5-1】

在公路工程施工中,为了提高路基路面的强度,保证其使用质量,必须对路基路面各结构层进行人工或机械压实。压实的作用:可以充分发挥路基土和路面材料的强度;可以减少路基路面在行车荷载下产生形变;可以增加路基路面材料的不透水性和强度的稳定性。

路基路面压实质量是道路工程施工质量管理最重要的内在指标之一。如果压实不足,则路面容易产生车辙、裂缝、沉陷及整个路面被剪切破坏,只有对路基路面结构层进行充分压实,才能保证路基路面的强度、刚度及路面的平整度,并可以保证及延长路基路面工程的使用寿命。

路基压实对于细粒土的路基,影响压实效果的因素有内因和外因两方面。内因指土质和湿度,外因指压实功能(如机械性能、压实时间与速度、土层厚度等)及压实时的外界自然和人为的其他因素。

沥青混合料压实与压实机械、压实温度、压实程序、压实速度等因素有关。

在施工现场质量控制以及竣工验收质量评定时都需测定压实度,以判断和衡量压实效果。

路基常用环刀法、灌砂法、核子密度仪法等;基层常用灌砂法和钻芯法;面层常用钻芯法、核子密度仪法、无核密度仪法等。

压实度无论是路基路面基层,还是沥青路面面层,均为质量控制的关键项目,合格率达到 95% 以上,该项指标合格。

【学情小测 5-1】

(1)【多选题】一般来说,测定沥青面层压实度的方法有( )。
    A. 核子密度仪法   B. 环刀法   C. 灌砂法   D. 钻芯法

(2)【多选题】路面压实度的大小取决于( )。
    A. 灌砂筒的大小   B. 量砂的密度   C. 实测的现场密度   D. 标准密度

(3)【多选题】沥青路面压实度检测时,标准密度取值有( )可以选择。
    A. 以沥青拌和厂取样实测的马歇尔试件的毛体积密度作为标准密度
    B. 以真空法实测的最大理论密度作为标准密度
    C. 以试验路密度作为标准密度
    D. 以灌砂法所取得的密度作为标准密度

【任务单 5-1】

参见表 5-6。

表 5-6 压实度基本知识任务单

专业		班级		姓名		学号		小组	
任务:学习路基路面压实度的含义,明确评定压实度需要测定哪些指标,用什么方法测定。									
为什么要进行压实									

续表

路基压实度的定义	定义式	
	密度的测定方法	现场密度： 实验室最大干密度：
路面压实度的定义	定义式	
	密度的测定方法及适用条件	
其他说明		

微课 6.1　　学情小测 5-1　　思政素材 5.1

任务 5.2　灌砂法测定压实度

灌砂法的测试原理是利用均匀颗粒的砂去置换试坑当中的材料，由称量得到的试坑材料质量除以置换后量砂的体积，计算得到试坑材料的密度，进而得到压实度。

1. 适用范围与检测频率

本方法适用于在现场测定基层(或底基层)、砂石路面及路基上的各种材料压实层的密度和压实度检测,但不适用于填石路堤等有大孔洞或大空隙的结构压实度检测。

测定频率为每 200m、每压实层测定 2 处。

2. 检测器具与材料

(1) 灌砂设备:灌砂设备包括灌砂筒、标定罐和基板。

① 灌砂筒:金属材质,型式和主要尺寸如图 5-2、图 5-3 所示,并符合表 5-7 的规定。灌砂筒上部为储砂筒,下部为圆锥体漏斗,筒底与漏斗顶端铁板之间设有开关。

② 标定罐:金属材质,上端有罐缘,型式和主要尺寸如图 5-2、图 5-3 所示,并符合表 5-7 的规定。

③ 基板:金属材质的方盘,盘中心有一圆孔,主要尺寸符合表 5-7 的规定。

图 5-2 灌砂装置

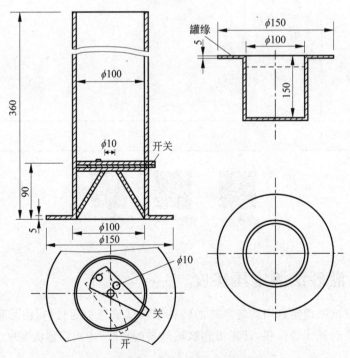

图 5-3 灌砂筒(小筒)和标定罐结构

表5-7 灌砂装置的尺寸要求

结构			小型灌砂筒	中型灌砂筒	大型灌砂筒
灌砂筒	储砂筒	直径/mm	100	150	200
		容积/cm³	2121	4771	8482
	流砂孔	直径/mm	10	15	20
标定罐	金属标定罐	内径/mm	100	150	200
		外径/mm	150	200	250
基板	金属方盘基板	边长/mm	350	400	450
		深度/mm	40	50	60
	中孔	直径/mm	100	150	200
	板厚	厚度/mm	≥1.0(铁)	≥1.0(铁)	≥1.0(铁)
			≥1.2(铝合金)	≥1.2(铝合金)	≥1.2(铝合金)

灌砂筒的选择：在测试前，应根据填料粒径及测试层厚度选择不同尺寸的灌砂筒，并符合表5-8的规定。

表5-8 灌砂筒类型(JTG 3450—2019) mm

灌砂筒类型	填料最大粒径	适宜的测试层厚度
ϕ100	<13.2	≤150
ϕ150	<31.5	≤200
ϕ200	<63	≤300
ϕ250及以上	≤100	≤400

注：路基填料最大粒径超过100mm的，应采用其他方法测试压实度；当挖坑过程中存在超过规范规定粒径10%的填料时应另在附近选点重做。试验过程中若发现储砂筒内砂不足以填满试坑时，说明灌砂筒尺寸过小，应选择较大尺寸的灌砂筒重新试验，而不应在试验过程中添加量砂。

(2) 玻璃板：边长500～600mm的方形板。

(3) 试样盘和铝盒：小筒挖出的试样可用铝盒存放，大筒挖出的试样可用300mm×500mm×40mm的搪瓷试样盘存放。

(4) 电子秤：分度值不大于1g。

(5) 电子天平：用于含水率测试时，对细粒土、中粒土、粗粒土的分度值宜分别为0.01g、0.1g、1.0g。

(6) 含水率测试设备：如铝盒、烘箱、微波炉等。

(7) 量砂：粒径在0.3～0.6mm清洁干燥的砂，质量在20～40kg。使用前须洗净、烘干，筛分至符合要求并放置24h以上，使其与空气的湿度达到平衡。

(8) 盛砂的容器：塑料桶等。

(9) 温度计：分度值不大于1℃。

(10) 其他：凿子、改锥、铁锤、长把勺、长把小簸箕、毛刷等。

3. 准备工作

(1) 按照有关标准和规程对结构层填料进行击实试验，得到最大干密度(ρ_{dmax})和最佳含水量。

(2) 按规定选用灌砂设备。

(3) 标定灌砂设备下部圆锥体内砂的质量：

① 向灌砂筒(也称储砂筒)内装砂至距筒顶距离为(15 ± 5) mm。称取灌砂筒及筒内砂的总质量(m_1)，准确至1g。以后每次标定及而后试验都应该维持装砂高度与质量不变。

② 将开关打开，让砂自由流出，使流出砂的体积与工地所挖试坑的体积相当(或等于标定罐的容积)，然后关上开关。通常在操作时可将灌砂筒放置在标定罐上，打开开关让砂自由流出，使灌砂筒流出的砂的体积与标定罐容积相当，然后关上灌砂筒开关。

③ 不晃动灌砂筒，轻轻地将灌砂筒移至玻璃板上，将开关打开，让砂流出，直到筒内砂不再下流时，将开关关上，并小心取走灌砂筒。

④ 称量留在玻璃板上的砂或称量灌砂筒及剩余砂的质量，准确至1g。玻璃板上的砂质量就是圆锥体内砂的质量(m_2)。

⑤ 重复上述测量三次，取其平均值。

(4) 标定量砂的松方密度ρ_s(g/cm^3)。

① 用15～25℃水确定标定罐的容积V，精确至1mL。

a. 将空罐放在电子秤上，使罐的上口处于水平位置，读记罐质量(m_3)，准确至1g。

b. 向标定罐中灌水，注意不要将水弄到电子秤上或罐的外壁；将一直尺放在罐顶，当罐中水面快要接近直尺时，用滴管往罐中加水，直到水面接触直尺；移去直尺，读记罐和水的总质量(m_4)。

c. 重复测量时，仅需用吸管从罐中取出少量水，并用滴管重新将水加满到接触直尺。

d. 标定罐的体积V按式(5-7)计算：

$$V=(m_4-m_3)/\rho_w \tag{5-7}$$

式中：V——标定罐的容积，cm^3；

m_3——标定罐质量，g；

m_4——标定罐和水的总质量，g；

ρ_w——水的密度，g/cm^3。

② 确定标定罐中砂的质量。

a. 在储砂筒内装砂，使灌砂筒及筒中砂总质量为m_1。

b. 将灌砂筒放在标定罐上，将开关打开，让砂流出，在整个流砂过程中，不要碰灌砂筒，直到灌砂筒内的砂不再下流时，将开关关闭。取下灌砂筒，称取灌砂筒及筒内剩余砂的质量m_5。

c. 按式(5-8)计算填满标定罐所需砂的质量：

$$m_a=m_1-m_2-m_5 \tag{5-8}$$

式中：m_a——标定罐中砂的质量，g；

m_1——灌砂筒及装入灌砂筒内砂的总质量，g；

m_2——灌砂筒下部圆锥体内砂的质量，g；

m_5——灌砂入标定罐后，灌砂筒及筒内剩余砂的质量，g。

d. 重复上述测量三次，取其平均值。

③ 按式(5-9)计算量砂的松方密度ρ_s。

$$\rho_s = \frac{m_a}{V} \tag{5-9}$$

式中：ρ_s——量砂的松方密度，g/cm³；

m_a——标定罐中砂的质量，g；

V——标定罐的体积，cm³。

4. 测试步骤

1）测试表面粗糙度不大时

(1) 在试验地点，选一块平坦表面，将其清扫干净，面积不得小于基板面积，如图5-4所示。

(2) 将基板放在平坦表面上，沿基板中孔凿洞（洞的直径与灌砂筒直径一致），如图5-5所示。在凿洞过程中，不应使凿出的材料丢失，并随时将凿松的材料取出装入塑料袋中或大铝盒内密封，防止水分蒸发，如图5-6所示。试洞的深度应等于测试层厚度，但不得有下层材料混入。

图5-4 试验地点清扫　　　图5-5 凿洞　　　图5-6 凿松的材料装入袋中

(3) 称取洞内凿出的材料质量 m_t，准确至1g。当需要测试厚度时，应先测量厚度后再称量材料总质量。

(4) 从挖出的全部材料中取有代表性的试样，放在铝盒或洁净的搪瓷盘中，按照《公路土工试验规程》(JTG 3430—2020)的有关规定测试其含水率(w)。单组取样数量如下：

用小灌砂筒测试时，对于细粒土，不少于100g；对于各种中粒土，不少于500g。

用中灌砂筒测试时，对于细粒土，不少于200g；对于各种中粒土，不少于1000g；对于粗粒土或水泥、石灰、粉煤灰等无机结合料稳定材料，宜将取出的材料全部烘干，且不少于2000g，称其质量(m_d)。

用大型灌砂筒测试时，宜将取出的材料全部烘干，称其质量。

(5) 灌砂筒内装砂到要求质量 m_1，不需放基板，直接把灌砂筒安放在已挖好的试洞上，打开灌砂筒开关，让砂流入试坑内。在此期间，不应碰灌砂筒，直到灌砂筒内的砂不再下流时，关闭开关。取走灌砂筒，并称量灌砂筒及筒内剩余砂的质量 m_6，准确至1g。填满试坑所用砂的质量计算方法如下：

$$m_b = m_1 - m_6 - m_2 \tag{5-10}$$

式中：m_b——填满试坑砂的质量，g；

m_6——测试表面粗糙度不大时，灌砂入坑后，灌砂筒及筒内剩余砂的质量，g。

(6) 取出试坑内未混入杂质的量砂，将坑内剩余量砂清理干净后，回填与被测结构同材质的填料，并用铁锤分 3~4 层夯实。

(7) 将坑中回收的量砂以及灌砂筒内剩余砂烘干、过筛，并放置 24h 以上，使其与空气的湿度达到平衡后可以继续使用。若量砂中混有杂质，则应废弃。

2) 测试表面粗糙度较大时

(1) 在试验地点，选一块平坦表面，将其清扫干净，面积不得小于基板面积。

(2) 将基板放在平坦表面上，做好基板位置标识。称取灌砂筒及筒内砂的总质量 m_1，将灌砂筒放在基板中孔上，将灌砂筒的开关打开，让砂流入基板中孔内，直到灌砂筒内的砂不再下流时关闭开关，如图 5-7 所示。取下灌砂筒，并称量灌砂筒及筒内砂的质量 m_7，准确至 1g。

图 5-7　灌砂

(3) 取走基板，收回留在试验地点未混入杂质的量砂，重新将表面清扫干净。

(4) 将基板放回原处并固定，沿基板中孔凿洞，凿洞要求与测试表面粗糙度不大时相同。称取洞内凿出的材料质量 m_t，准确至 1g。

(5) 从挖出的全部材料中取有代表性的试样测定含水量 ω。

(6) 灌砂筒内装砂到总质量 m_1，将灌砂筒安放在基板中间，下口对准基板中孔，打开灌砂筒开关，让砂流入试坑内，直到灌砂筒内的砂不再下流时，关闭开关。取走灌砂筒，并称量灌砂筒及筒内剩余砂的质量 m_6'，准确至 1g。填满试坑所用砂的质量计算方法如下：

$$m_b = m_1 - m_6' - (m_1 - m_7) \tag{5-11}$$

式中：m_6'——测试表面粗糙度较大时，灌砂入坑后，灌砂筒及筒内剩余砂的质量，g；

$(m_1 - m_7)$——第(2)步测得的灌砂筒下部圆锥体内及基板和粗糙表面间隙中砂的合计质量，g。

(7) 其他后续步骤与 1)测试表面粗糙度不大时相同。

5. 结果处理

(1) 按式(5-12)计算试坑材料的湿密度：

$$\rho = \frac{m_t}{m_b} \times \rho_s \tag{5-12}$$

式中：ρ——试坑材料的湿密度，g/cm³；

m_t——试坑中取出的全部材料的质量，g；

ρ_s——量砂的松方密度，g/cm³。

(2) 按式(5-13)计算试坑材料的干密度：

$$\rho_d = \frac{\rho}{1+w} \tag{5-13}$$

式中：ρ_d——试坑材料的干密度，g/cm³；

w——试坑材料的含水率，%。

(3) 当为水泥、石灰、粉煤灰等无机结合料稳定土时，可按式(5-14)计算密度：

$$\rho_d = \frac{m_d}{m_b} \times \rho_s \tag{5-14}$$

式中：ρ_d——当为水泥、石灰、粉煤灰等无机结合料稳定土时的干密度，g/cm^3；

m_d——试坑中取出的稳定土的烘干质量，g。

（4）按式(5-1)计算施工压实度：

$$K = \frac{\rho_d}{\rho_{dmax}} \times 100\%$$

式中：K——测试地点的施工压实度，%；

ρ_d——试样的干密度，g/cm^3；

ρ_{dmax}——由击实等试验得到的最大干密度，g/cm^3。

6. 报告内容

应报告以下技术内容：

（1）测试位置信息（桩号、层位等）。

（2）干密度、最大干密度。

（3）压实度。

【**例 5-1**】 某二级公路路基压实度施工中，用灌砂法测定压实度，测得灌砂筒内量砂质量(m_1)为 5820g，填满标定罐所需砂的质量(m_a)为 3885g，测定砂锥的质量(m_2)为 615g，标定罐的体积(V)为 3035cm^3，灌砂后称灌砂筒及筒内剩余砂质量(m_6)为 1314g，试坑挖出湿土质量(m_t)为 5867g，烘干土质量(m_d)为 5036g，室内击实试验最大干密度(ρ_{dmax})为 1.68g/cm^3。试求该测点的压实度(K)和含水量(w)。

解 量砂的松方密度：

$$\rho_s = \frac{m_a}{V} = \left(\frac{3885}{3035}\right) g/cm^3 = 1.28 g/cm^3$$

填满试坑砂的质量：

$$m_b = m_1 - m_6 - m_2 = (5820 - 1314 - 615)g = 3891g$$

土体湿密度：

$$\rho = \frac{m_t}{m_b} \times \rho_s = \left(\frac{5867}{3891} \times 1.28\right) g/cm^3 = 1.93 g/cm^3$$

土体含水量：

$$w = \frac{m_t - m_d}{m_d} = \frac{5867g - 5036g}{5036g} \times 100\% = 16.5\%$$

土体干密度：

$$\rho_d = \frac{\rho}{1+w} = \frac{1.93 g/cm^3}{1+16.5\%} = 1.657 g/cm^3$$

压实度：

$$K = \frac{\rho_d}{\rho_{dmax}} \times 100\% = \frac{1.657 g/cm^3}{1.68 g/cm^3} \times 100\% = 98.6\%$$

【例 5-2】 某路段对级配碎石底基层用灌砂法检测压实度,底基层表面粗糙度不大,记录如表 5-9 所示。

表 5-9 压实度检测记录

工程名称		××工程			试验地点			
试验方法编号					试验日期			
最大干密度/(g/cm³)		2.020	锥体内砂质量 m_2/g	699	标准砂密度 ρ_s/(g/cm³)		1.40	
序号	试验项目公式	试验位置(桩号)						
		K9+770		K9+780		K9+790		K9+800
1	灌砂前筒+砂质量(m_1)/g	8600		8600		8600		8600
2	灌砂后筒+砂质量(m_6)/g	4638		4313		4659		4618
3	灌入试坑砂质量(m_b)/g	3263		3588		3242		3283
4	湿试样质量(m_t)/g	4763		4928		4460		4572
5	湿密度 ρ/(g/cm³)	2.04		1.92		1.93		1.95
6	盒号	1	2	3	4	5	6	7	8
7	盒质量/g	18.16	18.11	18.34	17.84	18.34	17.84	18.34	18.15
8	盒+湿土质量/g	100.95	97.25	86.62	87.91	92.91	97.45	89.36	91.24
9	盒+干土质量/g	92.92	89.49	76.24	77.33	83.89	88.06	76.93	78.67
10	干土质量/g	74.76	71.38	57.90	59.49	65.55	70.22	58.59	60.52
11	水质量/g	8.03	7.76	10.38	10.58	9.02	9.39	12.43	12.57
12	含水量/%	10.74	10.87	17.93	17.78	13.76	13.37	21.22	20.77
13	平均含水量/%	10.80		17.86		13.56		21.00	
14	干密度 ρ_d/(g/cm³)	1.84		1.63		1.70		1.61	
15	压实度 K/%	91.09		80.69		84.16		79.70	
试验结果		压实度检验不合格				注:压实层厚度为灌砂后挖至下层实测值			
试验		复核				监理工程师			

【知识拓展 5-2】

挖坑灌砂法是施工过程中现场测试最常用的试验方法之一,是标准方法。此方法表面上看似简单,但实际操作时试验人员经常掌握不好,引起较大误差,又因为它是测试压实度的依据,所以是质量检测部门与施工单位之间发生矛盾的主要环节,因此应严格遵循试验方法的每个细节,提高试验精度,注意以下环节:

(1) 量砂要规则,每换一批次量砂,都需要重新测试圆锥体内砂的质量和砂的松方密度。试坑内回收的量砂未经处理不得重复使用,因此量砂宜事先多准备,切勿到试验时临时找砂。

(2) 灌砂筒的选择应遵循以填料粒径为主、测试层厚度为辅的原则。《公路路基施工技术规范》(JTG/T 3610—2019)中规定一般情况下,路基填料最大粒径应为 100mm(路床、零填或挖方路基)或 150mm(路堤),本方法规定了填料最大粒径小于或等于 100mm 时灌砂筒尺寸,当最大粒径在 100~150mm 时,检测机构一般根据实际情况选用直径超过 250mm 的灌砂筒或采用灌水法测试压实度,如果挖坑过程中发现超过规范规定粒径 10% 填料时,一般另选点重做;对于粒径允许值更大的土石路基或填石路基一般选用沉降差法控制压实质量。

超粒径现象在实际测试过程中时有发生,遇到这类问题时,测试人员需首先分析属于离析现象,属于偶发性现象或属于普遍性现象。对于离析现象需通知施工人员进行处理;对于偶发性现象需根据超粒径尺寸百分率确定是否另外选点;对于普遍性现象可采用其他方法测试压实质量,或重新做击实试验,而对于粒径规律性强的填料,也可通过多组击实试验找到压实度修正系数和填料不同级配间关系,从而对压实度测试结果进行校正,但需注意仅限于地区或具体建设项目。

(3) 量砂的松方密度标定结果直接影响压实度测试结果,因此在标定时尽量使标定罐深度与试坑深度相近;但现场试验数据表明,当标定罐深度每增加 5cm 时,量砂松方密度增加 0.15% 左右,对现场测试结果无实质影响,所以在大规模施工检测中可以用深度为 15cm 的标定罐标定的量砂松方密度测试不同厚度的压实层,但层厚不应超过 30cm。

(4) 含水率测试可以采用快速测试的方法,根据研究结果,微波炉测试细粒土含水率与烘干法测试含水率结果的相关性在 99% 左右,因此可以研究使用微波炉测试细粒土的含水率。

(5) 地表面处理要平,只要表面凸出一点(即使 1mm),使整个表面高出一薄层,其体积便算到试坑中去了,再加上基板厚度,将较大程度地影响试验结果,因此本方法一般采用先放上基板测试一次粗糙表面消耗的量砂。只有在非常平整的情况下方可省去此步骤。

(6) 储砂筒中砂面高度对砂的密度有影响,储砂筒中砂面高度降低 5cm,砂的密度约降低 1%。因此,现场测试时,储砂筒中砂面高度与标定砂的密度时储砂筒中砂面高度一致。

【学情小测 5-2】

(1) 【多选题】挖坑灌砂法测定压实度试验的注意事项有( )。
   A. 必须保证标准最大干密度的试验材料与现场压实层填料是同种材料,计算得到的压实度才有意义
   B. 量砂要规则
   C. 每换一次量砂,都必须测定松方密度,量筒下部圆锥体内砂的数量也应该每次重新标定
   D. 挖坑深度应等于测试层厚度,即应达到该测试层的层底

(2) 【多选题】灌砂法现场测定路基或路面材料密度,当( )时,宜采用直径 100mm 的小型灌砂筒。
   A. 集料最大粒径小于 10mm   B. 集料最大粒径小于 13.2mm
   C. 测定层厚度不超过 100mm   D. 测定层厚度不超过 150mm

(3) 【多选题】灌砂法测定过程中,( )操作会使测定结果偏小。
   A. 开凿试坑时飞出的石子未捡回
   B. 所挖试坑的深度只达到测定层的一半
   C. 测定层表面不平整而操作时未先放置基板测定粗糙表面的耗砂量
   D. 标定砂锥质量时未先流出一部分与试坑体积相当的砂,而直接用全部的砂来形成砂锥

(4) 【多选题】下列关于挖坑灌砂法测定压实度试验方法的说法中,正确的是( )。
   A. 不晃动储砂筒的砂,轻轻地将灌砂筒移至玻璃板上,将开关打开,让砂流出,直到筒内砂不再下流时,将开关关上,并细心地取走灌砂筒

B. 收集并称量留在玻璃板上的砂或称量筒内的砂,准确至1g。玻璃板上的砂就是填满筒下圆锥体的砂(m_2)
C. 在灌砂筒筒口高度上,向灌砂筒内装砂至距筒顶的距离15mm左右为止
D. 如测试表面为清扫干净的平坦表面且粗糙度不大,在试坑挖好后,将灌砂筒直接对准放在试坑上,中间不需要放基板

【任务单 5-2】

参见表 5-10。

表 5-10 灌砂法检测压实度任务单

专业	班级	姓名	学号	小组

任务:某公路路基压实度检验,用灌砂法测定压实度,测得灌砂筒及筒内砂质量为7800g,填满标定罐所需砂的质量为3880g,放置在玻璃板上打开开关,流到不流之后关闭开关后测得的筒及剩余砂的质量为3200g。已知标定量砂的密度为1.38g/cm³,现场路基表面平整,挖出土质量为5860g,灌砂后剩余砂和筒的合计质量为2600g。

要求:1. 写出灌砂法的检测步骤填在下面表格中;
　　　2. 计算砂锥质量和现场路基土的密度。

检测步骤简要流程	灌砂筒下方圆锥体内砂质量的标定方法	
	量砂密度的标定方法	
	现场挖坑灌砂测定方法	
任务完成过程		

微课6.2　　　微课6.3　　　学情小测5-2　　思政素材5.2

任务5.3　环刀法测定压实度

环刀法测定土体密度的原理是用确定体积的环刀切削土体，在尽量少的扰动下，使土灌满环刀，从而达到测定密度的目的。

1. 适用范围与检测频率

本方法适用于现场测试细粒土及龄期不超过2d的无机结合料、稳定细粒土结构的密度，并计算施工压实度，以评价结构层的压实质量。

测定频率为每200m、每压实层测定2处。

2. 检测器具与材料

（1）人工取土器：包括环刀、环盖、定向筒和击实锤系统（导杆、落锤、手柄）。环刀内径为6～8cm，高2～5.4cm，壁厚1.5～2mm，如图5-8所示。

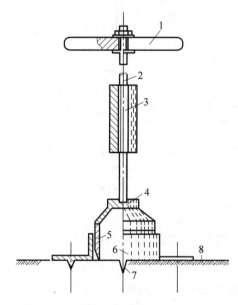

1—手柄；2—导杆；3—落锤；4—环盖；5—环刀；6—定向筒；7—定向筒齿钉；8—试验地面

图5-8　取土器

（2）电动取土器：由底座、立柱、升降机构、取芯机构、动力和传动机构组成，如图5-9所示。

① 底座：由底座平台、定位销、行走轮组成。平台是整个仪器的支撑基础；定位销用于操作时定位；行走轮用于换点时仪器近距离移动，当定位时四只轮子可扳起。

② 立柱：由立柱与立柱套组成，装在底座平台上，作为升降机构、取芯机构、动力和传动机构的支架。

③ 升降机构：由升降手轮、锁紧手柄组成，用于调整取芯机构高度。松开锁紧手柄，转动升降手轮，取芯机构即可升降到所需位置后，拧紧手柄定位。

④ 取芯机构：由取芯头、升降轴组成。取芯头为金属圆筒，下口对称焊接两个合金钢切削刀头，上口端面焊有平盖，其上焊螺母，靠螺旋接于升降轴上。取芯头有三种规格，即50mm×50mm、70mm×70mm、100mm×100mm，取芯头可更换。配件应包括：取芯套筒、扳手、铝盒等。

⑤ 动力和传动机构：主要由直流电机、调速器、齿轮箱组成。配件应包括：电瓶和充电器。

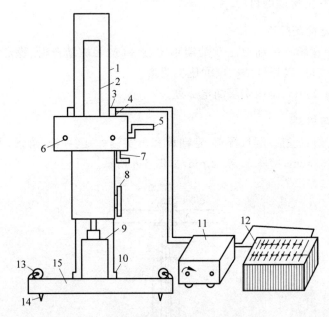

1—立柱；2—升降轴；3—电源输入；4—直流电机；5—升降手轮；6—电源指示；7—锁紧手柄；8—升降手轮；9—取芯头；10—立柱套；11—调速器；12—电瓶；13—行走轮；14—定位销；15—底座平台

图 5-9　电动取土器

(3) 天平：分度值不大于0.01g。

(4) 其他：镐、小铁锹、修土刀、毛刷、直尺、钢丝锯、凡士林、木板及测试含水率设备等。

3. 测试步骤

(1) 对结构层填料进行击实试验，得到最大干密度（ρ_{dmax}）及最佳含水率。

(2) 在现场选取位置相邻的两处作为平行试验的测点。

(3) 用人工取土器测试黏性土及无机结合料稳定细粒土密度的步骤：

① 擦净环刀，称取环刀质量，准确至0.01g。

② 在试验地点将面积约30cm×30cm的地面清扫干净，并铲去压实层表面浮动及不平整的部分。

③ 将定向筒齿钉固定于铲平的地面上。顺次将环刀、环盖放入定向筒内与地面垂直，如图5-10所示。

④ 将导杆保持垂直状态，用取土器落锤将环刀打入压实层中。在施工过程控制或质量评

定时,环刀中部处于压实层厚的 1/2 深度;用于其他需要的测试时,可按其要求深度取样。

⑤ 去掉击实锤和定向筒,用镐将环刀及试样挖出,如图 5-11 所示。

图 5-10　在测点安装环刀

图 5-11　用镐将环刀及试样挖出

图 5-12　修土刀修平

⑥ 轻轻取下环盖,用修土刀自边至中削去环刀两端余土,如图 5-12 所示,用直尺测试直至修平为止。

⑦ 擦净环刀外壁,用天平称取出环刀及试样合计质量,准确至 0.01g。

⑧ 自环刀中取出试样,取具有代表性的试样(不少于 100g),测试其含水率(w)。

(4) 用人工取土器测试砂性土或砂层密度的步骤:

① 如为湿润的砂土,试验时不宜使用击实锤和定向筒,在铲平的地面上,挖出一个直径较环刀外径略大的砂土柱,将环刀刃口向下,平置于砂土柱上,用两手平稳地将环刀垂直压下,环刀中部处于压实层厚的 1/2 深度。

② 削掉环刀口上的多余砂土,并用直尺刮平。

③ 在环刀上口盖一块平滑的木板,一手按住木板,另一手用小铁锹将试样从环刀底部切断,然后将装满试样的环刀反转过来,削去环刀刃口上部的多余砂土,并用直尺刮平。

④ 擦净环刀外壁,称环刀与试样合计质量,准确至 0.01g。

⑤ 自环刀中取具有代表性的试样(不少于 100g)测试其含水率。

⑥ 干燥的砂土不能挖成砂土柱时,可直接将环刀压入或打入土中至上文要求的深度。

(5) 用电动取土器测试无机结合料细粒土和硬塑土密度的步骤:

① 装上所需规格的取芯头。在施工现场取芯前,选择一块平整的路段,将四只行走轮扳起,四根定位销钉采用人工加压的方法,压入路基土层中。松开锁紧手柄,旋动升降手轮,使取芯头刚好与土层接触,锁紧手柄。

② 将电瓶与调速器接通,调速器的输出端接入取芯机电源插口。指示灯亮,显示电路已通;启动开关,电机带动取芯机构转动。根据土层含水率调节转速,操作升降手柄至规定深度,上提取芯机构,停机,移开电动取土器。在施工过程控制或质量评定时,环刀中部处于压实层厚的 1/2 深度;用于其他需要的测试时,可按其要求深度取样。将取芯套筒套在切削好的土芯立柱上,摇动即可取出样品。

③ 取出样品,立即按取芯套筒长度用修土刀或钢丝锯修平两端,制成所需规格土芯,如拟进行其他试验项目,装入密封盒中,送实验室备用。

④ 称量土芯带套筒质量,从土芯中心部分取试样测试含水率。

4. 结果处理

(1) 按式(5-15)、式(5-13)计算试样的湿密度及干密度:

$$\rho = \frac{4 \times (M_1 - M_2)}{\pi d^2 h} \tag{5-15}$$

$$\rho_d = \frac{\rho}{1+w}$$

式中:ρ——试样的湿密度,g/cm^3;
　　　M_1——环刀或取芯套筒与试样合计质量,g;
　　　M_2——环刀或取芯套筒质量,g;
　　　d——环刀或取芯套筒直径,cm;
　　　h——环刀或取芯套筒高度,cm;
　　　ρ_d——试样的干密度,g/cm^3;
　　　w——试样的含水率,%。

(2) 按式(5-1)计算施工压实度:

$$K = \frac{\rho_d}{\rho_{dmax}} \times 100\%$$

式中:ρ_{dmax}——由击实试验得到材料的最大干密度,g/cm^3。

(3) 计算两次平行试验结果的差值,若不大于 0.03g/cm^3,取其算术平均值作为测试结果;若大于 0.03g/cm^3,则重新测试。

5. 报告内容

本方法应报告以下技术内容:
(1) 测点位置信息(桩号、层位等)。
(2) 试样干密度、最大干密度、压实度。

【例 5-3】 某路段路基压实度检测采用环刀法,记录如表 5-11 所示(已知 ρ_{dmax} = 1.08g/cm^3)。

表 5-11 压实度检测

测点桩号	K18+175		K18+310		K18+494	
环刀号或取芯筒编号	1	2	1	2	1	2
环刀体积 V/cm^3	100	100	100	100	100	100
环刀或取芯套筒质量 M_2/g	158.22	156.38	164.71	161.80	158.20	162.92
环刀或取芯套筒与试样合计质量 M_1/g	276.4	276.2	269.6	270.5	274.2	272.0
试样质量/g	118.18	119.82	104.89	108.70	116.00	109.08
湿密度 ρ/(g/cm^3)	1.18	1.20	1.05	1.09	1.16	1.09
含水率 w/%	13.6	14.0	13.5	13.8	13.4	13.8
干密度 ρ_d/(g/cm^3)	1.04	1.05	0.92	0.96	1.02	0.96
平均干密度/(g/cm^3)	1.04		0.94		0.99	
压实度 K/%	96.3		87.0		91.7	

【知识拓展 5-3】

有研究表明采用环刀法在现场测路基干密度过程中,会造成环刀内部的部分细粒土扰动,导致测试结果不准确,因此建议有条件的地区或项目开展环刀法扰动系数的测试研究,即在用击实法确定室内细粒土最大干密度时,将环刀压入筒内试验土体,确定环刀内扰动土体密度与试验土体密度比值,得到扰动系数以修正现场压实结果。

在室内做密度试验,考虑到与剪切、固结等项试验所用环刀相配合,规定室内环刀容积为 60~150cm³。施工现场检查填土压实密度时,由于每层土压实度上下不均匀,为提高试验结果的精度,可增大环刀容积,一般采用的环刀容积为 200~500cm³。

环刀高度与直径之比,对试验结果有影响。根据钻探机具、取土器的筒高和直径的大小,确定室内试验使用的环刀直径为 6~8cm,高 2~5.4cm;野外采用的环刀规格尚不统一,径高比一般以 1~1.5 为宜。

环刀壁越厚,压入时土样扰动程度也越大,所以环刀壁越薄越好。但环刀压入土中时,须承受相当的压力,壁过薄,环刀容易破损和变形。因此,建议一般壁厚用 1.5~2.2mm。

【学情小测 5-3】

(1)【多选题】环刀法测定现场密度适用于测定( )的密度。

　　A. 细粒土　　B. 粗粒土　　C. 中粒土　　D. 2d 龄期的无机结合料稳定细粒土

(2)【单选题】环刀法测定压实度时,环刀取样位置应位于压实层的( )。

　　A. 上部　　　B. 中部　　　C. 底部　　　D. 任意位置

(3)【多选题】环刀法测定压实层密度时应注意( )环节。

　　A. 环刀尽量打入到压实层的中部位置

　　B. 截取环刀时,不要扰动环刀上下底面之间的材料

　　C. 环刀在压实层上部位置时测得的密度值偏小

　　D. 在压实层下部位置时测得的密度值偏大

【任务单 5-3】

参见表 5-12。

表 5-12　环刀法检测压实度任务单

专业　　　　　班级　　　　　姓名　　　　　学号　　　　　小组

任务:某高速公路某路段路基用细粒土填筑,用环刀法进行压实度检测,完成以下任务单。

压实度检测表

测点桩号	K18+175		K18+310		K18+494	
环刀号或取芯筒编号	1	2	1	2	1	2
环刀体积 V/cm³	100	100	100	100	100	100
环刀或取芯套筒质量 M_2/g	158.22	156.38	164.71	161.80	158.20	162.92
环刀或取芯套筒与试样合计质量 M_1/g	276.40	276.20	269.60	270.50	274.02	272.00
试样质量/g						
湿密度 ρ/(g/cm³)						
含水率 w/%	13.6	14.0	13.5	13.8	13.4	13.8
干密度 ρ_d/(g/cm³)						
平均干密度/(g/cm³)						

续表

测点桩号	K18+175		K18+310		K18+494	
最大干密度 $\rho_{dmax}/(g/cm^3)$	1.12					
压实度 $K/\%$						

试验项目名称及编号	
适用范围	
检测频率	
主要仪器设备	
检测步骤简要流程	
其他说明	

微课 6.4　　学情小测 5-3　　思政素材 5.3

任务 5.4　核子密度仪法测定压实度

在施工现场用核子密度湿度仪(简称核子密度仪)以散射法或直接透射法可以快速测定路基或路面材料的密度和含水率,并计算施工压实度。核子密度仪按照规定方法标定后,其检测结果可作为工程质量评定与验收的依据。

核子密度仪法的检测原理是由 241A-Be 中子源产生的快中子射入被测材料中,与料层内物质发生碰撞、散射、减速、扩散,使快中子最后变成热中子,热中子被探测器探测到。这个作用的大小主要是由物质中的含氢量决定,而氢主要在水中,若被测材料中含水率大,热中子数就多,反之就少。因此,探测热中子数的多少即反映其含水率的大小。

1. 适用范围与检测频率

核子密度仪可检测土壤、碎石、土石混合物、沥青混合料和非硬化水泥混凝土等材料。

当测定沥青混合料面层的压实密度或硬化水泥混凝土等难以打孔材料的密度时,宜使用散射法;当测定土基、基层材料或非硬化水泥混凝土等可以打孔材料的密度及含水率时,应使用直接透射法;当表面用散射法测定时,所测定的沥青面层厚度应根据仪器的性能决定其最大厚度,用于测定土或基层材料的压实度及含水率时,打洞后用直接透射法所测定的层厚不宜大于30cm。

测定频率为每200m测1处,每处测定5点。

图5-13 核子密度仪

2. 检测器具与材料

(1)核子密度仪(图5-13):符合国家规定的关于健康保护和安全使用标准,核子密度仪应每12个月进行一次校核。密度的测定范围为$1.12\sim2.73g/cm^3$,测定误差不大于$\pm0.03g/cm^3$,含水率测量范围为$0\sim0.64g/cm^3$,测定误差不大于$\pm0.015g/cm^3$,它主要包括下列部件。

① 射线源:双层密封的同位素放射源,如铯-137、钴-60或镭-226等。

② 中子源:如镅(241)-铍等。

③ 探测器:γ射线探测器,如G-M计数管、氦-3、闪烁晶体或热中子探测器等。

④ 读数显示设备:如液晶显示器、脉冲计数器、数率表或直接读数表。

⑤ 标准计数块:密度和含氢量都均匀不变的材料块,用于标验仪器运行状况和提供射线计数的参考标准。

⑥ 安全防护设备:符合国家规定要求的设备。

⑦ 刮平板:钻杆、接线等。

(2)细砂:$0.15\sim0.3mm$。

(3)其他:毛刷等。

3. 方法与步骤

1)准备工作

(1)核子密度仪经维修或使用过程中不能满足规定的限值时,应重新校验后使用。校验后仪器在所有标定块上每一测试深度上的标定响应应达到$\pm16kg/m^3$。

(2)每天使用前或者对测试结果有怀疑时,按下列步骤测试标准值:

① 将核子密度仪置于表面经压实且平整的地点,距其他放射源至少8m以上。

② 接通电源,按照要求预热。

③ 将核子密度仪置于标准块上,按照要求评定标准计数。如标准计数超过规定限值时,进行二次标准计数,若仍超出规定限值时,需视作故障进行返修处理。

2)测试步骤

(1)按照规定的方法确定测试位置,距路面边缘或其他物体的最小距离不得小于30cm。

(2)检查核子密度仪周围8m之内是否存在其他放射源(含另外的核子密度仪),如果有,应移开或重新选点。

(3) 当用散射法测试沥青路面密度时,应先用细砂填平测点表面孔隙(图 5-14),再按如图 5-15 所示的方法将仪器置于测点上。

(4) 当使用直接透射法测试时,用导板、钻杆等在测点表面打孔,孔深应大于测试深度,且插进探杆后仪器不倾斜(图 5-16)。按图 5-17 所示的方法将探杆插入测试孔内,前后或左右移动仪器,使之稳固。

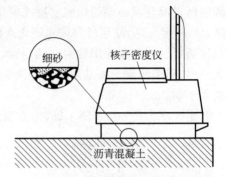

图 5-14 用细砂填平测试位置的方法

(5) 开机并选定测试时间后进行测量,测试人员退出核子密度仪 2m 以外。到达测试时间后,测试人员读取并记录示值,迅速关机,将手柄置于安全位置,结束本次测试。不同型号的核子密度仪在具体操作步骤上略有不同,可按照其设备相应要求进行操作。

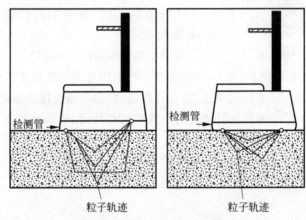

图 5-15 用散射法测试的方法

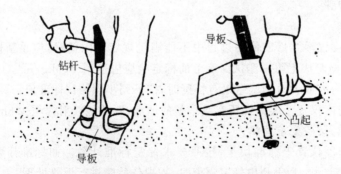

图 5-16 在路表面上打孔的方法

(6) 测试结束后,核子密度仪应装入专用的仪器箱内,放置在符合核辐射安全规定的地方。

(7) 根据相关性试验结果确定材料的湿密度和含水率,计算干密度及压实度;对于沥青混合料面层,用所确定的材料湿密度直接计算压实度。

用散射法时,一组测值不应少于 13 点,取平均值作为该段落的压实结果。

图 5-17 用直接透射法测试的方法

4. 数据处理

按式(5-1)、式(5-13)计算试样的干密度及压实度：

$$\rho_d = \frac{\rho}{1+w}$$

$$K = \frac{\rho_d}{\rho_{dmax}} \times 100\%$$

式中：ρ_d——沥青混合料的实测密度（或路基、基层填料的干密度），g/cm^3；

ρ——试样的湿密度，g/cm^3；

w——试样的含水率，%；

ρ_{dmax}——由击实试验得到材料的最大干密度，g/cm^3。

5. 相关性试验

核子密度仪在使用前应在试验段上确定与标准方法的相关性。在沥青混合料大规模施工前，应确定核子密度仪法与钻芯取样法的相关性。在基层或路基大规模施工前，应确定核子密度仪法与挖坑灌砂法的相关性。步骤如下：

(1) 选定 200m 以上段落作为试验段。

(2) 按照本节方法与步骤中的规定进行测试。

(3) 对于沥青路面，按照"钻芯法测定压实度"的规定，在测点位置测试压实度；对于基层或路基，在测点处避开测孔，按照"灌砂法测定压实度"的规定测试压实度。

(4) 对相同的路面厚度、配合比设计、碾压遍数、松铺厚度、机械组合及压实度标准的路面结构层，使用前应在试验段至少测试 15 处，求取两种不同方法在每处的偏差值 ΔP_i，计算平均值作为修正值 Δ，将修正值 Δ 输入到核子密度仪中，计算并保存。

(5) 对相同的路面厚度、配合比设计、松铺厚度及机械组合，多种不同的压实度标准的路面结构层，使用前可选取多个试验段进行相关性试验，每个试验段至少测试 10 处，求取两种不同方法测试密度的相关性公式，用于测试结果的修正，其相关系数 r 应不小于 0.95。

一般采用最小二乘法对两组试验数据进行线性回归分析，所得相关性关系式可采用式(5-16)表示：

$$Y = AX + B \tag{5-16}$$

式中：Y——转换值，命名方式为"技术指标符号$_{试验方法名称}$"，无量纲；

X——被转换值，命名方式为"技术指标符号$_{试验方法名称}$"，无量纲；

A——斜率；

B——截距；

最小二乘法各特征参数的计算公式如式(5-17)、式(5-18)、式(5-19)计算：

$$A = \frac{n\sum_{i=1}^{n} x_i y_i - \sum_{i=1}^{n} x_i \sum_{i=1}^{n} y_i}{n\sum_{i=1}^{n} x_i^2 - \left(\sum_{i=1}^{n} x_i\right)^2} \tag{5-17}$$

$$B = \bar{y} - A\bar{x} \tag{5-18}$$

$$r = \frac{\overline{xy} - \bar{x}\bar{y}}{\sqrt{(\overline{x^2} - \bar{x}^2)(\overline{y^2} - \bar{y}^2)}} \tag{5-19}$$

式中：y——转换值试验数据；

x——被转换值试验数据；

$\bar{x}$——被转换值试验数据的平均值；

$\bar{y}$——转换值试验数据的平均值；

$\overline{xy}$——被转换值试验数据与转换值试验数据乘积的平均值；

$\overline{x^2}$——被转换值试验数据平方的平均值；

$\overline{y^2}$——转换值试验数据平方的平均值。

相关系数 r 应满足具体技术指标相关性试验的要求。

6. 报告内容

（1）测试路段信息（桩号、结构层类型及厚度等）。

（2）实测密度、标准密度、压实度。

（3）测试路段压实度的平均值、标准差、变异系数及代表值。

（4）若进行相关性试验，还应报告修正值或相关性关系式及相关系数。

【例 5-4】 某高速公路二灰稳定粒料基层压实度检测，测定路面密度及压实度的同时，记录气温、路面的结构深度、沥青混合料类型、面层结构及测定厚度等数据和资料。记录如表 5-13 所示。

表 5-13 压实度检测记录（核子密度仪法）

工程名称：××工程　　结构名称：二灰稳定粒料基层　　最大干密度：2.16g/cm³　　检验日期：_____

检验温度：_____　　试验者：_____　　计算者：_____　　校核者：_____

测点桩号	测点编号	湿密度 ρ/(g/cm³)	含水率 w/%	干密度 ρ_d/(g/cm³)	压实度 K/%
K8+250	1	2.24	9.0	2.06	95.3
K8+300	2	2.23	8.2	2.06	95.3
K8+350	3	2.23	8.5	2.06	95.3
K8+400	4	2.22	7.9	2.06	95.3
K8+450	5	2.24	8.3	2.07	95.8

【知识拓展 5-4】

核子密度仪法是国外用于现场控制压实度常见方法，20 世纪 90 年代初引入我国，曾在路基路面材料的密度、含水率的测试方面有所应用，但由于核子密度仪使用和保存要求很高，近年来国内大部分检测单位已经停止使用。

核子密度仪有方便、快捷的特点，但易受测试层温度及多种环境因素的影响，测值波动性较大，因此测试过程中通常需要经过标定，同时在压实度过程测试时要保证与试验段测试时温度一致，对于纹理较大的路面，测试前还需用细砂填平以保证测值准确。

核子密度仪对靠近表层材料的密度最为敏感,当测试材料的表面与仪器底部之间存在空隙时,测试结果可能存在表面偏差(仅对散射法)。如果采用直接透射法测试,表面偏差不明显。材料的粒度、级配、均匀度以及组成成分等因素对密度的测试结果影响较小,但是对一些如高岭土、云母、石膏、石灰等的水分测试可能会有明显的影响,测试时需要与其他可靠的方法进行对比,对测试结果进行调整。因此,核子密度仪法不适合用于现场测试含有结晶水或有机物化学成分材料的含水率。

核子密度仪法还经常用于监测结构层密度或压实度的变化,以确定合适的碾压遍数、机械组合等施工工艺参数,进而确定试验段密度值。

对刚铺筑完的热沥青混合料路面测试时,为避免影响测试结果,仪器不能长时间放置在路面上,测试完成后仪器尽快从路面上移走冷却。

【学情小测 5-4】

(1)【多选题】使用核子密度仪测定压实度,一般采用(　　)。
  A. 直接透射法 B. 散射法 C. 反射法 D. 以上均不适合

(2)【多选题】以下关于核子密度仪的说法正确的是(　　)。
  A. 每 12 个月要对核子密度仪进行一次标定
  B. 允许对同一个位置进行重复测试
  C. 仪器工作时人员不得离开
  D. 以上均不适合

(3)【多选题】对于核子密度仪测定压实度试验方法,下列说法正确的有(　　)。
  A. 核子密度仪是现场检测压实度较常用的一种方法,仪器按规定方法标定后,其检测结果可作为工程质量评定与验收的依据
  B. 核子密度仪每 6 个月以内要对仪器进行一次标定
  C. 对新出厂的仪器事先已经标定过了,可以不标定
  D. 标定后的仪器在测量所有标定块的密度时,其示值误差不应超过 ±16kg/m³

【任务单 5-4】

参见表 5-14。

表 5-14 核子密度仪法检测压实度任务单

专业   班级   姓名   学号   小组

任务:某高速公路某路段用核子密度仪法进行压实度检测,写出其测定压实度的步骤。	
试验项目名称及编号	
适用范围	
检测频率	

续表

主要仪器设备		
检测步骤简要流程	散射法	
	直接透射法	
其他说明		

学情小测 5-4　　思政素材 5.4

任务 5.5　钻芯法测定压实度

沥青路面的压实度重点进行碾压工艺的过程控制，适度钻孔抽检压实度校核的方法。钻孔取样应在路面完全冷却后进行，对普通沥青路面通常在第二天取样，对改性沥青及SMA 路面宜在第三天以后取样。沥青混合料面层的压实度是指按施工规范规定的方法测定的混合料试样的毛体积密度（或表观密度）与标准密度之比。

1. 适用范围

本方法适用于测试从压实的沥青路面上钻取沥青混合料芯样的密度，并计算施工压实度，以评价结构层的压实质量。

2. 检测器具与材料

（1）路面钻芯机，如图 3-5 所示。

图 5-18　净水天平及吊篮

(2) 天平：分度值不大于 0.1g。
(3) 溢流水槽：温度控制在 ±0.5℃ 以内。
(4) 吊篮，如图 5-18 所示。
(5) 石蜡。
(6) 其他：卡尺、毛刷、取样袋（容器）、电风扇。

3. 方法与步骤

1) 钻取芯样

钻孔取样应在路面完全冷却后进行，对普通沥青路面通常在第二天取样，对改性沥青及 SMA 路面宜在第三天以后取样。方法如下：

(1) 按路基路面现场测试随机选点的方法确定取样位置。

(2) 在取样地点的路面上，先用粉笔对钻孔位置做出标记。

(3) 用钻芯机垂直对准路面钻孔位置，放下钻头，牢固安放，确保钻芯机在运转过程中不得移动。

(4) 开放冷却水，启动电动机，徐徐压下钻杆，钻取芯样，但不得使劲下压钻头，如图 5-19 所示。待钻透全厚度后，上抬钻杆，拔出钻头，停止转动，使芯样不损坏，取出芯样。芯样直径不宜小于 100mm。当一次钻孔取得的芯样包含不同层位的沥青混合料时，应根据结构组合情况用切割机将芯样沿各层结合面锯开分层进行测试，如图 5-20 所示。

图 5-19　钻取芯样

图 5-20　芯样

2) 测试试件密度

(1) 将钻取的试件在水中用毛刷轻轻刷净黏附的粉尘。如试件边角有浮松颗粒，应仔细清除。

(2) 将试件晾干或用电风扇吹干不少于 24h，直至恒重。

(3) 按《公路工程沥青及沥青混合料试验规程》(JTG E20—2011) 的沥青混合料试件密度试验方法测试试件密度。通常情况下采用表干法测试试件的毛体积密度或毛体积相对密度；对吸水率大于 2% 的试件，宜采用蜡封法测试试件的毛体积密度或毛体积相对密度；对吸水率小于 0.5% 特别致密的沥青混合料，在施工质量检验时，允许采用水中重法测试表观密度或表观相对密度，如图 5-21 所示。测试温度为 (25±0.5)℃。

① 表干法：适用于吸水率不大于 2% 的各种沥青混合料试件，包括密级配沥青混凝土或沥青玛琋脂碎石混合料(SMA)等沥青混合料试件的毛体积密度，计算方法如式(5-20)、式(5-21)：

$$V = \frac{m_f - m_w}{\rho_w} \quad (5\text{-}20)$$

$$\rho_f = \frac{m_a}{m_f - m_w} \times \rho_w \quad (5\text{-}21)$$

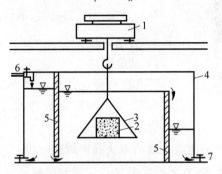

1—浸水天平或电子秤;2—试件;3—网篮;4—溢流水箱;5—水位搁板;6—注入口;7—放水阀门

图 5-21　水中重称量方法示意

② 水中重法:适用于吸水率小于 0.5% 的密实沥青混合料试件的表观密度,计算方法如式(5-22)、式(5-23):

$$V' = \frac{m_a - m_w}{\rho_w} \quad (5\text{-}22)$$

$$\rho_a = \frac{m_a}{m_a - m_w} \times \rho_w \quad (5\text{-}23)$$

③ 蜡封法:适用于吸水率大于 2% 的沥青混凝土和沥青碎石混合料试件的毛体积密度,计算方法如式(5-24):

$$\rho_f = \frac{m_a}{(m_p - m_c) - (m_p - m_a)/\gamma_p} \times \rho_w \quad (5\text{-}24)$$

④ 体积法:适用于不能用表干法和蜡封法测定的空隙率较大的沥青碎石混合料及大空隙透水性开级配沥青混合料(OGFC)试件,用以测定毛体积密度,计算方法如式(5-25)、式(5-26):

$$V = \frac{\pi d^2}{4} h \quad (5\text{-}25)$$

$$\rho_f = \frac{4 m_a}{\pi d^2 h} \quad (5\text{-}26)$$

式(5-20)~式(5-26)中:

ρ_f——试件的毛体积密度,g/cm³;

ρ_a——试件的表观密度,g/cm³;

V、V'——试件的毛体积、表观体积,cm³;

m_a——干燥试件在空气中质量,g;

m_w——试件的水中质量,g;

m_f——试件的表干质量,即试件从水中取出试件,用洁净柔软的拧干湿毛巾轻轻擦去

试件的表面水(不得吸走空隙内的水),称取的质量,g;

m_p——蜡封试件在空气中的质量,g;

m_c——蜡封试件在水中的质量,g;

γ_p——25℃温度条件下石蜡对水的相对密度,g;

ρ_w——25℃水的密度,取 0.9971,g/cm³;

d——圆柱体试件的直径,cm;

h——圆柱体试件的高度,cm。

3) 标准密度的测定

根据《公路沥青路面施工技术规范》(JTG F40—2019)的规定,确定标准密度。施工及验收过程中的压实度检验不得采用配合比设计时的标准密度,可根据需要选用实验室马歇尔试件标准密度、最大理论密度、试验路钻芯密度中的1种或2种,作为钻孔法检验评定的标准密度。

4. 检测结果计算

(1) 当计算压实度的标准密度采用实验室实测的马歇尔击实试验密度或试验路段钻孔取样密度时,沥青面层的压实度按式(5-27)计算:

$$K = \frac{\rho_f(或 \rho_a)}{\rho_0} \times 100\% \tag{5-27}$$

式中:K——测定部位沥青面层压实度,%;

ρ_f、ρ_a——沥青混合料芯样试件的实测毛体积密度、表观密度,g/cm³;

ρ_0——沥青混合料的标准密度,g/cm³。

(2) 计算压实度的标准密度采用最大理论密度时,沥青面层的压实度按式(5-28)计算:

$$K = \frac{\rho_f(或 \rho_a)}{\rho_t} \times 100\% \tag{5-28}$$

式中:ρ_t——最大理论密度,g/cm³。

5. 报告内容

(1) 测点位置(桩号、层位等)。

(2) 实测密度、标准密度(或最大理论密度)、压实度。

(3) 测试路段压实度的平均值、标准差、变异系数以及代表值。

【**例 5-5**】 某沥青路面采用钻芯法测定压实度,用水中重法测定密度,记录如表 5-15 所示。

表 5-15 压实度检测表(钻芯法)

工程名称:××工程　　水的密度:0.9971g/cm³　　标准密度:2.41g/cm³　　最佳沥青含量:4.8%

试验日期:　　　检验者:　　　计算者:　　　校核者:

取样位置/m		试样编号	试样质量 m_a/g	试样水中质量 m_w/g	试样体积 V/cm³	表观密度 ρ_a/(g/cm³)	压实度 K/%
K18+175	右 1.47	1	1194.7	695.7	499.0	2.39	99.2
K18+310	左 4.57	2	1220.3	707.6	512.7	2.38	98.8

续表

取样位置/m	试样编号	试样质量 m_a/g	试样水中质量 m_w/g	试样体积 V/cm³	表观密度 ρ_a/(g/cm³)	压实度 K/%
K18+494	右4.29	3	1183.3	685.1	498.2	2.38	98.8
K18+699	左4.27	4	1210.4	704.4	506.0	2.39	99.2
K18+838	左3.34	5	1235.5	719.6	515.9	2.40	99.6
K18+977	左0.06	6	1209.3	703.1	506.2	2.39	99.2

【知识拓展 5-5】

沥青路面的压实度采取重点对碾压工艺进行过程控制,适度钻孔抽检压实度的方法。

(1) 碾压工艺的控制包括压路机的配置(台数、吨位及机型)、排列和碾压方式、压路机与摊铺机的距离、碾压温度、碾压速度、压路机洒水(雾化)情况、碾压段长度、调头方式等。

(2) 碾压过程中宜采用核子密度仪等无破损检测设备进行压实密度过程控制,测点随机选择,一组不少于 13 点,取平均值,与标定值或试验段测定值比较评定。测定温度应与试验段测定时一致,检测精度通过试验路与钻孔试件标定。

(3) 在路面完全冷却后,随机选点钻孔取样,如一次钻孔同时有多层沥青层时,需用切割机切割,待试件充分干燥后(在第二天之后),分别测定密度。钻孔后应及时将孔中灰浆淘净,吸净余水,待干燥后以相同的沥青混合料分层填充夯实。为减少钻孔数量,有关施工、监理、监督各方宜合作进行钻孔检测,以避免重复钻孔。

(4) 测试压实度的一组数据最少为 3 个钻孔试件,当一组检测的合格率小于 60%,或平均值 $\bar{x}_3$ 小于要求的压实度时,可增加一倍检测点数。如 6 个测点的合格率小于 60%,或平均值 $\bar{x}_6$ 仍然达不到压实度要求时,允许再增加一倍检测点数,要求其合格率大于 60%,且 $\bar{x}_{12}$ 达到规定的压实度要求(注意记录所有数据不得遗弃)。如仍然不能满足要求的,应核查标准密度的准确性,以确定是否需要返工以及返工的范围。当所有钻孔试件检测的压实度持续稳定并符合要求时,钻孔频度可减少至每公里不少于一个孔。施工过程中钻孔的试件宜编号贴上标签予以保存,以备工程交工验收时使用。

(5) 压实层厚度等于或小于 3cm 的超薄表面层或磨耗层、厚度小于 4cm 的 SMA 表面层、易发生温缩裂缝的严寒地区的表面层、桥面铺装沥青层,以及使用改性沥青后,钻孔试样表面形状改变,难以准确测定密度时,可免于钻孔取样,严格控制碾压。

【学情小测 5-5】

(1) 【多选题】用钻芯法沥青混合料试件密度试验方法测定试件密度,以下说法正确的是( )。

  A. 通常情况下采用表干法测定试件的毛体积相对密度

  B. 对吸水率大于 2% 的试件,宜采用蜡封法测定试件的毛体积相对密度

  C. 对吸水率小于 2% 特别致密的沥青混合料,在施工质量检验时,允许采用水中重法测定表观相对密度

  D. 对吸水率小于 0.5% 特别致密的沥青混合料,在施工质量检验时,允许采用水中重法测定表观相对密度

(2)【多选题】钻芯法测定沥青面层密度,钻取芯样时需要注意( )。

A. 普通沥青路面常在第三天取样

B. 改性沥青及 SMA 路面宜在第二天以后取样

C. 当一次钻孔取得的芯样包含不同层位的沥青混合料时,应根据结构组合情况用切割机将芯样沿各层结合面锯开分层进行测定

D. 钻孔取样应在路面完全冷却后进行

(3)【多选题】对施工及验收过程中的压实度检验不得采用配合比设计时的标准密度,应按如下方法检测确定:( )。

A. 以实验室密度,即沥青拌和厂每天取样 1 次或 2 次实测的马歇尔试件密度,作为标准密度取平均值作为该批混合料铺筑路段压实度的标准密度

B. 以每天实测的最大理论密度作为标准密度

C. 以试验路密度作为标准密度

D. 可根据需要选用实验室标准密度、最大理论密度、试验路密度中的 1 种或 2 种作为钻孔法检验评定的标准密度

【任务单 5-5】

参见表 5-16。

表 5-16 钻芯法检测压实度任务单

专业		班级		姓名		学号		小组	
任务:某高速公路沥青路面用钻芯法进行压实度检测,写出钻芯法测定压实度的步骤。									
试验项目名称及编号									
适用范围									
检测频率									
主要仪器设备									
检测步骤简要流程									
其他说明									

微课 6.6

学情小测 5-5

思政素材 5.5

任务 5.6　无核密度仪法测定压实度

核子密度仪在实现无损检测时，会带来由放射元素所产生的环保和健康问题，而采用无核密度仪无放射元素，不产生任何辐射，可真正地实现安全、环保、快速、高效的路面压实度无损检测。

无核密度仪利用电磁法原理测量沥青路面的均匀性和相对密度，该仪器采用先进的专利技术，能可靠、快速地测试沥青路面各层沥青混合料的密度，并计算施工压实度。但由于测试结果受较多因素影响，因而应用无核密度仪时，必须严格标定，通过对比试验，检验确认其可靠性。其测试结果不宜用于评定验收或仲裁。

1. 适用范围

本方法适用于现场无核密度仪快速测试当日铺筑且未开放交通的沥青路面各层沥青混合料的密度，并计算压实度。测试结果不宜用于评定验收。

2. 检测器具与材料

（1）无核密度仪：内含电子模块和可充电电池，如图 5-22 所示。探头应无核、无电容。无核密度仪的技术要求如下：

① 最大探测深度≥10cm。

② 最小探测深度≤2.5cm。

③ 单次测量时间≤5s。

④ 精度：0.003g/cm³。

⑤ 配有标准密度块供无核密度仪自校时使用。

（2）标准密度块：供无核密度仪自校时使用。

（3）交流充电器或直流充电器。

（4）打印机：用于打印测试数据。

图 5-22　无核密度仪

3. 方法与步骤

1）准备工作

（1）无核密度仪在第一次使用前应对软件进行设置并储存，使操作者无须每次开机后都进行软件的设置。

（2）使用无核密度仪前，应严格用标准密度块标定，通过相关性试验检验，确认其可靠性。

2）测试步骤

（1）按照随机选点的方法确定测试位置，与路面边缘或其他物体的最小距离不得小于30cm，且表面干燥。

（2）把无核密度仪平稳地置于测试位置上，保证仪器不晃动。当路表结构凸凹不平时，可用细砂填平测试位置的空隙，使路表面平整，能与仪器紧密接触。

（3）开机后应检查无核密度仪的工作状态，如电池电压、内部温度、设置测试日期、时间、测值编号等。

（4）进入测试界面，设置沥青面层厚度、测量单位、最大公称粒径等参数设置，选择单点测量模式，进入待测状态。

(5) 按动测试键,3s 后读取数据,并记录。同时,无核密度仪上显示被测试材料表面的湿度值应在 0～10,当测值超过 10 时,数据作废,应重新选点测试。

(6) 当采用修正值方法时,显示原始数据为 ρ_d;当采用相关性公式时,将显示原始数据代入相关性公式,计算实测密度 ρ_d,准确至 0.01g/cm^3。

4. 检测结果计算

按式(5-29)计算测试地点的施工压实度:

$$K = \frac{\rho_d}{\rho_0} \times 100\% \tag{5-29}$$

式中:K——测试地点的施工压实度,%;

ρ_d——无核密度仪测定的压实沥青混合料的实际干密度,g/cm^3,一组不少于 13 个点,取平均值;

ρ_0——沥青混合料的标准密度,g/cm^3。

5. 报告内容

(1) 测点位置(桩号、层位等)。

(2) 实测密度、标准密度、压实度。

(3) 测试路段压实度的平均值、标准差、变异系数及代表值。

(4) 若进行相关性试验,还应报告修正值或相关性关系式及相关系数。

【知识拓展 5-6】

国内主流无核密度仪按照工作原理分为:电磁法无核密度仪和时域反算法无核密度仪。目前主要用在路面施工过程控制环节,不能用于交工验收或质量鉴定;对于新铺的沥青混合料路面,该仪器能快速、可靠地给出测试结果,有利于施工单位及时控制压实质量。

为了保证精度,无核密度仪在使用过程中需要注意:

(1) 温度对无核密度仪测试结果影响较小,但为防止仪器损伤一般在 170℃ 以下的条件下使用。

(2) 被测材料表面的含水量对本方法测试结果影响较大,测试时,无核密度仪显示的湿度一般应在 0～10,其测试结果才具有一定可靠性。由于钢轮碾压作业过程中需要向轮表面洒水,为减少路表水对测试结果的影响,一般选择干燥的路面部位进行测试。

【学情小测 5-6】

(1)【多选题】关于无核密度仪测定压实度试验方法,下列说法正确的有(　　)。

　A. 所测定沥青面层的层厚应大于该仪器性能探测的最大深度

　B. 第一次使用前需要对软件进行设置

　C. 按照仪器使用说明书的要求综合标定仪器的测量精度

　D. 按照不同的需要选择想要的测量模式

(2)【多选题】无核密度仪测定压实度试验方法的适用范围有(　　)。

　A. 现场无核密度仪快速测定沥青路面各层沥青混合料的密度,并计算施工压实度

　B. 现场无核密度仪快速测定沥青路面各层沥青混合料密度,测定结果的评定验收或仲裁

C. 用于检测铺筑完工的沥青路面、现场沥青混合料铺筑层密度及快速检测混合料的离析

D. 具有较大不规则空隙的沥青路面的压实度

【任务单 5-6】

参见表 5-17。

表 5-17　无核密度仪法测定压实度任务单

专业		班级		姓名		学号		小组	
任务：某高速公路某路段用无核密度仪法进行压实度检测，写出其测定压实度的步骤。									
试验项目名称及编号										
适用范围										
检测频率										
主要仪器设备										
检测步骤简要流程										
其他说明										

学情小测 5-6

任务 5.7　压实度检测结果评定

1. 压实度评定要求

路基路面压实度以 1~3km 长的路段为检验评定单元，评定要求如表 5-18 所示，按要求的检测频率及方法进行现场压实度抽样检查，计算每一测点的压实度 K_i。

表 5-18 压实度评定要求

工程项目类型				规定值或允许偏差/%			检查方法和频率
				高速公路、一级公路	其他公路		
					二级公路	三、四级公路	
土方路基①	上路床		0～0.3m	≥96	≥95	≥94	按有关方法检查密度,每200m每压实层测2点
	下路床	轻、中及重交通荷载等级	0.3～0.8m	≥96	≥95	≥94	
		特重、极重交通荷载等级	0.3～1.2m	≥96	≥95	—	
	上路堤	轻、中及重交通荷载等级	0.8～1.5m	≥94	≥94	≥93	
		特重、极重交通荷载等级	1.2～1.9m	≥94	≥94	—	
	下路堤	轻、中及重交通荷载等级	>1.5m	≥93	≥92	≥90	
		特重、极重交通荷载等级	>1.9m				
填隙碎石（矿渣）	基层		代表值	—	≥98		密度法：每200m测2点
			极值	—	≥82		
	底基层		代表值	≥96			
			极值	≥80			
级配碎（砾）石	基层		代表值	≥98	≥98		按有关方法检查密度,每200m测2点
			极值	≥94	≥94		
	底基层		代表值	≥96	≥96		
			极值	≥92	≥92		
稳定土	基层		代表值	—	≥95		按有关方法检查密度,每200m测2点
			极值	—	≥91		
	底基层		代表值	≥95	≥93		
			极值	≥91	≥89		
稳定粒料	基层		代表值	≥98	≥97		按有关方法检测密度,每200m测2点
			极值	≥94	≥93		
	底基层		代表值	≥96	≥95		
			极值	≥92	≥91		
水泥（或石灰、粉煤灰）稳定粒料	基层		代表值	≥98	≥97		按有关方法检查密度,每200m测2点
			极值	≥94	≥93		
	底基层		代表值	≥96	≥95		
			极值	≥92	≥91		
沥青混凝土面层或沥青碎（砾）石面层②				≥实验室标准密度的96%（*98%） ≥理论最大密度92%（*94%） ≥试验段密度的98%（*99%）			每200m测1点。核子(无核)密度仪每200m测1处,每处5点

注：① 土方路基压实度以重型击实试验为准,极值为表列值减5%。
② 表内压实度,高速公路、一级公路应选用2个标准评定,以合格率低的作为评定结果,其他公路选用1个标准进行评定；带 * 者是指 SMA 路面。

压实度评定的要点：
（1）控制平均压实度的置信下限，以保证总体水平。
（2）规定单点极限值不得超出给定值，防止局部隐患。
（3）规定合格界限以区分质量优劣。

2．压实度代表值的计算

检验评定段的压实度代表值 K_1（算术平均值的置信下限）按式(5-30)计算：

$$K_1 = \bar{K} - S \frac{t_\alpha}{\sqrt{n}} \geqslant K_0 \tag{5-30}$$

式中：$\bar{K}$——检验评定段内各测点压实度的平均值。

t_α——t 分布表中随测点数和保证率（或置信度 α）而变的系数（查附录1）；高速公路、一级公路：基层、底基层为 99％，路基路面面层为 95％；其他公路：基层、底基层为 95％，路基路面面层为 90％。

S——检测值的均方差（标准差）。

n——检测点数。

K_0——压实度标准值。

3．压实度评定

1）路基、基层和底基层压实度评定

（1）当 $K \geqslant K_0$，且单点压实度全部大于等于规定极值时，按测定值不低于规定值减 2 个百分点的测点数计算合格率。压实度为关键项目，合格率达到 95％以上，该实测项目合格。

（2）当 $K < K_0$ 或某一单点压实度 K_i 小于规定极值时，该评定路段压实度为不合格，相应分项工程为不合格。

路堤施工段落短时，分层压实度要全部符合要求，且实际样本数不小于 6 个。

2）沥青面层压实度评定

（1）当 $K \geqslant K_0$，按测定值低于规定值减 1 个百分点的测点数计算合格率。

（2）当 $K < K_0$，评定路段的压实度为不合格，相应分项工程为不合格。

压实度为关键项目，合格率达到 95％以上，该实测项目合格。

【例 5-6】 某新建二级公路石灰土路基施工中，对其中的一段压实质量进行检查，压实度检测结果如表 5-19 所示。压实度标准值 $K_0 = 95\%$，规定极值为 91％，请按保证率 95％ 计算该路段的压实度代表值及合格率，并进行压实质量评定。

表 5-19 压实度检测结果

序号	1	2	3	4	5	6	7	8	9	10
压实度/％	96.4	95.4	93.5	97.3	96.3	95.8	95.9	96.7	95.3	95.6
序号	11	12	13	14	15	16	17	18	19	20
压实度/％	97.6	95.8	96.8	95.7	96.1	96.3	95.1	95.5	97.0	95.3

解 （1）首先计算压实度的代表值，经计算得 $\overline{K}=95.97\%$，$S=0.91\%$，$\dfrac{t_a}{\sqrt{n}}$ 查表得 0.387（根据 $n=20$，合格率 95%，查 t 分布概率系数表，见附录1）。

压实度代表值 K_1 为算术平均值的置信下限，即：

$$K_1 = \overline{K} - S\dfrac{t_a}{\sqrt{n}} = 95.97\% - 0.91\% \times 0.387 = 95.62\%$$

（2）评定：

$K_1 > K_0 = 95\%$ 且单点压实度 $K_{\min} = 93.5\% >$ 极值 91%，故压实度单点 K_i 全部大于极值。

计算合格率：$K_{\min} = 93.5\% > 95\% - 2\% = 93\%$，故全部单点压实度检验都符合要求。

由合格点数 $m=20$，测点总数 $n=20$，计算合格率：

$$合格率\ P = \dfrac{m}{n} \times 100\% = \dfrac{20}{20} \times 100\% = 100\%$$

由计算合格率 100% 大于关键项目要求的合格率（95%），故该路段的压实度评定为合格。

【知识拓展 5-7】

沥青路面的压实度是非常重要的质量指标，许多高速公路发生早期损害大都与压实不足有关，在交工验收阶段，以压实度的代表值及极值进行评价。压实度和厚度都是单点控制。在计算代表值时，考虑了不同等级公路的保证率，对高速公路、一级公路为 95%，其他等级公路为 90%。

【学情小测 5-7】

（1）【单选题】某路段压实度检测结果为：平均值为 96.3%，标准差为 2.2%，则压实度代表值为（　　）。（注：$\dfrac{t_a}{\sqrt{n}} = 0.518$）

　　A. 92.7%　　B. 95.2%　　C. 97.4%　　D. 99.9%

（2）【单选题】压实度合格率达到（　　），压实度检验合格。

　　A. 90%　　B. 80%　　C. 85%　　D. 95%

【任务单 5-7】

参见表 5-20。

表 5-20　压实度评定任务单

专业	班级	姓名	学号	小组
任务：某高速公路路基压实质量检验（0～80cm 上路床），经检测各点（共 12 个测点）的干密度分别为 1.81、1.85、1.84、1.83、1.78、1.82、1.85、1.83、1.84、1.82、1.81、1.80（单位：g/cm³），最大干密度为 1.88g/cm³。（1）请计算该路段的压实度代表值；（2）请对该路基压实质量进行评定。				
压实度评定原则				

续表

压实度代表值的计算公式	
评定方法	合格： 不合格：
任务评定过程	

微课 6.7　　学情小测 5-7　　思政素材 5.7

项目6　路面平整度检测

【思维导图】

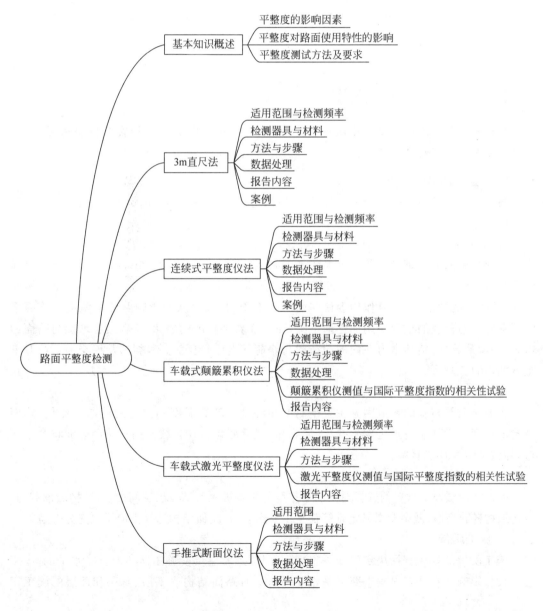

【本项目学习目标】

知识目标：

(1) 能够阐述平整度的含义和测试方法类型；

(2) 能够阐述 3m 直尺法、连续式平整度仪法、车载式颠簸累积仪法的检测原理、适用范围、主要测试器具和材料。

能力目标：

(1) 能够和小组成员配合完成 3m 直尺法、连续式平整度仪法的测试；

(2) 能够填写测试记录表并对测试结果进行数据处理；

(3) 能够根据检测结果对所测指标的合格性进行判定。

素质目标：

(1) 培养学生交通强国的责任意识，培养学生职业荣誉感和自豪感；

(2) 培养学生关注行业前沿的良好素养。

任务 6.1 基本知识概述

路面平整度是评定路面使用质量、施工质量以及现有路面破坏程度的重要指标之一。它直接关系到行车安全性、舒适性以及营运经济性，并影响路面使用年限。

1. 平整度的影响因素

路面平整度是路面的一种表面特征，它的好坏通常受多种因素的影响，并主要由以下几个方面综合决定。

1) 交通荷载

行驶在路面上的车辆对路面施加水平力和竖向力。水平力（如刹车制动力、轮胎与路面的摩阻力）重复作用会使路面产生拥包、车辙，从而影响纵横向平整度；竖向力（如车辆质量、振动产生的冲击力）重复作用会使路面产生不均匀沉陷，从而影响路面平整度。路面平整度随着交通荷载的重复作用而逐渐下降，而且随着平整度的恶化，车辆就会增加对路面冲击力，动荷系数（包括冲击力在内的动荷载与静荷载之比）也就急骤增加，从而交通荷载对平整度的影响就越大。

2) 环境因素

影响路面平整度的环境因素主要是温度和湿度。随着温度和湿度的周期性变化，路面结构的物理力学性质也随之发生变化（如胀缩、强度变化），在轮载作用下路面表面将产生变形，导致平整度性能衰减。

3) 路面结构

路面结构层及其材料的选择对路面平整度的影响极大。结构层层间结合，结构层承载力，结构层材料的高温、低温及水稳定性等都是主要因素，在路面结构选择中应予以充分考虑。

4) 施工质量

施工质量的好坏直接决定路面平整度的好坏，通常主要受施工队伍的技术水平、施工工艺及设备影响。在施工过程中路面平整度要通过对路面结构底基层、基层和面层的施工工序各环节严格控制才能得以保证。如在水泥混凝土路面施工过程中,控制模板安装,防止变形;混凝土拌和摊铺力求均匀;振捣适当,提浆均匀,加强抹平;减少施工缝,缩缝尽量不用压缝等。沥青类路面施工中,控制混合料拌和摊铺均匀;保证振平的平整及压实的平整;严格控制混合料温度;保证接缝位置的平整度等。路面的机械化施工对路面平整度的提高有很大作用,所以高等级公路路面应选择先进的机械设备、合理的施工工艺和先进的施工技术、质量控制手段,以保证路面具有较高的平整度性能。

5) 养护水平

定期养护可以延缓路面平整度性能衰减。不同的养护水平,对路面平整度衰减的延缓作用不同。采取及时有效的养护管理,可以维持路面良好的平整度,延长路面的使用寿命。

2. 平整度对路面使用特性的影响

路面平整度是目前路面使用性能重要的指标之一,是影响路面行驶质量的主要因素,其对道路使用特性的影响主要包括以下几方面:

1) 安全性

路面平整度是以几何平面为基准,表现为路面纵向和横向的凹凸程度。路面平整度的降低,将增大驾驶员的操作难度,同时易造成车辆的横向侧滑,尤其是在高速行车状态下和路面潮湿状况下更易造成车辆事故的发生。例如,在重复荷载作用下产生车辙,当车辙深度超过一定值后,雨天积水很易发生侧溜现象。

2) 舒适性

路面平整度直接决定乘客的舒适感。车辆在路面上行驶,随路面的凹凸不平而产生振动作用,使行车颠簸。当凹凸不平程度较低即平整度较好时,车辆减振结构可以消除颠簸,乘客感觉舒适;当平整度较差时,减振结构无法消除颠簸时,乘客可以明显感觉到颠簸和摇摆,从而影响乘客的舒适感,车速越高,舒适性下降越明显。

3) 运行费用

车辆在不平整的路面上行驶,会增加车辆的运行费用,主要表现在增加油耗、降低行车速度和车辆使用寿命、延长出行时间等方面。另外,车辆在平整度差的道路上行驶,因振动作用而产生的颠簸,会使汽车的机件和轮胎的损坏加快,缩短车辆的使用寿命。

4) 路面结构

随着平整度的恶化,车辆会增加对路面的冲击力,动荷系数也急骤增加,从而增加对路面结构的破坏,如坑槽、搓板的形成及进一步发展,影响路面结构性能。

5) 养护周期和路面使用年限

平整度性能的好坏决定着路面的养护周期和使用年限。当平整度衰减到路面的行驶质量不能满足行车对路面的基本功能要求时,便需采取养护措施改善其平整度,以恢复路面功能。当平整度较差时,需缩短路面的养护周期和使用年限。

3. 平整度测试方法及要求

路面平整度的检测设备分为断面类与反应类两大类。断面类检测设备是测定路面表面凸凹情况的一种仪器,如最常用的 3m 直尺及连续式平整度仪。国际平整度指数以此为基准建立,是平整度最基本的指标。反应类检测设备是测定由于路面凹凸不平引起车辆颠簸的情况,这是驾驶员和乘客直接感受到的平整度指标,因此,它实际上是舒适性能指标,最常用的是车载式颠簸累积仪,现已有更新的自动测试设备,如纵断面分析仪、路面平整度数据采集系统测定车等。

常见几种平整度测试方法的特点及技术指标比较如表 6-1 所示。规范对路基、路面面层、路面基层、路面底基层的平整度的要求如表 6-2 所示。

表 6-1 平整度测试方法

试验方法	特点	技术指标
3m 直尺法	设备简单,结果直观,间断测试,工作效率低,反映凸凹程度	最大间隙 h/mm
连续式平整度仪法	设备较复杂,连续测试,工作效率高,反映凸凹程度	标准差 σ/mm
车载式颠簸累积仪法	设备复杂,工作效率高,连续测试,反映舒适性	单向累计值 VBI/(cm/km)
车载式激光平整度仪法	设备复杂,工作效率高,连续测试,反映凸凹程度	IRI/(m/km)
手推式断面仪法	体型小,携带方便,操作简单,反映凸凹程度	IRI/(m/km)

表 6-2 路基、面层、基层、底基层的平整度要求

结构类型	规定值或允许偏差					检查方法与频率
	3m 直尺:最大间隙 h/mm			平整度仪:标准差 σ/mm IRI/(m/km)		
	高速公路、一级公路		其他公路		高速公路、一级公路	其他公路
	基层	底基层	基层	底基层		
土方路基		≤15		≤20			3m 直尺:每200m 测2处×5尺
填石路基		≤20		≤30		
水泥混凝土面层		≤3		≤5	≤1.32(2.2)	≤2.0(3.3)	3m 直尺:每200m 测2处×5尺(水泥混凝土面层为半幅车道);平整度仪:全线每车道连续按每100m 计算 σ 或 IRI
沥青混凝土面层		—		≤5	≤1.2(2.0)	≤2.5(4.2)
沥青碎石面层		—		≤5	≤1.2(2.0)	≤2.5(4.2)
沥青贯入式面层				≤8		≤3.5(5.8)
沥青表面处治面层				≤10		≤4.5(7.5)
稳定土基层、底基层	—	≤12	≤12	≤15		
稳定粒料基层、底基层	≤8	≤12	≤12	≤15		
级配碎石基层、底基层	≤8	≤12	≤12	≤15		
填隙碎石(矿渣)基层、底基层	—	≤12	≤12	≤15		

注:括号中的数值为 IRI。

【知识拓展 6-1】

目前国内外平整度测试的方法和仪器较多,相应采用的评价指标也各不相同,主要包括纵向和横向平整度。横向平整度指路表面横向的起伏变化,对行车的安全性、营运费用等有重要的影响。通常纵向平整度对道路的使用质量影响较大,所以平整度指标以纵向平整度为主,主要有三类:平均调整坡(ARS)、纵断面平整度指标、国际平整度指数(IRI)。

1) 平均调整坡

反应类平整度仪测定的结果,通常以车辆行驶一段距离(如 1km)后的累积计数值表

示,计数/km。如果把每一种反应类平整度仪的计数以相应的悬挂系统竖向位移量表示,则测定结果可表示为 m/km,它反映了单位行驶距离内悬挂系统的累积行程。这个单位类似于坡度的单位,故称作平均调整坡。

以平均调整坡作为指标表示测定结果时,不同反应类平整度仪测定值之间,可以建立良好的相关关系。然而,这种关系只能在测定速度相同的条件下才能成立。测定速度不同时,相关关系的离散性很大,而必须按速度分别建立回归方程。由于测定速度对测定结果有重大影响,对平整度指标加一速度脚标,如 ARS_{80} 等,以标明它是相应于某一速度的平整度值。

2) 纵断面平整度指标

断面类平整度测定系统量测到的是轮迹带路表面纵断面,国内外曾经提出过多种断面分析方法,主要有功率谱分析(PSD)、竖向加速度均方根(RMSVA)、直尺指数(SEI)等。

3) 国际平整度指数

由于反应类仪器有两大缺点:①时间稳定性差,即同一路面不同时期测试的数据不稳定;②转换性差,即不同部门采用同一仪器或同一部门采用不同仪器测得的数据缺乏可比性。为了克服上述缺点,世界银行于 1982 年组织了巴西、英、美、法等国专家参加的国际研究小组,在巴西进行了大规模的路面平整度试验。在此基础上提出采用国际平整度指数的建议。

国际平整度指数的定义为标准车身悬架的总位移(m)与行驶距离(km)之比,是一项标准化的平整度指标。它同反应类平整度测定系数类似,但是采用的是数学模型模拟 1/4 车(即单轮,类似于拖车)以规定速度行驶在路面断面上,分析行驶距离内由于动态感应悬挂的累积竖向位移量,如图 6-1 所示,标准的测定速度规定为 80km/h,其测定结果也以 m/km 表示。因而这一指标与反应类仪器的平均调整坡类似,称作参照平均调整坡($RARS_{80}$)。

求得每一个位置的变量值后,即可计算该位置的调整坡(RS)。国际平整度指数为路段长度内 RS 变量的平均值。因此,当每个断面点的调整坡求得后,便可按式(6-1)计算国际平整度指数:

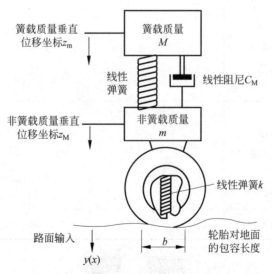

图 6-1 国际平整度指数测试原理

$$\text{IRI} = \frac{1}{n-1}\sum_{i=2}^{n}\text{RS}_i \tag{6-1}$$

上述计算过程已编制计算机程序,在测量得到纵断面的高程资料后,便可按抽样点间距利用此程序计算该段路面平整度的国际平整度指数。国际平整度指数作为通用指标的效果,可以通过考察不同平整度测定方法的测定结果转换成以国际平整度指数表征后的一致性得到证实。

【学情小测 6-1】

(1)【多选题】下列测定路面平整度的方法中属于断面类的方法有(　　)。

　　A. 3m 直尺　　　　　　　　B. 激光路面平整度测定仪
　　C. 连续式平整度仪　　　　　D. 车载式颠簸累积仪

(2)【多选题】以下关于平整度测试设备说法正确的是(　　)。

　　A. 平整度的测试设备分为断面类及反应类两大类
　　B. 断面类设备实际上是测定路面表面凹凸情况
　　C. 反应类设备是测定路面凹凸引起车辆振动的颠簸情况
　　D. 常用的断面类设备是车载式颠簸累积仪

【任务单 6-1】

参见表 6-3。

表 6-3　平整度基本知识任务单

| 专业 | | 班级 | | 姓名 | | 学号 | | 小组 | |

任务:明确路基路面平整度的检测方法有哪些,分别测定哪些指标;了解平整度的要求。		
影响平整度的因素		
平整度的检测方法及测试指标	断面类	
	反应类	
国际平整度指数定义		

微课 7.1　　学情小测 6-1

任务 6.2 3m 直尺法

3m 直尺法利用 3m 直尺测定尺底距离路表面的最大间隙以表示路面的平整度,以 mm 计。测定法有单尺测定最大间隙和等距离(1.5m)连续测定两种,前者常用于施工时质量控制和检查验收,单尺测定时要计算出测定段的合格率。等距离连续测定也同样适用于施工质量检查验收,但要算出标准差,用标准差来表示平整度程度。

1. 适用范围与检测频率

它既适用于测定压实成型的路面各层表面的平整度,以此评定路面的施工质量及使用质量;也适用于路基表面成型后的施工平整度检测。

交竣工验收时,检测频率对于土石方路基、基层和沥青路面面层,每 200m 测 2 处×5 尺;对于水泥混凝土路面,每半幅车道每 200m 测 2 处×5 尺。

2. 检测器具与材料

1) 3m 直尺

测量基准面长度为 3m,基准面应平直,用硬木或铝合金钢等材料制成,如图 6-2 所示。

2) 最大间隙测量器具

(1) 楔形塞尺:硬木或金属制的三角形塞尺,有手柄。塞尺的长度与高度之比不小于 10,宽度不大于 15mm,边部有高度标记,分度值不大于 0.5mm,如图 6-3 所示。

(2) 深度尺:金属制的深度测量尺,有手柄。深度尺测量杆端头直径不小于 10mm,分度值不大于 0.5mm。

(3) 其他:皮尺或钢尺等。

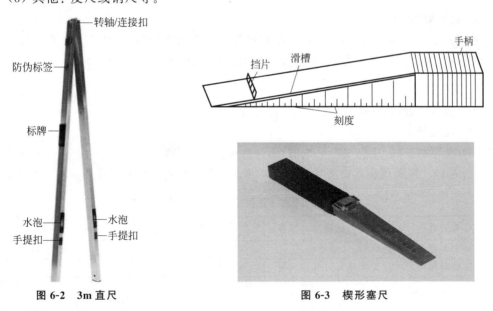

图 6-2 3m 直尺   图 6-3 楔形塞尺

3. 方法与步骤

1) 准备工作

(1) 确定测试方式。当测试沥青路面施工过程中的质量时,应以单尺方式测试,且测试位置应选在接缝处,其他情况一般以连续 10 尺方式测试,在施工结束后检测时,每处连续检测 5 尺。

(2) 选择测试位置。除特殊需要外,应以行车道一侧车轮轮迹(距车道线 0.8~1.0m)作为连续测试的位置。对既有道路已形成车辙的路面,应取车辙中间位置为测试位置。

(3) 清扫路面测试位置处的碎石、杂物等。

2) 测试步骤

(1) 将 3m 直尺沿道路纵向摆在测试位置的路面上,如图 6-4 所示。

(2) 目测 3m 直尺底面与路表面之间的间隙情况,确定最大间隙的位置。

(3) 将具有高度标线的塞尺塞进间隙处,测试其最大间隙的高度,如图 6-5 所示;或者用深度尺在最大间隙位置测试直尺上顶面距地面的深度,该深度减去尺高即为测试点的最大间隙高度,以 mm 计,准确至 0.5mm。

图 6-4　摆放 3m 直尺

图 6-5　测量最大间隙

4. 数据处理

单尺测试路面的平整度计算,以 3m 直尺与路面的最大间隙 h 为测试结果;连续测试时,判断每尺最大间隙是否合格,并计算合格率,以及最大间隙的平均值。

5. 报告内容

(1) 测试位置信息(桩号、测试方式等)。

(2) 最大间隙。

(3) 连续测试时,还应报告平均值、不合格尺数及合格率。

【例 6-1】　某高速公路沥青混凝土面层用 3m 直尺测定平整度记录表如表 6-4 所示。

表 6-4　平整度检测记录表(3m 直尺法)

项目名称	××高速公路××段					合同号			××		
施工单位	××路桥公司					监理单位			××监理公司		
检测时间	××年××月××日					主要仪器编号			××		
检测桩号或范围	检测数据/mm										最大值/mm
	1	2	3	4	5	6	7	8	9	10	
K5+520	4.5	4.0	5.0	4.0	5.0	4.5	5.0	4.5	3.0	5.0	5.0
K5+580	4.5	5.5	4.0	3.0	5.0	3.5	3.5	5.0	4.5	3.0	5.5
K5+640	4.5	4.5	4.0	4.5	4.0	4.0	4.5	4.0	4.5	4.0	4.5

【例 6-2】 某高速公路沥青混凝土面层用 3m 直尺法测定平整度汇总表见表 6-5。

表 6-5　平整度检测汇总表（3m 直尺法）

工程名称××工程　　结构名称水泥混凝土路面　　规定值5mm　　路段桩号 K0+400—K0+600
检验者_____　　计算者_____　　校核者_____　　检验日期_____

测定区间桩号	测尺序号或桩号	最大间隙/mm	合格尺数	合格率/%	平均值/mm
K0+400—K0+500	1	4.5	4	80	5.0
	2	5.0			
	3	6.0			
	4	4.5			
	5	5.0			
K0+500—K0+600	1	5.0	4	80	4.8
	2	5.5			
	3	5.0			
	4	4.0			
	5	4.5			

【知识拓展 6-2】

按照现行公路工程质量检验评价的相关标准，评价平整度的技术指标一般用最大间隙、标准差 σ、国际平整度指数表示。本测试方法规定了最大间隙的测量方法，该方法广泛用于碾压成型后路基路面各层施工的平整度测试，尤其是施工过程的质量控制，简便易行。

【学情小测 6-2】

（1）【单选题】《公路工程质量检验评定标准　第一册　土建工程》(JTG F80/1—2017) 用 3m 直尺测定土方路基平整度，每 200m 测定 2 处×(　　)尺。

　　A. 5　　　　B. 8　　　　C. 10　　　　D. 15

（2）【多选题】采用 3m 直尺法测定时，在测试路段路面上选择测试地点的要点是(　　)。

　　A. 当测试沥青路面施工过程中的质量时，应以单尺方式测试，且测试位置应选在接缝处
　　B. 当为路基路面工程质量检查验收或进行路况评定需要时，一般情况下应以行车道一侧车轮轮迹(距车道线 80～100cm)带作为连续测定的标准位置
　　C. 对旧路面已形成车辙的路面，应以车辙中间位置为测定位置
　　D. 对旧路面已形成车辙的路面，应以行车道一侧车轮轮迹(距车道线 80～100cm)带作为连续测定的标准位置

【任务单 6-2】

参见表 6-6。

表6-6　3m直尺法检测平整度任务单

| 专业 | 班级 | 姓名 | 学号 | 小组 |

任务：某高速公路某路段路基用3m直尺法进行平整度检测，将检测结果汇总于表，请评定该路段平整度是否合格，并完成任务单。

平整度检测汇总表（3m直尺法）

工程名称 ××工程　　结构名称 水泥混凝土路面　　规定值 5mm　　路段桩号 K0+500—K0+700

检验者_____　　计算者_____　　校核者_____　　检验日期_____

测定区间桩号	测尺序号或桩号	最大间隙/mm	合格尺数	合格率/%	平均值/mm
K0+500—K0+600	1	4.5			
	2	4.5			
	3	5.0			
	4	5.0			
	5	5.5			
K0+600—K0+700	1	5.0			
	2	5.0			
	3	5.0			
	4	4.5			
	5	4.5			

试验项目名称及编号	
适用范围	
检测频率	
主要仪器设备	
检测步骤简要流程	
评定结论	

微课7.2

学情小测6-2

思政素材6.2

任务6.3 连续式平整度仪法

连续式平整度仪通过量测路面的不平整度的标准差 σ 来表示路面的平整度,以 mm 计,其主要优点是可沿路面连续测量。它一般采用先进的计算机处理技术,可自动计算、自动打印、自动显示路面平整度的标准差、正负超差等各项技术指标,并绘出路面平整度偏差曲线。

1. 适用范围与检测频率

连续式平整度仪适用于测定路表面的平整度,评定路面的施工质量和使用质量,但不适用于在已有较多坑槽、破损严重的路面上进行测定。检测频率采用全线每车道连续测试,每 100m 为一个计算区间,1km 作为一个测试路段。

2. 检测器具与材料

(1) 连续式平整度仪:构造如图 6-6 所示,实物如图 6-7 所示。除特殊情况外,连续式平整度仪的标准长度为 3m,中间为一个 3m 长的机架,机架可缩短或折叠,前后各 4 个行走轮,前后两组轮的轴间距离为 3m。机架装有一牵引钩及手拉柄,可用人力或汽车牵引。地面高差测量传感器安装在机架中间,可以是能起落的测定轮或激光测距仪。测定轮上装有位移传感器、距离传感器,自动采集位移数据,每 100mm 采集一个数据,每 100m 作为一个计算区间,输出一次结果。

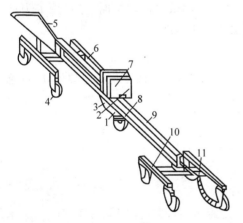

1—测量架;2—离合器;3—拉簧;4—脚轮;5—牵引架;6—前架;
7—记录计;8—测定轮;9—纵梁;10—后架;11—软轴

图 6-6 连续式平整度仪构造

图 6-7 连续式平整度仪实物

连续式平整度仪可记录测试长度(m)、曲线振幅大于某一定值(如 3mm、5mm、8mm、10mm 等)的次数、曲线振幅的单向(凸起或凹下)累计值及以 3m 机架为基准的中点路面偏差曲线图,计算打印。

(2) 牵引车:小面包车或其他小型牵引汽车。

(3) 皮尺或测绳。

3. 方法与步骤

1) 准备工作

(1) 选取测试路段。

(2) 确定测试位置,当为施工过程中质量控制需要时,测试地点根据需要决定;当进行路面工程质量检查验收或路况评定时,通常以行车道一侧车轮轮迹带作为连续测试的标准位置;对已形成车辙的路面,取一侧车辙中间位置为测点位置。

(3) 清扫路面测试位置处的碎石、杂物等。

(4) 检查仪器测试箱各部分应完好、灵敏,测定轮胎压正常,并将各连接线接妥,安装记录设备。

2) 测试步骤

(1) 将连续式平整度仪置于测试路段路面起点上,保证测定轮位置在轮迹带范围内,如图 6-8 所示。

(2) 在牵引汽车的后部,将连续式平整度仪与牵引汽车连接好,按照要求依次完成各项操作。

(3) 启动牵引汽车,沿道路纵向行驶,横向位置保持稳定。确认连续式平整度仪工作正常。牵引连续式平整度仪的速度应保持匀速且沿车道方向行驶,速度宜为 5km/h,最大不得超过 12km/h。在测试路段较短时,亦可用人力拖拉连续式平整度仪测试路面的平整度,但拖拉时应保持匀速前进。

图 6-8 测试现场

4. 数据处理

(1) 以 100m 长度为一个计算区间,按式(6-2)计算该区间内采集的位移值 d_i 的标准差 σ_i,即该区间的平整度,以 mm 计,保留 1 位小数。

$$\sigma_i = \sqrt{\frac{\sum_{i=1}^{n} d_i^2 - \left(\sum_{i=1}^{n} d_i\right)^2 / N}{N-1}} \tag{6-2}$$

式中:σ_i——各计算区间的平整度计算值,mm;

d_i——以 100m 为一个计算区间,每隔一定距离(自动采集间距为 10cm,人工采集间距为 1.5m)采集的路面凹凸偏差位移值,mm;

N——计算区间用于计算标准差的测试数据个数。

(2) 计算一个评定路段内各区间平整度标准差的平均值、标准差、变异系数以及合格率。

5. 报告内容

(1) 测试路段信息(桩号、长度等)。

(2) 计算区间长度、测试间距及平整度。

(3) 测试路段平整度的平均值、标准差及变异系数。

【例 6-3】 某高速公路沥青混凝土面层用连续式平整度仪测定平整度记录如表 6-7 所示。

表 6-7　平整度检测记录(连续式平整度仪法)

项目名称	××高速公路××段	施工单位	××路桥公司
结构名称	沥青路面面层	路段桩号	K5+000—K6+000
检测时间	××年××月××日	规定值	$[\sigma]=1.2$mm

检测桩号或范围	标准差/mm	平均值/mm	标准差/mm	变异系数/%	合格区间数	合格率/%
K5+100	0.56					
K5+200	0.48					
K5+300	1.62(桥头伸缩缝)					
K5+400	1.68(桥头伸缩缝)					
K5+500	1.25	0.62	0.26	41.9	7	87.5
K5+600	0.44					
K5+700	0.49					
K5+800	0.55					
K5+900	0.56					
K6+000	0.60					

测试中对于桥头(包括通道两侧)伸缩缝、路面污染,其数据应予以删除。在测试中,这些情况随时记录在测试纸上。

$\bar{\sigma}=[(0.56+0.48+1.25+0.44+0.49+0.55+0.56+0.60)\div 8]mm=0.62$mm

$\bar{\sigma}=0.62$mm$<[\sigma]=1.2$mm,合格率 87.5%>80%(平整度竣工验收时为一般项目)

故该层平整度评定为合格。

【知识拓展 6-3】

在国外,连续式平整度仪的种类很多,长度和结构各不相同,同样是 3m,有 4 轮、8 轮、16 轮多种,使用最多的是三米八轮平整度仪。我国目前规定使用的标准仪器仅限于三米八轮平整度仪。

平整度计算值以标准差表示,与计算区间的长度有很大关系,如图 6-9 所示,计算区间越长,标准差越小。根据国内习惯,参考国外经验,本方法规定为 100m。

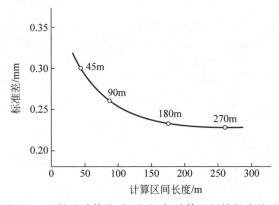

图 6-9　平整度计算值(标准差)与计算区间的长度关系

本方法规定的 3m 平整度仪的测试结果与规定的 3m 直尺连续测试的平整度在原理上相同,计算方法相同,两种不同的方法有较好的相关性关系。

现在我国的平整度仪大都有自动计算功能，可自动打印输出测试路段的标准差及振幅大于某一定值（如3mm、5mm、8mm、10mm）的超差次数。而进口的平整度仪有的并无自动计算功能，这是因为国外在测试方法中规定要将某些异常数据，如由于坑洞、接缝、构造物接头、雨水井等人工构造物引起的跳动从记录的曲线中剔除，不参加计算，而自动平整度仪则缺乏自动识别功能。

【学情小测 6-3】

（1）【单选题】连续式平整度仪试验方法以100m为一个计算区间，每隔一定距离采集路面凹凸偏差位移值，其中自动采集间距为（　　），人工采集间距为（　　）。

  A. 10cm,1.0m   B. 15cm,1.0m   C. 10cm,1.5m   D. 15cm,1.5m

（2）【多选题】连续式平整度仪自动采集位移数据（　　）。

  A. 1km输出一次结果   B. 测定间距为10cm

  C. 每一计算区域的长度为100m   D. 100m输出一次结果

（3）【单选题】使用连续式平整度仪测定路面平整度时，牵引平整度仪的车速应均匀，速度宜为（　　）。

  A. 5km/h，最大不得超过12km/h   B. 8km/h，最大不得超过15km/h

  C. 10km/h，最大不得超过16km/h   D. 15km/h，最大不得超过20km/h

【任务单 6-3】

参见表6-8。

表6-8 连续式平整度仪法检测平整度任务单

专业　　　　班级　　　　姓名　　　　学号　　　　小组

任务：某高速公路沥青混凝土路面用连续式平整度仪法检测平整度，将检测结果汇总下下表，规定值$[\sigma]$=1.2mm，请评定该路段平整度是否合格，并完成任务单。

平整度检测记录表（连续式平整度仪法）

检测桩号或范围	标准差/mm	平均值/mm	标准差/mm	变异系数/%	合格区间数	合格率/%
K5+100	0.50					
K5+200	0.48					
K5+300	1.66（桥头伸缩缝）					
K5+400	0.46					
K5+500	1.25（路面污染）					
K5+600	0.44					
K5+700	1.68（桥头伸缩缝）					
K5+800	0.55					
K5+900	0.56					
K6+000	0.60					
试验项目名称及编号						
适用范围						

续表

检测频率	
主要仪器设备	
检测步骤简要流程	
评定结论	

微课 7.3　　学情小测 6-3　　思政素材 6.3

任务 6.4　车载式颠簸累积仪法

当用车载式颠簸累积仪测量车辆在路面上通行时,以其后轴与车厢之间的单向位移累积值(VBI)表示路面的平整度,以 cm/km 计。

车载式颠簸累积仪的工作原理是测试车以一定的速度(30～80km/h)在路面上行驶,由于路面上凹凸不平,引起汽车的激振,通过机械传感器可测量后轴与车厢之间的单向位移累积值,该值越大,说明路面平整度越差,舒适性也越差。

1. 适用范围与检测频率

本方法适于测定路面表面的平整度,评定路面的施工质量和使用期的舒适性。但不适用于有严重坑槽、车辙等病害路面的平整度测试。检测频率采用全线每车道连续测试,每100m 为一个计算区间,1km 作为一个测试路段。

2. 检测器具与材料

测试系统由承载车、距离测量装置、颠簸累积值测试装置和主控制系统组成,如图 6-10 所示,基本技术参数要求如下:

(1) 测试速度:30～80km/h。

(2) 测试幅值:−0.2～0.2m。

(3) 垂直位移分辨率:1mm。

(4) 距离标定误差:<0.5%。

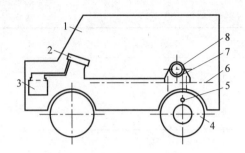

1—测试车；2—数据处理器；3—电瓶；4—后桥；5—挂钩；6—底板；7—钢丝绳；8—颠簸累积仪传感器

图 6-10 车载式颠簸累积仪安装示意

3. 方法与步骤

1）准备工作

（1）承载车出现以下情况之一时，均应进行仪器测值与国际平整度指数的相关性试验：在正常状态下行驶超过 2000km；相关性试验的时间间隔超过 1 年；减振器、轮胎等发生更换、维修。

（2）检查测试车轮胎气压，应达到车辆轮胎规定的标准气压，车胎应清洁，不得黏附杂物，承载车载重及分布应与仪器相关性标定试验时一致。

（3）现场安装距离测量系统，颠簸累积值测试装置和主控制系统，应确保紧固装置安装牢固，螺丝无松动，如图 6-11 所示。

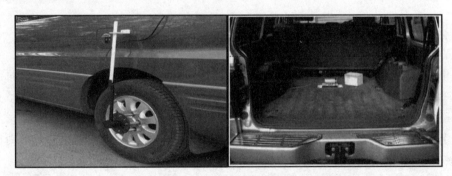

图 6-11 测试系统的安装

（4）检查测试系统各部分应符合测试要求，不应有明显的可视性破损。

（5）打开系统电源，启动控制程序，检查系统各部分的工作状态。

2）测试步骤

（1）测试开始之前应让测试车以测试速度行驶 5～10km，按照规定的预热时间对测试系统预热。

（2）测试车停在测试起点前 300～500m 处，启动平整度测试系统程序，按照测试路段的现场技术要求设置完所需的测试状态。

（3）驾驶员在进入测试路段前应保持标定时的车速，沿正常行车轨迹驶入测试路段。

（4）进入测试路段后，测试人员启动系统的采集和记录程序，在测试过程中必须及时准确地将测试路段的起终点和其他需要特殊标记点的位置输入测试数据记录中。

(5) 当测试车辆驶出测试路段后,测试人员停止数据采集和记录,并恢复仪器各部分至初始状态。

(6) 测试人员检查数据文件应完整,内容应正常,否则需要重新测试。

(7) 关闭测试系统电源,结束测试。

4. 数据处理

根据颠簸累积仪测试的颠簸累积值,进行相关性试验,得到换算公式,并以 100m 为计算区间换算成国际平整度指数,以 m/km 计,保留 2 位小数。

5. 颠簸累积仪测值与国际平整度指数的相关性试验

平整度测定的方法和仪器很多,相应采用的指标也各不相同。为了使采用不同的方法和仪器测定的结果可以相互比较,需要寻找一个标准的(或通用的)平整度指标,它同其他平整度指标有良好的相关关系。

1) 标定路段要求

为了将颠簸累积仪测值(VBI)与国际平整度指数(IRI)建立相关关系,选择的标定路段应符合下列要求:

(1) 按照国际平整度指数变化幅度大于 1.0 的范围,选择不少于 4 段不同平整度水平的路段,且有足够加速或减速长度的路段。根据实际测试道路国际平整度指数的分布情况,可以增加某些范围内的标定路段。

(2) 每路段长度不小于 300m。

(3) 每一段内的平整度应均匀,包括路段前 50m 的引道。

(4) 选择坡度变化较小的直线路段,路段交通量小,便于疏导。

(5) 标定宜选择在车道的正常行驶轮迹上进行,明确标出标定路段的轮迹、起终点。

2) 标定步骤

(1) 距离标定。

① 选择坡度变化较小的平坦直线路段,标出起终点和行驶轨迹。

② 标定开始之前应让测试车以测试速度行驶 5~10km,按照规定的预热时间对测试系统进行预热。

③ 将测试车的前轮对准起点线,启动距离校准程序,然后使车辆沿着路段轨迹直线行驶,避免突然加速或减速,接近终点时,减速停车,确保测试车的前轮对准终点线,结束距离校准程序。重复此过程,确保距离传感器脉冲当量的准确性,应在允许误差范围之内。

(2) 用颠簸累积仪按选定的测试速度测试每个标定路段的颠簸累积值,重复测试至少 5 次,取其平均值作为该路段的反应值。

(3) 国际平整度指数的确定:

① 以精密水准仪作为标准仪器,分别测量标定路段两个轮迹的纵断面高程,要求采样间隔为 250mm,高程测试精度为 0.5mm。然后用国际平整度指数标准计算程序对每个轮迹的纵断面测试值进行模型计算,得到该轮迹的国际平整度指数,两个轮迹国际平整度指数的平均值即为该路段的国际平整度指数。

② 其他符合世界银行一类平整度测试标准的纵断面测试仪器也可以作为确定标定路段标准国际平整度指数的仪器。

3）试验数据处理

用数理统计的方法将各标定路段的国际平整度指数和相应的颠簸累积仪测值进行回归分析，建立相关关系方程式，相关系数 r 不得小于 0.99。

6．报告内容

（1）测试路段信息（桩号、长度等）。

（2）测试速度、颠簸累积值、国际平整度指数。

（3）若进行相关性试验，还应报告相关性关系式及相关系数。

【知识拓展 6-4】

用车载式颠簸累积仪测定的颠簸累积仪测值需要与其他平整度指标（如连续式平整度仪测出的标准差等）进行换算时，应将车载式颠簸累积仪的测试结果进行标定，即与相关的平整度仪测量结果建立相关关系，相关系数均不得小于 0.99。为与其他平整度指标建立相关关系，选择的标定路段应符合下列要求：

① 有 5~6 段不同平整度的现有道路，从好到坏不同程度的都应各有一段。

② 每段路长宜为 250~300m。

③ 每一段中的平整度应均匀，段内应无太大差别。

④ 标定路段应选纵坡变化较小的平坦、直线地段。

⑤ 选择交通量小或可以疏导的路段，减少标定时车辆的干扰。

标定路段起讫点用油漆做好标记，并每隔一定距离做中间标记，标定宜选择在行车道的正常轮迹上进行。

用连续式平整度仪进行标定时：

（1）用于标定的仪器应按规定进行校准后，使用能准确测定路面平整度的连续式平整度仪。

（2）按现行操作规程用连续式平整度仪沿选择的每个路段全程连续测量平整度 3~5 次，取其平均值作为该路段的测试结果（以标准差表示）。

（3）用车载式颠簸累积仪沿各个路段进行测量，重复 3~5 次后，取其各次颠簸累积值的平均值作为该路段的测试结果，与平整度仪的各段测试结果相对应。标定时的测试车速应在 30~50km/h 范围内选用一种或两种稳定的车速分别进行，记录车速及搭载量，以后测试时的情况应与标定时的相同。

（4）整理相关关系

将连续式平整度仪测出的标准差 σ 及车载式颠簸累积仪测出的颠簸累积值 VBI，绘制出曲线并进行回归分析，建立相关关系，相关系数 r 不得小于 0.99。

【学情小测 6-4】

（1）【单选题】采用颠簸累积仪法测定路面平整度时，测试速度应控制在（　　）。

　　A．30~80km/h　　B．20~60km/h　　C．50~100km/h　　D．10~50km/h

（2）【多选题】将车载式颠簸累积仪的测试结果与国际平整度指数建立相关关系时，应（　　）。

　　A．选择不少于 4 段不同平整度的路段

　　B．按选定的测试速度用颠簸累积仪测试每个路段的反应值，重复 5 次

C. 用精密准仪分别测量两个轮迹的纵断高程

D. 用国际平整度指数标准计算程序对纵断面测量值进行模型计算,得到轮迹的国际平整度指数

【任务单 6-4】

参见表 6-9。

表 6-9 颠簸累积仪法检测平整度任务单

专业　　　　班级　　　　姓名　　　　学号　　　　小组

任务：某高速公路沥青混凝土路面用颠簸累积仪法检测平整度,写出检测步骤。	
试验项目名称及编号	
适用范围	
检测频率	
主要仪器设备	
检测步骤简要流程	
颠簸累积仪测值与国际平整度指数的相关性试验要点	

微课 7.4　　学情小测 6-4　　思政素材 6.4

任务 6.5　车载式激光平整度仪法

激光路面平整度测定仪是一种与路面无接触的测量仪器，测试速度快，精度高。

1. 适用范围与检测频率

适用于在无严重坑槽、车辙等病害及无积水、积雪、泥浆的正常通车条件下连续采集路段平整度数据，评定验收新建、改建路面工程质量。

激光平整度仪采集的数据是路面相对高程值，应以 100m 为计算区间长度，用国际平整度指数的标准计算程序计算国际平整度指数，以 m/km 计。

2. 检测器具与材料

1）测试系统

测试系统由承载车辆、距离传感器、纵断面高程传感器和主控制系统组成。其中，主控制系统对测试装置的操作实施控制，完成数据采集、传输、存储与计算过程。

2）测试系统基本技术要求和参数

（1）测试速度 30～100km/h。

（2）采样间隔≤500mm。

（3）传感器测试精度 1.0mm。

（4）距离标定误差≤0.05%。

3. 方法与步骤

1）准备工作

（1）设备安装到承载车上后按规定进行相关性试验。

（2）根据设备操作手册的要求对测试系统各传感器进行校准。

（3）检查测试车轮胎气压，应达到车辆轮胎规定的标准气压，车胎应清洁。

（4）距离测量装置需要现场安装的，应根据设备操作手册说明进行安装，确保机械紧固装置安装牢固。

（5）测试系统各部分应符合测试要求，不应有明显的可视性破损。

（6）打开系统电源，启动控制程序，检查各部分的工作状态。

2）测试步骤

（1）测试开始之前，应让测试车以测试速度行驶 5～10km，按照设备操作手册规定的预热时间对测试系统进行预热。

（2）测试车停在测试起点前 50～100m 处，启动平整度测试系统程序，按照设备操作手册的规定和测试路段的现场技术要求设置完毕所需的测试状态。

（3）驾驶员按照规定的测试速度驾驶测试车，测试速度宜为 50～80km/h，避免急加速和急减速，急弯路段应放慢车速，沿正常行车轨迹驶入测试路段。

（4）进入测试路段后，测试人员启动系统的采集和记录程序，在测试过程中必须及时准确地将测试路段的起终点和其他需要特殊标记的位置输入测试数据记录中。

（5）当测试车辆驶出测试路段后，仪器操作人员停止数据采集和记录，并恢复仪器各部分至初始状态。

(6) 检查测试数据文件,文件应完整,内容应正常,否则需要重新测试。
(7) 关闭测试系统电源,结束测试。

4. 激光平整度仪测值与国际平整度指数的相关性试验

1) 试验条件

(1) 按照每段国际平整度指数变化幅度不小于 1.0 的范围选择不少于 4 段不同平整度水平的路段,且有足够加速或减速长度。根据实际测试道路国际平整度指数的分布情况,增加某些范围内的标定路段。

(2) 每路段路长度不小于 300m。

(3) 每一段中的平整度应均匀,包括路段前 50m 的引道。

(4) 选择坡度变化较小的直线路段,路段交通量小,便于疏导。

(5) 有多个激光测头的系统需要分别标定。

(6) 标定宜选择在车道的正常行驶轮迹上进行,明确画出轮迹带测线和起终点位置。

2) 试验步骤

(1) 距离标定:

① 选择坡度变化较小的平坦直线路段,标出起终点和行驶轨迹。

② 标定开始之前应让测试车以测试速度行驶 5~10km,按照设备操作手册规定预热时间对测试系统进行预热。

③ 将测试车的前轮对准起点线,启动距离校准程序,然后令车辆沿着路段轨迹直线行驶,避免突然加速或减速,接近终点时,看指挥人员手势减速停车,确保测试车的前轮对准终点线,结束距离校准程序。重复此过程,确保距离传感器测试结果的准确性,应在允许误差范围内。

(2) 将激光平整度仪所标定的纵断面高程传感器对准测线重复测试 5 次,取其国际平整度指数计算值的平均值作为该路段的测试值。

(3) 国际平整度指数的确定:以精密水准仪作为标准仪器,分别测量标定路段两个轮迹的纵断高程,要求采样间隔为 250mm,高程测试精度为 0.5mm;然后用国际平整度指数标准计算程序对每个轮迹的纵断面测量值进行模型计算,得到标定线路的国际平整度指数。

3) 试验数据处理

用数理统计的方法将各标定路段的国际平整度指数和相应的平整度仪测值进行回归分析,建立相关关系方程式,相关系数 r 不得小于 0.99。

5. 报告内容

(1) 国际平整度指数平均值。

(2) 激光平整度仪测值与国际平整度指数在选定测试条件下的相关关系式及相关系数。

【知识拓展 6-5】

高效自动化平整度测试系统种类繁多,结构、原理、操作以及所用的指标均存在较大差异,按其对道路纵断面测试的直接程度以及精确度分为反应类平整度测试系统和纵断面平整度测试系统。

反应类测试系统是通过测量车辆在路面上通行时车轴与车身之间的垂直位移或车身的加速度作为其对路面不平整度的反应值,其测试结果与车辆的动态性能有关,因而具有时间不稳定、不易于转换、难以进行比较等固有特征,需要通过与国际平整度指数之间的相关性关系,间接换算成国际平整度指数表征路面的平整度,如车载式颠簸累积仪、BPR(business process reengineering)平整度测试仪、NAASRA(National Association of Australian State Road Authorities)平整度测试仪等。纵断面平整度测试系统是通过测量路面纵向断面高程值,直接计算出国际平整度指数表征路面的平整度,如激光断面测试仪、超声波断面测试仪、法国 APL 纵断面分析仪、多轮式平整度测试仪等,这类测试系统要求采样间隔不超过 250mm,传感器测距允许误差为 1mm,达不到要求的,则应视为反应类测试系统。

国际平整度指数是由世界银行推荐使用的标准的平整度测试指标。国际平整度指数是一个断面类的数学统计指标,具有时间稳定性,易于重现,对路面 1.2~30.5m 范围内的波长有较好的频率响应特征,与大多数平整度测试结果有良好的相关性关系,包括与我国现行规范中使用的标准差,也有良好的线性关系,以国际平整度指数为标准的平整度测试指标,使不同平整度测试系统的结果可以相互比较。

根据世界银行的分类标准,采样间隔小于或等于 250mm,断面测量精度为 0.5mm 的纵断面测试系统,为一类平整度测试系统,如精密水准仪、手推车断面仪、部分激光平整度仪等。根据选取 5 段国际平整度指数在 0~5m/km 范围内不同水平的路面的试验表明,同时用水准仪、手推车断面仪、激光平整度仪进行国际平整度指数测试,三种方法的国际平整度指数测试结果一致,并且对于所试验的激光平整度仪不同速度的测试结果也具有很好的一致性,因此,符合世界银行一类平整度标准的仪器,经过系统校准,均可以作为建立反应类测试系统与国际平整度指数相关性关系的标定工具。

【学情小测 6-5】

(1)【单选题】车载式激光平整度仪采集的数据是(　　),以 100m 为计算区间计算(　　)。
　　A. 车辆在路面上通行时后轴与车厢之间的单向位移累积值
　　B. 颠簸累积仪测值　　　　C. 路面相对高程　　　　D. 国际平整度指数

(2)【单选题】下述关于车载式激光平整度仪测定平整度,说法错误的是(　　)。
　　A. 采集的数据是路面相对高程
　　B. 测试速度为 30~100km/h
　　C. 以 100m 为计算区间长度计算国际平整度指数
　　D. 国际平整度指数单位为 km/h

【任务单 6-5】

参见表 6-10。

表 6-10　车载式激光平整度仪法任务单

专业	班级	姓名	学号	小组
任务:某高速公路沥青混凝土路面用车载式激光平整度仪法检测平整度,写出检测步骤。				
试验项目名称及编号				
适用范围				
检测频率				

续表

主要仪器设备	
检测步骤简要流程	
其他说明	

学情小测 6-5

任务 6.6 手推式断面仪法

手推式断面仪是用于连续采集和测量路面信息(包括距离、断面坡度和国际平整度指数)的一种高精度仪器,符合 ASTM E950—2018 一级产品要求,属于世界银行标准一级断面设备。手推式断面仪可用于道路或机场跑道路面施工质量验收,还可为响应式平整度检测仪及其他类平整度检测仪提供标定参照。手推式断面仪体积小,携带方便,操作简单,在科研和工程应用领域具有一定使用需求。

1. 适用范围

本方法适用于无积水、无积雪、无泥浆的正常通车条件下用手推式断面仪测量路面国际平整度指数,以表征路面平整度。

2. 检测器具与材料

1) 手推式断面仪

手推式断面仪由传感器、数据采集与处理系统、测定梁、距离测定轮、测脚、车架系统等基本部分组成,如图 6-12 所示,技术要求如下:

(1) 最大测试速度:0.80km/h。

(2) 采样间隔:≤25.4mm。

(3) 距离标定误差:≤0.1%。

(4) 高度测量精度:±0.1mm。

(5) 断面精度:±0.381mm。

(6) 最大测量纵向坡度:9.5°。

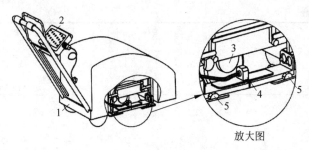

1—车架系统；2—数据采集与处理系统；3—距离测定轮；4—传感器；5—测脚

图 6-12　手推式断面仪示意

2）其他

皮尺或钢卷尺、粉笔、扫帚等。

3. 方法与步骤

1）准备工作

（1）清扫待测路面，检查机械部件有无松动或损坏，检查测脚有无损坏、黏附物等。

（2）将各种数据线连接后，打开电源，按要求进行预热。

（3）检查电池蓄电情况，确保测试期间电量充足。

（4）使用前应按要求完成系统标定，且宜选择温度变化幅度较小的时段进行测试。

2）测试步骤

（1）在待测路面上沿行车迹线附近标记起始点的位置。

（2）将设备停放在测量路段起点，启动程序设置所需的测试状态，开始采集数据。

（3）测试人员将手推式断面仪按规定速度沿直线向前匀速推行，并保证两测脚落脚点都在测线上，不要在手柄上施加垂直力。中途如临时停止，需将测定梁提起到达最高点后锁定测定轮。到达测试终点时，在测定梁处于提起状态时，锁住测定轮。

（4）保存数据，关闭电源。

4. 数据处理

根据路面纵断面相对高程数据，以 100m 为计算区间长度，用标准计算程序计算国际平整度指数，以 m/km 计，保留 2 位小数。

5. 报告内容

（1）路段信息（桩号、长度等）。

（2）国际平整度指数。

【知识拓展 6-6】

手推式断面仪是用于连续采集和测量路面信息（包括距离、断面坡度和国际平整度指数）的一种高精度仪器，符合 ASTM E950—2018 一级产品要求，属于世界银行标准一级断面设备。手推式断面仪可用于道路或机场跑道路面施工质量验收，还可为响应式平整度检测仪及其他类平整度检测仪提供标定参照。

手推式断面仪体型小，携带方便，操作简单，在科研和工程应用领域具有一定使用需求。测试时，仪器的放置时间、行驶距离以及温度、湿度等都会影响其测试结果，因此该仪器使用前需要进行系统标定,并在测试过程中关注上述因素的变化情况。

【学情小测 6-6】

【单选题】手推式断面仪采集的数据是(　　),以 100m 为计算区间计算(　　)。

  A. 车辆在路面上通行时后轴与车厢之间的单向位移累积值

  B. 颠簸累积仪测值　　　　C. 路面相对高程　　　　D. 国际平整度指数

【任务单 6-6】

参见表 6-11。

表 6-11　手推式断面仪法任务单

专业		班级		姓名		学号		小组	

任务:某高速公路沥青混凝土路面用手推式断面仪法检测平整度,写出检测步骤。	
试验项目名称及编号	
适用范围	
检测频率	
主要仪器设备	
检测步骤简要流程	
其他说明	

学情小测 6-6

项目7 路面抗滑性能检测

【思维导图】

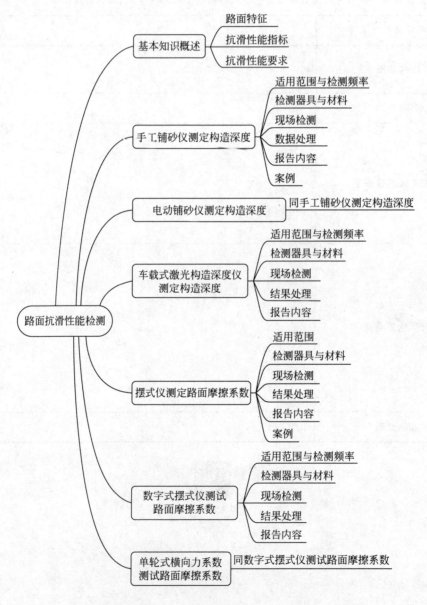

【本项目学习目标】

知识目标：
(1) 能够阐述抗滑性能的含义和影响因素；
(2) 能够阐述构造深度、摩擦系数的含义以及测试方法类型；
(3) 能够阐述各测试方法的检测原理、适用范围、主要测试器具和材料。

能力目标：
(1) 能够和小组成员配合完成手工铺砂法、电动铺砂法和摆式仪法的测试；
(2) 能够填写测试记录表并对测试结果进行数据处理；
(3) 能够根据检测结果对所测指标的合格性进行判定。

素质目标：
(1) 培养平安公路、关爱生命的职业意识；
(2) 培养学生爱岗敬业、诚实守信、恪守原则的职业素养；
(3) 培养学生自律自省、自我约束的良好习惯。

任务7.1 基本知识概述

随着公路及城市道路交通运输事业的蓬勃发展，公路里程不断增加，为了保证行车安全，要求路面具有一定的粗糙度，防止路面在不利条件下因抗滑性能不足产生行车事故，如图7-1所示。若路面抗滑能力不足时，汽车起动，会发生空转打滑现象；汽车在弯道上行驶，会产生横向滑移；高速行车时紧急制动，所需的制动距离就会增长，这些现象极易引发交通事故，经调查，交通事故大部分与路面滑溜有关，即与路面抗滑性能有关。

图7-1 侧翻与追尾

1. 路面特征

道路行车安全的主要因素包括：人员素质、车辆技术性能、环境气候因素及路面性能。针对路面性能来讲，沥青混凝土路面特征分为路面细（微观）构造特征和路面粗（宏观）构造特征。

1) 路面细（微观）构造

路面细（微观）构造特征是指集料表面的粗糙度，它随车轮的反复磨耗而渐被磨光，通常采用石料磨光值（PSV）表征抗磨光的性能，细构造在低速时对路表抗滑性能起决定作用。

我国现行《公路沥青路面设计规范》(JTG D50—2017)中规定：在设计高速公路、一级公路的沥青表面层时，应选用抗滑、耐磨石料，其石料磨光值应大于42。

2）路面粗（宏观）构造

路面粗（宏观）构造特征是指路表面外露集料间形成的构造，它的功能是使车轮下的路表水迅速排除，以免形成水膜。粗（宏观）构造对高速行驶的车辆起主要作用，粗（宏观）构造大，高速行车下的路表水能迅速排除，保证轮胎与石料直接接触，路面的抗滑性能就好；反之，路面粗（宏观）构造小，表面易形成水膜，路面的抗滑性能就差。

2. 抗滑性能指标

1）摩擦系数

摩擦系数（包括摩擦摆值、横向力系数等）直接表征道路表面抗滑性能水平的高低。高速公路、一级公路宜在竣工后第一个夏季测定，目前常用的测试方法有制动距离法，摆式仪法，单、双轮式横向力系数测试仪法，动态旋转摩擦系数测试仪法等，各方法的特点和测试指标如表7-1所示。

2）路面宏观构造深度

路面宏观构造深度体现的是当道路表面有水存在时，路面防止车辆高速行驶情况下摩擦系数下降的能力。应在路面竣工后第一个夏季用铺砂法或激光构造深度仪测定。如表7-1所示。

表7-1 常见抗滑性能检测方法

测试方法	测试指标	测试原理	特点及适用范围
制动距离法	摩擦系数 F	以一定速度在潮湿路面上行驶的四轮小客车或轻货车，当各车轮被制动时，测试从车辆减速滑移到停止的距离，运用动力学原理，算出摩擦系数	测试速度快，结果直观
摆式仪法	摆值 BPN	在摆式仪的摆锤底面装一个橡胶滑块，当摆锤从一定高度自由下摆时，滑动面同试验表面接触。由于两者之间的摩擦而损耗部分能量，故摆锤只能回摆到低于起始位置的高度。表面摩擦阻力越大，回摆高度越小，摆值越大	定点测量，原理简单易懂，操作方便，测试效率较低。其适用于沥青路面及水泥混凝土路面的抗滑性能测试
铺砂法	构造深度 TD	将已知体积的砂，摊铺在所要测试路表的测点上，以表面不留浮砂为原则，量取摊平覆盖的面积。砂的体积与所覆盖平均面积的比值，即构造深度	定点测量，原理简单，设备成本低；测试效率低，受人为因素影响大。其适用于沥青路面及水泥混凝土路面的抗滑性能测试
激光构造深度仪	构造深度 TD	采用激光测距的基本原理，以较高的采样频率，按一定的计算模型计算路面构造深度	测试效率高，设备成本较高。其适用于测试干燥的沥青路面构造深度，不适用于较多坑槽、显著不平整或裂缝过多的路段

续表

测试方法	测试指标	测试原理	特点及适用范围
单、双轮式横向力系数测试仪法	横向力系数 SFC	标准测试轮胎以与行车方向一定角度连续行驶在潮湿路面上,轮胎受到的侧向摩擦阻力与轮胎的载重比值即横向力系数	测试效率高,设备成本高。其适用于沥青路面及水泥混凝土路面的抗滑性能测试
动态旋转摩擦系数测试仪法	摩擦系数 F	测试仪转盘下方安装有三个橡胶滑块,并配有洒水装置,用于潮湿测试表面。测试时,当转盘加速到一定转速后被放到测试表面,使橡胶滑块与测试表面接触。在摩擦力的作用下转盘被减速,在此过程中测出由滑块所产生的力矩,并由此计算出摩擦系数	定点测量,可以一次测试出不同速度下的摩擦系数。其常用于科学研究,较少用于大规模工程检测

3. 抗滑性能要求

《公路工程质量检验评定标准 第一册 土建工程》(JTG F80/1—2017)中路面抗滑性能检测要求如表 7-2 所示。

表 7-2 路面抗滑性能检测要求

结构名称	检查项目		规定值或允许偏差		检查方法和频率
			高速公路、一级公路	其他公路	
水泥混凝土路面	构造深度 TD/mm	一般路段	0.7～1.1	0.5～1.0	铺砂法:每 200m 测 1 处
		特殊路段	0.8～1.2	0.6～1.1	
	横向力系数 SFC	一般路段	≥50	—	每 20m 测 1 点
		特殊路段	≥55	≥50	
沥青混凝土面层和沥青碎(砾)石面层	摩擦系数		满足设计要求	—	摆式仪:每 200m 测 1 处 横向力系数测定车:全线连续检测
	构造深度		满足设计要求	—	铺砂法:每 200m 测 1 处

其中,《公路沥青路面设计规范》(JTG D50—2017)中规定,高速公路、一级公路以及山岭重丘区二级和三级公路的路面在交工验收时,其抗滑性能指标应满足表 7-3 的技术要求。

表 7-3 沥青路面抗滑技术要求

年平均降雨量/mm	交工检测指标值	
	横向力系数 SFC_{60}[①]	构造深度 TD[②] /mm
>1000	≥54	≥0.55
500～1000	≥50	≥0.50
250～500	≥45	≥0.45

注:① 横向力系数 SFC_{60},用横向力系数测试车,在(60±1)km/h 车速下测定。
② 构造深度 TD,用铺砂法测定。

【知识拓展 7-1】

路面抗滑能力是影响道路行车安全性的重要因素,是保证公路行车安全及维护必要的允许行车速度的一项重要指标。同时,该指标也是路面设计、筑路材料、施工工艺、养护等各项技术水平的综合反映。

一般来说,影响路面抗滑性能的因素主要有两大方面:一个是路面的外在因素,另一个是路面的内在因素。

1) 路面类型、干湿状态、温度与车速

不同路面类型,其摩擦系数值有一定的差异,干燥状态下路面的摩擦系数差异不大,一般能够保证汽车安全行驶;当路表处于潮湿、积水状态,特别是路表与轮胎之间形成水膜时,摩擦系数则要减小很多。随着车速的提高,摩擦系数将会进一步降低。一般随着路面温度的升高,摩擦系数会相应减小。

2) 轮胎的磨耗量、表面形状及构造

轮胎的磨耗量在一定程度上影响摩擦系数的大小,当轮胎磨耗率在 80% 以上时,摩擦系数减少 10%~30%。轮胎的表面花纹也会影响到摩擦系数的值,这是由于轮胎表面形状不同引起路面上排水效果不同所致。轮胎的橡胶性质对摩擦系数也有影响,此外,轮胎的接触压力、轮重等也会对其产生影响。

3) 路面上雨水、结冰、积雪及其他状态

雨水在路表面积聚,形成水膜,车速越高,轮胎与水膜接触区的水越来不及排出,轮胎与路面石料不能充分接触,使路面抗滑能力大幅度下降。冰和雪本身的摩擦系数就很低,通常在 0.1~0.3,因此在结冰或积雪的路面上行车是非常危险的。

路面的污染和路面上的脏物,如矿粉末、污泥及松散砂粒、汽车滴下的油类、轮胎磨耗的胶粉等也会对摩擦系数产生一定影响,会降低路面的抗滑能力,随着车速的提高,摩擦系数将会进一步降低。

4) 面层沥青及集料

集料的特性以及沥青的用量是能否保证路面抗滑性能的内部关键因素。

(1) 沥青混凝土中集料的特性

在沥青混凝土中集料的作用很大,为了保证行车安全,在进行施工时,一定要加强集料质量的控制。集料的种类、性质、形状也明显影响摩擦系数。

集料的粗度、形状和表面粗糙度对沥青混凝土表面的抗滑性能有较明显的影响。具有较显著的面和棱角,各尺寸相差不大、均匀,近似正方体以及具有明显细纹,其摩擦系数要比圆滑的集料大得多。突出的粗糙表面的集料,经碾压后能相互嵌挤锁结,形成较好的沥青混凝土路面粗构造。

碱性石料对沥青的吸附性好,但并不耐磨耗。路面建成初期,摩擦系数高,但经过行车作用后易磨损而变光滑。未风化的酸岩石,大多强度高、耐磨,但与石油沥青的黏附性较差,所以要经过碱性处理。此外,在集料的级配组成上,开级配的路面表面抗滑性能相对较好。

(2) 沥青混凝土配合比设计中沥青的用量

沥青用量对沥青混凝土路面抗滑性能的影响是非常明显的。沥青在沥青混凝土中起黏合作用,沥青用量过大,除在混凝土中形成结构沥青外,还将有自由沥青存在,自由沥青在夏季高温状态下较不稳定,会溢出路面表面,形成路面沥青膜,俗称"泛油"。泛油的沥青路面被车辆碾压后形成高低不平的形状,造成雨水排不出去,路面抗滑性能大大下降,极易导致交通事故;另外在高温时,沥青高温强度较低,会使路面表面矿料被压入下层,而使沥青被挤出表面,形成沥青膜,混凝土路面的沥青膜的抗滑性能极差。

对于沥青路面,一般以煤沥青最好,混合沥青次之,黏稠石油沥青稍差,多蜡液体沥青(渣油)最差。不论何种结合料,随着其用量增加,摩擦系数均会降低。

5) 沥青与矿粉的数量比

沥青与矿粉的数量比对沥青混凝土抗滑性能的影响也很大。

矿粉的表面积比沥青混凝土中其他较粗矿物颗粒的表面积要大得多,可占全部集料总面积的70%~95%。矿粉颗粒吸附大部分沥青,沥青在矿粉表面进行化学组分的重新排列,在矿粉表面形成一层扩散溶化膜,在此膜中的沥青称为结构沥青。结构沥青具有较高的黏度,矿物颗粒间是由结构沥青膜联结的,可形成成熟、稳定性较高的沥青混凝土,因此在温差较大的地区,选用黏度较低的沥青拌制混凝土时,为保证夏季高温时混凝土的强度和稳定性,抑制沥青溢出表面,正确地选用沥青与矿粉的数量比是十分必要的。

【学情小测 7-1】

(1)【单选题】路面表面构造深度的标准值为 0.8mm,那么测试值应(　　)为合格。

　　A. ≥0.8mm　　　　B. ≤0.8mm　　　　C. >0.8mm　　　　D. <0.8mm

(2)【多选题】影响路面抗滑性能的因素为(　　)。

　　A. 路面的表面特征　　B. 道路等级　　C. 道路的潮湿程度　　D. 行车速度

(3)【单选题】高速公路、一级公路沥青表面层的摩擦系数宜在竣工后的(　　)采用摩擦系数测定车测定。

　　A. 第 1 个夏季　　　　　　　　B. 第 1 个冬季

　　C. 第 1 个雨季　　　　　　　　D. 第 1 个最不利季节

(4)【多选题】路面构造深度有(　　)等测试方法。

　　A. 制动距离法　　B. 手工铺砂法　　C. 电动铺砂法　　D. 摆式仪法

【任务单 7-1】

参见表 7-4。

表 7-4　抗滑性基本知识任务单

专业		班级		姓名		学号		小组	

任务:明确路面抗滑性的检测方法有哪些,分别测定哪些指标;了解抗滑性的影响因素和要求。	
抗滑性的定义	
影响抗滑性的因素	

续表

路面表面特性	粗（宏观）构造	
	细（微观）构造	
抗滑性检测方法	构造深度测定法	（含测试方法和测试指标）
	摩擦系数测定法	（含测试方法和测试指标）
其他说明		

微课 8.1　　学情小测 7-1

任务 7.2　手工铺砂仪测定构造深度

路面的宏观构造深度是指一定面积的路表面凹凸不平的开口孔隙平均深度。它是由路表外露集料间形成的构造，功能是使车轮下的路表水迅速排除，以避免形成水膜。其值越大，路表水越能被很好排除，路面的抗滑性能越好。路面构造深度的测试方法有手工铺砂法、电动铺砂法、激光构造深度仪法。

手工铺砂法的测试原理是将细砂铺在路面上，计算嵌入凹凸不平的表面空隙中的砂的体积与覆盖面积之比。

1. 适用范围与检测频率

本方法适用于测定沥青路面及水泥混凝土路面表面构造深度，用以评定路面的宏观粗糙度，路面表面的排水性能及抗滑性能。

检测频率为每 200m 测 1 处，一处测 3 个点，3 个点之间间隔为 3～5m。

2. 检测器具与材料

(1) 人工铺砂仪：由量砂筒、推平板组成，如图 7-2 所示。

① 量砂筒：一端是封闭的，内径为 20mm，外径为 26mm，总高为 90mm，容积为 (25 ± 0.15) mL。可通过称量砂筒中水的质量以确定其容积 V，并调整其高度，使其容积符合规定要求，如图 7-3 所示。

② 推平板：推平板应为木制或铝制，直径 50mm，底面粘一层厚 1.5mm 的橡胶片，上面有一圆把手，如图 7-3 所示。

(2) 量砂：足够数量的干燥洁净匀质砂，粒径 0.15~0.3mm。

图 7-2 人工铺砂仪

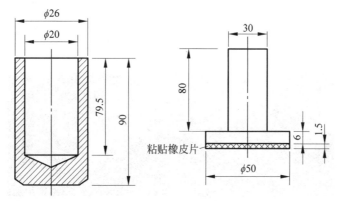

图 7-3 量砂筒和推平板

(3) 量尺：钢板尺或专用构造深度尺。

(4) 其他：装砂容器、小铲、扫帚或毛刷、挡风板等，如图 7-4 所示。

3. 现场检测

1) 准备工作

(1) 量砂准备：将洁净的细砂晾干、过筛，取 0.15~0.3mm 的砂置于适当的容器中备用。量砂只能在路面上使用一次，不宜重复使用。回收砂必须经干燥、过筛处理后方可使用。

(2) 确定测点：按公路路基路面现场随机测试选点方法，对测试路段随机取样选点，决定测点所在横断面位置。测点应选在行车道的轮迹带上，距路面边缘不应小于 1m，如图 7-5 所示。

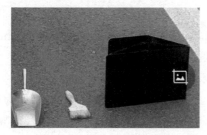

图 7-4 挡风板、小铲、毛刷

图 7-5 选点（轮迹带）

2) 测试步骤

(1) 用扫帚或毛刷子将测点附近的路面清扫干净,面积不小于 30cm×30cm。

(2) 用小铲装砂向量砂筒中缓缓注入准备好的量砂至高出筒顶呈尖顶状,手提量砂筒上方,用钢尺轻轻叩打圆柱中部 3 次,并用刮尺边沿筒口一次刮平。注意不可直接用量砂筒装砂,以免影响量砂密度的均匀性,如图 7-6 所示。

图 7-6 装砂

(3) 将砂倒在路面上,用底面粘有橡胶片的推平板由里向外重复做摊铺运动,稍稍用力将砂细心地尽可能地向外摊开,使砂填入凹凸不平的路表面空隙中,尽可能将砂摊成圆形,并不得在表面上留有浮动余砂。注意摊铺时不可用力过大或向外推挤。

(4) 用钢板尺测量所构成圆的两个垂直方向的直径,取其平均值,准确至 1mm,如图 7-7 所示。

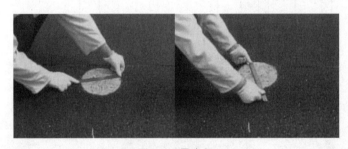

图 7-7 量直径

(5) 按以上方法,同一处平行测定不少于 3 次,3 个测点均位于轮迹带上,测点间距 3~5m。该处的测定位置以中间测点的位置表示。

4. 数据处理

路面表面构造深度测定点结果按式(7-1)计算:

$$\mathrm{TD} = \frac{1000V}{\pi D^2/4} = \frac{31831}{D^2} \tag{7-1}$$

式中:TD——路面构造深度,mm;

V——砂的体积,25cm³;

D——摊平砂的平均直径,mm。

每一处均取 3 次路面构造深度测定结果的平均值作为试验结果,精确至 0.01mm。当平均值小于 0.2mm 时,试验结果以"<0.2mm"表示。

每个评定路段路面构造深度需计算平均值、标准差、变异系数等。

一般来说,手工铺砂法误差较大,其原因很多。例如,装砂的方法无标准,轻叩力度无标准,致使量筒中的砂紧密程度不一样,影响砂量;还有用摊平板铺砂时手法因人而异,更主要的是砂摊开多大程度为止,无明确规定,摊铺结果亦因人而异。

为了克服手工铺砂法掌握不统一、测量不准的缺点,可采用电动铺砂法和激光法。

5. 报告内容

(1) 测试路段信息(桩号、测试位置等);

(2) 列表逐点报告路面构造深度的测定值及一处3次测定的平均值;

(3) 测试路段构造深度的平均值、标准差、变异系数。

【例7-1】 某高速公路采用中粒式沥青混凝土面层,用手工铺砂法测定其抗滑性能,原始记录及数据如表7-5所示,其抗滑构造深度TD≥0.55mm,运用手工铺砂法对其进行检测并判定合格性。

表7-5 手工铺砂路面构造深度试验记录

承包单位: 合同号:
监理单位: 编号:

工程名称				试验日期			
起止桩号				K0+000—K0+600			
测点桩号	测点位置距中桩/m 左(+)右(—)	试验次数	砂体积/cm³	摊平砂直径 D/mm			构造深度 TD/mm	构造深度平均值/mm
				上下方向	左右方向	平均值		
K0+200	5.5	1	25	200	200	200	0.80	0.80
		2	25	210	200	205	0.76	
		3	25	200	190	195	0.84	
K0+400	−5.5	1	25	215	205	210	0.72	0.63
		2	25	225	235	230	0.60	
		3	25	230	240	235	0.58	
K0+600	5.5	1	25	200	200	200	0.80	0.79
		2	25	200	190	195	0.84	
		3	25	210	210	210	0.72	
测点数 9	规定值/mm ≥0.55		平均值/mm	0.74	标准差/mm	0.10	变异系数/% 13	合格率/% 100

【知识拓展7-2】

路面表面的构造深度也称纹理深度,是表征路面粗糙度的一种形式,它和路面摩擦系数都是评价路表抗滑性能的专业技术指标,但是构造深度和摩擦系数所表征的作用不同,两者不能互相代替。手工铺砂法与电动铺砂法都是利用控制粒径的细砂铺在路面上,以嵌入凹凸不平的表面空隙中砂的体积与覆盖面积之比求得平均深度。这是目前工程上常用的方法。

铺砂法所用的砂及量筒,日本铺装试验法规定,对粗糙路面用0.15~0.30mm的砂50cm³,对于致密路面用0.075~0.15mm的砂10cm³。从理论上讲比较合理,不致使铺开的砂面积过小或过大,但掌握起来不好统一。为防止混乱,我国统一规定使用0.15~0.3mm粒径砂和25cm³体积量筒。

影响手工铺砂法测试结果误差较大的原因有很多,例如,装砂和叩击方法无量化标准,不少人直接用量筒到装砂的筒中装砂,叩击量筒的力度大小不一,均致使量筒中的砂紧密程度不一样,影响砂量。此外,摊铺过程因掌握力度不同,摊铺结果亦因人而异。

【学情小测 7-2】

(1)【单选题】手工铺砂法测定路面构造深度,所使用量砂筒的容积为( )。
  A. 15mL   B. 25mL   C. 50mL   D. 100mL

(2)【单选题】用铺砂法测定路面表面构造深度,若细砂没有摊铺好,表面留有浮动余砂,则试验结果( )。
  A. 表面留有浮动余砂,试验结果偏大   B. 表面留有浮动余砂,试验结果偏小
  C. 表面留有浮动余砂,不影响试验结果   D. 以上均不对

(3)【单选题】其他情况一致的条件下,路表构造深度越大,路面的抗滑能力( )。
  A. 越强   B. 越差   C. 不一定越强   D. 强、弱无规律

(4)【单选题】使用手工铺砂法进行路面构造深度的测定时,同一处平行测定应该不少于( )次。
  A. 2   B. 3   C. 4   D. 5

(5)【单选题】铺砂法测定路面表面构造深度时,我国统一规定使用( )的砂 $25cm^3$。
  A. 0.15~0.2mm   B. 0.1~0.15mm
  C. 0.1~0.3mm   D. 0.15~0.3mm

【任务单 7-2】

参见表 7-6。

表 7-6 手工铺砂法任务单

| 专业 | | 班级 | | 姓名 | | 学号 | | 小组 | |

任务:某高速公路沥青路面,用手工铺砂法进行抗滑性检测,将检测结果汇总于表中,请评定该路段抗滑性能是否合格,并完成任务单。

手工铺砂路面构造深度试验记录

工程名称				试验日期		
起止桩号				K0+000—K0+600		

测点桩号	测点位置距中桩/m 左(+)右(-)	试验次数	砂体积/cm^3	摊平砂直径 D/mm			构造深度 TD/mm	构造深度平均值/mm
				上下方向	左右方向	平均值		
K0+200	5.8	1	25	200	210			
		2	25	210	220			
		3	25	200	110			
K0+400	-5.6	1	25	215	205			
		2	25	220	230			
		3	25	230	235			
K0+600	5.7	1	25	200	210			
		2	25	200	205			
		3	25	210	220			
测点数		规定值/mm	≥0.55	平均值/mm		标准差/mm	变异系数/%	合格率/%

续表

试验项目名称及编号	
适用范围	
检测频率	
主要仪器设备	
检测步骤简要流程	
其他说明	

微课 8.2

学情小测 7-2

思政素材 7.2

任务 7.3 电动铺砂仪测定构造深度

电动铺砂法与手工铺砂法基本原理类似,手工法是通过将固定体积量砂填入凹凸不平的空隙计算其平均深度作为构造深度的,而电动法是将固定体积量砂在路面上的摊铺长度与在玻璃板上的摊铺长度进行比较后,得到构造深度。

1. 适用范围与检测频率

本方法适用于测试沥青路面及无刻槽水泥混凝土路面表面构造深度,用以评定路面表面抗滑性能。

检测频率为每 200m 测一处,一处测 3 个点,3 个点之间间隔为 3～5m。

2. 检测器具与材料

(1) 电动铺砂仪:利用可充电直流电源,将量砂通过砂漏铺设成宽度 5cm、厚度均匀一致的器具,如图 7-8、图 7-9 所示,图 7-9 中 L_0 表示玻璃板上 50mL 量砂摊铺长度;t_0 表示量砂在玻璃板上摊铺的标定厚度;L 表示路面上 50mL 量砂摊铺的长度。

(2) 量砂:足够数量的干燥洁净的匀质砂,粒径为 0.15～0.3mm。

(3) 标准量筒:容积 50mL。

(4) 玻璃板:面积大于铺砂器,厚度不小于 5mm。

(5) 其他:直尺、灌砂漏斗、扫帚、毛刷等。

图 7-8 电动铺砂仪实物

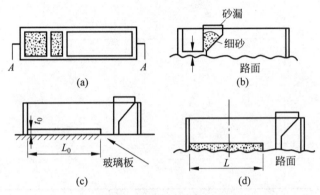

图 7-9 电动铺砂仪示意
(a) 平面图；(b) A—A 断面；(c) 标定；(d) 测定

3. 现场检测

1) 准备工作

（1）量砂准备

取洁净的细砂晾干，过筛，取 0.15～0.3mm 的砂置于适当的容器中备用。量砂只能在路面上使用一次，不宜重复使用。已在路面上使用过的砂，如果回收重复使用时，应重新过筛并晾干。

（2）确定测点

对测试路段按随机取样选点的方法，决定测点所在的横断面的位置。测点应选在行车道的轮迹带上，距路边缘不小于 1m。

（3）电动铺砂仪标定

① 将铺砂仪平放在玻璃板上，将砂漏移至铺砂仪端部。

② 使灌砂漏斗口和量筒大致齐平，通过漏斗向量筒中缓缓注入准备好的量砂至高出量筒呈尖顶状（图 7-10(a)），用直尺沿筒口一次刮平（图 7-10(b)），其容积为 50mL。

③ 使漏斗口与铺砂仪砂漏斗上口大致齐平。将砂通过漏斗均匀倒入砂漏，漏斗前后移动，使砂的表面大致齐平，但不得用任何其他工具刮动砂。

④ 开动电动机，使砂漏向另一端缓缓运动，量砂沿砂漏底部铺成如图 7-11 所示的宽度 5cm 的带状，待砂全部漏完后停止。

⑤ 按图 7-11 由 L_1 及 L_2 的平均值决定量砂的摊铺长度 L_0，按式(7-2)计算，精确至 1mm。

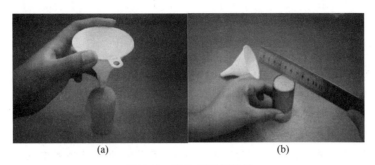

图 7-10　电动铺砂仪标定

(a) 装砂；(b) 刮平

$$L_0 = \frac{L_1 + L_2}{2} \quad (7\text{-}2)$$

式中：L_0——玻璃板上 50mL 量砂摊铺的长度，mm；

　　　L_1 及 L_2——图 7-11 量取的摊铺长度，mm。

⑥ 重复标定 3 次，取平均值决定 L_0，精确至 1mm。

铺砂仪在玻璃板上摊铺的量砂厚度 t_0（mm）按式（7-3）计算：

$$t_0 = \frac{V}{BL_0} \times 1000 = \frac{1000}{L_0} \quad (7\text{-}3)$$

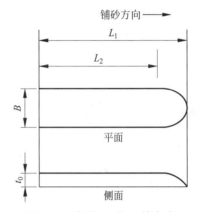

图 7-11　决定 L_0 及 L 的方法

式中：t_0——量砂在玻璃板上摊铺的标定厚度，mm；

　　　V——量砂体积，50mL；

　　　B——铺砂仪铺砂宽度，50mm。

电动铺砂法的标定十分重要，为保证试验结果的准确性，标定应使用与实际试验相同的砂，并由同一试验员进行。

2）测试步骤

（1）将测试地点用毛刷刷净，面积大于铺砂仪。

（2）将铺砂仪沿道路纵向平稳地放在路面上，将砂漏移至端部。

（3）按电动铺砂仪标定步骤②～⑤在测试地点摊铺 50mL 量砂，按图 7-11 方法量取铺砂长度 L_1 及 L_2，按式（7-4）计算 L，精确至 1mm。

$$L = \frac{L_1 + L_2}{2} \quad (7\text{-}4)$$

式中：L——路面上 50mL 量砂摊铺的长度，mm。

（4）按以上方法，同一处平行测定不少于 3 次，3 个测点均位于轮迹带上，测点间距为 3～5m。该处的测定位置以中间测点的位置表示。

4．数据处理

路面构造深度按式（7-5）计算：

$$TD = \frac{L_0 - L}{L} \times t_0 = \frac{L_0 - L}{L \times L_0} \times 1000 \quad (7\text{-}5)$$

式中：TD——路面的构造深度，mm。

每一处均取 3 次路面构造深度的测定结果平均值作为试验结果,精确至 0.1mm。

5. 报告内容

(1) 测试路段信息(桩号、测试位置等);

(2) 列表逐点报告路面构造深度的测定值及一处 3 次测定的平均值;

(3) 测试路段构造深度的平均值、标准差、变异系数。

【例 7-2】 某高速公路沥青混凝土路面,用电动铺砂法测定其抗滑性能,原始记录及数据如表 7-7 所示,其抗滑构造深度 TD≥0.55mm,运用电动铺砂法对其进行检测并判定合格性。

表 7-7 电动铺砂路面构造深度试验记录

承包单位: 　　　　　　　　　　　合同号:
监理单位: 　　　　　　　　　　　编号:

工程名称				试验日期				
起止桩号				K5+010—K5+410				
测点桩号	测点位置距中桩/m 左(+)右(−)	L_0/mm	t_0/mm	L_1/mm	L_2/mm	L/mm	TD/mm	TD 平均值/mm
K5+010	5.5	263	3.8	235	215	225	0.6	0.6
				237	214	226	0.6	
				232	212	222	0.7	
K5+210	−5.5	265	3.8	239	215	227	0.6	0.7
				231	211	221	0.8	
				233	215	224	0.7	
K5+410	5.5	262	3.8	234	214	224	0.6	0.6
				231	213	222	0.7	
				238	212	225	0.6	
测点数	9	规定值/mm	≥0.55	平均值/mm	0.6	标准差/mm	0.07	变异系数/%	11.7	合格率/%	100

【知识拓展 7-3】

本方法可避免手工铺砂法的人为操作差异导致测试结果变异性较大的缺点,但本方法操作过程比手工铺砂法复杂,故目前国内使用的普及度不高。

电动铺砂法与手工铺砂法测试原理类似,但测试方法有区别,手工铺砂法是通过把固定体积量砂填入凹凸不平的空隙计算其平均深度作为构造深度的,而电动铺砂法是将固定体积量砂在路面上的摊铺长度与在玻璃板上的摊铺长度进行比较后得到构造深度的,所以两种方法测试的构造深度存在差值,使用时应进行换算。

电动铺砂法的标定十分重要,为保证试验结果的准确性,标定应使用与实际试验相同的砂,并由同一试验员进行。

【学情小测 7-3】

(1)【单选题】电动铺砂法铺砂的容积为( )。

　　A. 25mL　　　　B. 50mL　　　　C. 10mL　　　　D. 15mL

(2)【单选题】电动铺砂法砂带的宽度为( )。
   A. 5cm　　　　B. 10cm　　　　C. 3cm　　　　D. 2cm
(3)【多选题】电动铺砂法的测试仪器有( )。
   A. 电动铺砂仪　　B. 漏斗　　C. 玻璃板　　D. 推平板

【任务单 7-3】

参见表 7-8。

表 7-8　电动铺砂法任务单

| 专业 | | 班级 | | 姓名 | | 学号 | | 小组 | |

任务：某高速公路沥青路面，用电动铺砂法进行抗滑性检测，写出电动铺砂法的检测步骤。
试验项目名称及编号	
适用范围	
检测频率	
主要仪器设备	
检测步骤简要流程	
其他说明	

微课 8.3　　学情小测 7-3　　思政素材 7.3

任务 7.4　车载式激光构造深度仪测定构造深度

路面宏观构造深度可用铺砂法和激光构造深度仪测定。铺砂法测定误差大，效率低。激光构造深度仪测定的构造深度与铺砂法有良好的相关关系，而且速度快，精度高。

工作原理是高速脉冲半导体激光器产生红外线投射到道路表面，从投影面上散射的光线由接收透镜聚焦到线性布置的光敏二极管上，接收光线最多的二极管位置给出了这一瞬间到道路表面的距离，通过一系列计算可得出构造深度。

激光构造深度仪测出的构造深度与铺砂法测出的构造深度不同,但两者有较好的线性相关关系,因此激光构造深度仪所测得构造深度不能直接用于评定路面的抗滑性,必须换算为铺砂法的构造深度后才能判断路面的抗滑性能是否满足要求。

1. 适用范围与检测频率

车载式激光构造深度仪是智能化仪器,在新建、改建路面工程质量验收和无严重破损病害及无积水、积雪、泥浆等正常行车条件下连续采集测定路面构造深度,但不适用于带有沟槽构造的水泥混凝土路面构造深度的测定。

检测采样间隔≤5mm。

2. 检测器具与材料

(1) 测试系统由承载车辆、距离传感器、激光传感器和主控制系统组成(图7-12)。主控制系统对测试装置的操作实施控制,完成数据采集、传输、存储与计算过程。

(2) 测试系统基本技术要求和参数:

① 最大测试速度:≥50km/h。

② 采样间隔:≤5mm。

③ 传感器测试精度:≤0.1mm。

④ 距离标定误差:<0.1%。

⑤ 系统工作环境温度:0~60℃。

图7-12 激光构造深度仪

3. 现场检测

1) 准备工作

(1) 设备安装到承载车上后,先进行相关性标定试验。

(2) 根据设备操作手册规定的要求对测试系统各传感器进行校准。

(3) 距离测量装置需要现场安装的,根据设备操作手册说明进行安装,确保机械紧固装备安装牢固。

(4) 测试系统各部分应符合测试要求,不应有明显的可视性破损。

(5) 打开系统电源,启动控制程序,检查各部分的工作状态。

2) 测试步骤

(1) 按照设备使用说明规定的预热时间对测试系统预热。

(2) 测试车在测试起点前50~100m处,启动测试系统程序,按照设备操作手册的规定和测试路段的现场技术要求设置完毕所需的测试状态。

(3) 驾驶员应按照设备操作手册要求的测试速度范围驾驶测试车,避免急加速和急减速,急弯路段应放慢车速,沿正常行车轨迹驶入测试路段。

(4) 进入测试路段后,测试人员启动系统的采集和记录程序,在测试过程中必须及时准确地将测试路段的起终点和其他需要特殊标记的位置输入测试数据记录中。

(5) 当测试车辆驶出测试路段后,测试人员停止数据采集和记录,并恢复仪器各部分至初始状态。

(6) 检查:测试数据文件应完整,内容应正常,否则需要重新测试。

(7) 关闭测试系统电源,结束测试。

4．结果处理

1) 数据处理

计算每一个测试路段构造深度的平均值、标准差、变异系数。

2) 激光构造深度仪测值与铺砂法构造深度值相关关系对比试验

由于计算模式的差别,激光构造深度仪与铺砂法的测定结果存在一定的差异,因此必须在完成两者相关性试验和转换后才能进行结果的评定。

(1) 选择构造深度分别在 0～0.3mm、0.3～0.55mm、0.55～0.8mm、0.8～1.2mm 范围内的 4 个各长 100m 的试验路段。试验前将路面清扫干净,并在起终点做标记。

(2) 在每个试验路段上沿一侧行车轮迹用铺砂法测试至少 10 个点的构造深度值,并计算平均值。

(3) 驾驶测试车以 30～50km/h 速度驶过试验路段,并且保证激光构造深度仪的激光传感器探头沿铺砂法所测构造深度的行车轮迹运行,计算试验路段的构造深度平均值。

(4) 建立两种方法的相关关系式,要求相关系数 $r \geqslant 0.97$。

5．报告内容

(1) 测试路段信息(桩号、测试位置等)。

(2) 测试路段构造深度的平均值、标准差及变异系数。

(3) 若进行相关性试验,还应报告相关性关系式及相关系数。

【知识拓展 7-4】

目前激光构造深度仪一般都采用车载式,其测试效率高,测试结果稳定,并能够与平整度、车辙等其他断面指标同步采集测试数据,为大多数检测单位所使用。但由于测试工作原理所限,该设备在具有槽状或坑状表面构造的水泥混凝土路面上使用受到限制。

早期部分车载式激光构造深度仪的激光传感器采集响应频率偏低,造成测试速度较慢,不能发挥车载式设备的优势。因此,在设备技术要求中规定最大测试速度必须达到的最低测试速度标准。

另外,目前激光构造深度仪的测试结果有传感器测定构造深度(sensor measured texture depth,SMTD)、平均剖面深度(the mean profile depth,MPD)、平均纹理深度(the mean texture depth,MTD)等几种不同算法,相当一部分进口设备的直接输出结果并不是我国规定采用的 SMTD 算法,故使用单位在设备的招标和采购过程中应该要求销售商提供 SMTD 计算结果。

【学情小测 7-4】

(1)【单选题】车载式激光构造深度仪不适用于(　　)。

　　A. 新建路面的工程质量验收

　　B. 改建路面的工程质量验收

　　C. 无严重破损病害及积水、积雪、泥浆等正常行车条件下测定连续采集路面构造深度

　　D. 带有沟槽构造的水泥路面构造深度的确定

(2)【单选题】车载式激光构造深度仪的测试指标为(　　)。

　　A. 摩擦系数 F　　B. 摆值 BPN　　C. 构造深度 TD　　D. 横向力系数 SFC

(3)【单选题】激光构造深度仪所测的构造深度可以直接用于判断路面的抗滑性能。（　　）

    A. 正确　　　　　　　　　　　　B. 错误

(4)【单选题】激光构造深度仪适宜的检测速度为30～50km/h。（　　）

    A. 正确　　　　　　　　　　　　B. 错误

(5)【单选题】激光构造深度仪测值应与铺砂法的构造深度值建立相关关系,相关系数不得小于0.97。（　　）

    A. 正确　　　　　　　　　　　　B. 错误

【任务单 7-4】

参见表 7-9。

表 7-9　车载式激光构造深度仪法任务单

专业		班级		姓名		学号		小组	

任务：某高速公路沥青混凝土路面用车载式激光构造深度仪法检测抗滑性,写出检测步骤。	
试验项目名称及编号	
适用范围	
检测频率	
主要仪器设备	
检测步骤简要流程	
其他说明	

学情小测 7-4

任务 7.5　摆式仪测定路面摩擦系数

路面具有一定的粗糙度是保证汽车在道路上行驶安全的必要条件,它通过轮胎与路面相互作业产生的摩擦阻力而起制约作用。评定路面粗糙度的指标很多,但通常采用的是车辆纵向紧急制动距离、纵向摩擦系数和横向摩擦系数。一般而言,制动距离越短,摩擦系数越大,行车越安全。路面粗糙度越大,纵向摩擦系数和横向摩擦系数越大。

摆式仪法是我国普遍采用的一种抗滑性能测试方法,测试指标为摆式摩擦系数值(简称摆值),以 BPN 表示。它的基本原理是,在摆式仪的摆锤底面装一橡胶滑块,当摆锤从一定高度自由下摆时,滑块面同试验表面接触,由于两者间的摩擦而损耗部分能量,使摆锤只能回摆到一定高度,表面摩擦阻力越大,回摆高度越小(即摆值越大)。

路面的抗滑摆值 BPN(British pendulum number)指用标准的手提式摆式摩擦系数测定仪测定的路面在潮湿条件下对摆的摩擦阻力,代表指针式摆式仪的刻度值,是反映路面抗滑性能的综合性指标。

1. 适用范围

本方法适用于以指针式摆式摩擦系数测定仪(摆式仪)测试无刻槽水泥混凝土路面和沥青路面的摆式摩擦系数值,用以评定路面在潮湿状态下的抗滑能力。

2. 检测器具与材料

(1) 指针式摆式仪:形状及结构如图 7-13 所示,摆及摆的连接部分总质量为 (1500 ± 30) g,摆动中心至摆的重心距离为 (410 ± 5) mm,测定时摆在路面上滑动长度为 (126 ± 1) mm,摆上橡胶片端部距摆动中心的距离为 510mm。橡胶片对路面的正向静压力为 (22.2 ± 0.5) N。测试时由人工通过指针在度盘上直接读值,摆值最小刻度为 2。

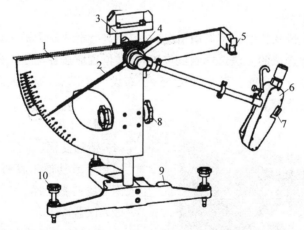

1—度盘;2—指针;3—紧固把手;4—松紧调节螺栓;5—释放开关;6—摆;7—滑溜块;
8—升降把手;9—水准泡;10—调平螺栓
图 7-13 指针式摆式仪结构示意

(2) 橡胶片:尺寸为 6.35mm×25.4mm×76.2mm,如图 7-14 所示,橡胶质量应符合表 7-10 的要求。当橡胶片使用后,端部在长度方向上磨耗超过 1.6mm 或边缘在宽度方向上磨耗超过 3.2mm,或有油类污染时,即应更换新橡胶片。新橡胶片应先在干燥路面上测试 10 次后再用于测试,橡胶片的有效使用期自出厂日期起算为 12 个月。

表 7-10　橡胶物理性质技术要求

性 质 指 标	温　度				
	0℃	10℃	20℃	30℃	40℃
回弹值/%	43～49	58～65	66～73	71～77	74～79
硬度	(55±5)HD				

（3）滑动长度量尺：长度 126mm，如图 7-15 所示。

图 7-14　橡胶片

图 7-15　滑动长度量尺

（4）喷水壶。

（5）路面温度计：分度不大于 1℃。

（6）其他：毛刷或扫帚、记录表格等。

3．现场检测

1）准备工作

（1）检查指针式摆式仪的调零灵敏情况，并定期进行滑块压力的标定。

（2）按随机取样选点的方法选择测试位置，测试位置应选在车道横断面上轮迹带处，且距路面边缘不应小于 1m。每个测试位置（每处）布设 3 个测点，测点间距离为 3～5m，以中心测点的位置表示该测试位置。

图 7-16　仪器就位

2）测试步骤

（1）清洁路面。

用扫帚或其他工具将测点处路面上的浮尘或附着物打扫干净。

（2）仪器调平。

① 将指针式摆式仪置于路面测点上，并使摆的摆动方向与行车方向一致，如图 7-16 所示。

② 转动底座上的调平螺栓，使水准泡居中。

（3）指针调零。

① 放松紧固旋钮，转动升降旋钮，使摆升高并能自由摆动，然后旋紧紧固旋钮。

② 将摆固定在右侧悬臂上，使摆处于水平位置，并把指针拨至右端与摆杆贴紧。

③ 右手按下释放开关,使摆向左带动指针摆动,当摆达到最高位置后刚开始下落时,用左手将摆杆接住,此时指针应指零,如图7-17所示。

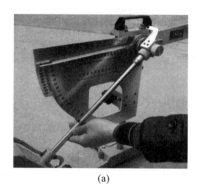 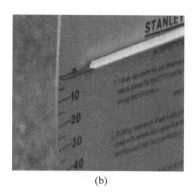

图 7-17　调零

④ 指针若不指零,通过转动松紧调节螺母进行调整后,重复①~③的步骤,直至指针指零,调零允许误差为±1。

(4) 校核滑动长度。

① 让摆处于自然下垂状态,松开固定旋钮,转动升降旋钮使摆下降,并提起举升柄使摆向左侧移动,然后放下举升柄使橡胶片长边下缘轻轻触地,在边侧紧靠橡胶片摆放滑动长度量尺,使量尺左端对准橡胶片触地下缘;再提起举升柄使摆向右侧移动,然后放下举升柄使橡胶片缘轻轻触地,检查橡胶片下缘是否与滑动长度量尺的右端齐平,如图 7-18 所示。

图 7-18　校核滑动长度

若齐平,则说明橡胶片两次触地的距离(滑动长度)符合 126mm±1mm 的要求。左右两次橡胶片长边边缘应以刚刚接触路面为准,不可借摆的力量向前滑动,以免标定的滑动长度与实际不符。

② 橡胶片两次触地与量尺两端若不齐平,通过升高或降低摆或仪器底座的高度进行调整。微调时,也可用旋转仪器底座上的调平螺丝调整仪器底座高度的方法,但需注意保持水准泡居中。

③ 重复①、②的步骤,直至滑动长度符合 126mm±1mm 的要求。

(5) 检测路面摆值。

① 将摆固定在右侧悬臂上,使摆处于水平位置,并把指针拨至右端靠紧摆杆。

② 用喷水壶浇洒测点处路面,使之处于湿润状态。

③ 按下右侧悬臂上的释放开关,使摆在路面滑过,当摆杆回落时,用手接住摆杆并读数,但不做记录。

④ 重复①~③的操作 5 次,读记每次测试的摆值。5 个摆值中最大值与最小值的差值不得大于 3。如差值大于 3,应重复上述各项操作,至符合规定为止。

⑤ 在测点处用温度计测潮湿路表温度,准确至 1℃。

⑥ 按以上方法,同一测试位置(处)测定 3 点,3 点均位于轮迹带上,3 点之间间隔距离为 3~5m,每个测点测定 6 次,第一次不计数,读取后 5 个数值,以中心测点的位置表示该测试位置。

4. 结果处理

数据处理如下:

(1) 计算每个测点 5 个摆值的平均值作为该测点的摆值 BPN_T,取整数。

(2) 摆值的温度修正。

当路面温度为 T(℃)时测得的摆值 BPN_T 应按式(7-6)换算成标准温度 20℃ 的摆值 BPN_{20}:

$$BPN_{20} = BPN_T + \Delta BPN \tag{7-6}$$

式中:BPN_{20}——换算成标准温度 20℃ 时的摆值;

BPN_T——路面温度 T 时测得的摆值;

ΔBPN——温度修正值按表 7-11 采用。

表 7-11　温度修正值(JTG 3450—2019)

温度/℃	0	5	10	15	20	25	30	35	40
温度修正值 ΔBPN	−6	−4	−3	−1	0	+2	+3	+5	+7

(3) 计算每个测试位置 3 个测点摆值的平均值作为该测试位置的摆值,取整数。

(4) 计算一个测试路段摆值的平均值、标准差、变异系数。

5. 报告内容

(1) 测试路段信息,包括测试日期、测点位置、天气情况、洒水后潮湿路面的温度等。

(2) 路面单点抗滑值的测定值 BPN_T,经温度修正后的 BPN_{20},及每个测试位置的 3 个测点的平均值。

(3) 测试路段摆值的平均值、标准差及变异系数。

【例 7-3】　某高速公路采用中粒式沥青混凝土面层,用摆式法测定其抗滑性能,原始记录及数据如表 7-12 所示,其抗滑摩擦系数要求≥45mm,运用摆式仪法对其进行检测并判定合格性。

表 7-12　路面摩擦系数检测记录

工程名称 ××工程　　路面类型 中粒式沥青　　路段桩号 K1+020—K1+620　　检查日期 _____

检验者 _____　　计算者 _____　　校核者 _____　　路面温度 25℃

测点位置		测点序号	摆值						测点摆值	温度修正值	修正后摆值
桩号	横距/m		1	2	3	4	5	平均值			
K1+120	居中线 0.85	1	44	43	46	45	46	45	47	2	49
		2	47	48	45	46	48	47			
		3	46	48	49	47	48	48			
K1+320	居中线 0.90	1	45	46	45	47	46	46	46	2	48
		2	46	47	48	45	46	46			
		3	48	46	49	47	46	47			
K1+520	居中线 0.90	1	49	46	48	49	47	48	45	2	47
		2	45	42	43	44	45	44			
		3	46	43	45	43	44	44			
测点数	9	摆值规定值	≥45		摆值平均值	48		摆值标准差	1	变异系数/%	2.1	合格率/%	100

【知识拓展 7-5】

指针式摆式仪是由英国道路和运输研究所（TRRL）发明的用于测试路面抗滑能力的一种装置。BPN 代表指针式摆式仪的刻度值，多年来，此设备已被世界各国广泛用于抗滑性能测试。

指针式摆式仪所使用的橡胶片对测试结果有很大影响。各国标准均规定橡胶片应符合英国 BS 812—1990 天然橡胶或美国 ASTM E501—2015 合成橡胶的要求，我国是自行研制的合成橡胶，本规程采用的是英国 BS 812—1990 的标准。

英、美、日本等国都使用不同的摆值温度修正公式或曲线图，我国基于在国内开展的试验测试结果，采用修正值表的方法，中间温度的修正值可采用内插法计算得出。

指针式摆式仪的指针归零标定步骤非常重要，但长期以来，因我国多数生产厂家受限于指针式摆式仪的制造工艺和采用的材料，大部分指针式摆式仪指针控制效果不过关，造成测试结果准确性不能满足要求。为改进指针读数方式的缺陷，近年来国内外已开发出数字式摆式仪，通过电测传感器进行测试摆值结果。数字摆式仪的电测方式既改进了指针结构带来的弊端，也避免了人工读值的误差，大大提高了测试结果的准确性。

【学情小测 7-5】

(1)【单选题】用摆式仪法测定路面摩擦系数时，如果标定的滑动长度大于标准值(126mm)，则 BPN 的测定值比实际值(　　)。

　　A. 偏大　　B. 偏小　　C. 一样　　D. 偏大偏小很难确定

(2)【单选题】摆式仪测定的是(　　)状态下的路面抗滑能力。

　　A. 高温　　B. 低温　　C. 干燥　　D. 潮湿

(3)【单选题】摆值受温度影响很大，一般以(　　)为标准温度，当路面为其他温度时应进行温度修正。

　　A. 10℃　　B. 20℃　　C. 25℃　　D. 15℃

(4)【单选题】用摆式仪测定路面抗滑性能时,重复 5 次测定的差值应不大于(　　)BPN。

  A. 1   B. 3   C. 5   D. 7

(5)【单选题】摆式仪测定时摆在路面上滑动长度为(　　)。

  A. 410mm±5mm   B. 410mm±1mm

  C. 126mm±5mm   D. 126mm±1mm

【任务单 7-5】

参见表 7-13。

表 7-13　摆式法检测抗滑性能任务单

专业　　　　班级　　　　姓名　　　　学号　　　　小组

任务：某高速公路沥青路面,用摆式法进行抗滑性检测,将检测结果汇总于表中,请评定该路段抗滑性能是否合格,并完成任务单。

路面摩擦系数检测记录

工程名称　××工程　　路面类型　中粒式沥青　　路段桩号　K1+030—K1+630　　检查日期　　　　

检验者　　　　　　计算者　　　　　　校核者　　　　　　路面温度　15℃

测点位置		测点序号	摆值					测点摆值	温度修正值	修正后摆值
桩号	横距/m		1	2	3	4	5	平均值			
K1+130	居中线 0.85	1	45	46	46	45	44			
		2	47	46	45	46	47			
		3	45	48	47	47	48			
K1+330	居中线 0.90	1	45	46	48	47	46			
		2	46	47	48	47	46			
		3	46	47	49	47	46			
K1+530	居中线 0.90	1	48	46	48	49	47			
		2	45	44	43	44	45			
		3	46	46	45	45	46			
测点数		摆值规定值	≥45	摆值平均值		摆值标准差		变异系数/%	合格率/%	

试验项目名称及编号	
适用范围	
检测频率	
主要仪器设备	
检测步骤简要流程	
评定结果	

微课 8.4　　学情小测 7-5　　思政素材 7.5

任务 7.6　数字式摆式仪测试路面摩擦系数

数字式摆式仪是在不改变原有指针式摆式仪基本结构和工作原理的基础上,利用计算机、电子、传感器技术,研发的一种集成了自动显示、自动存储、自动温度修正功能的数字化测量系统。数字式摆式仪的测量机构由高精度角度传感器、嵌入式摆值测量系统、温度传感器及算法软件等部分构成。

1. 适用范围与检测频率

本方法适用于数字式摆式仪测试无刻槽水泥路面和沥青路面的摆式摩擦系数值 BPN。检测频率为每 200m 测 1 处,1 处测 3 个点,3 个点之间间隔为 3～5m。

2. 检测器具与材料

(1) 数字式摆式仪:形状及结构如图 7-19 所示。数字式摆式仪主机可输入测点编号,自动测量、存储和显示摆值及温度修正后的结果。

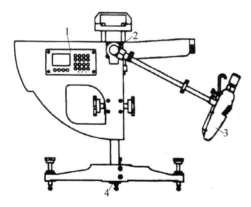

1—主机;2—角度传感器;3—摆;4—温度传感器

图 7-19　数字式摆式仪结构示意

(2) 橡胶片:各项要求与前文所述摆式仪中橡胶片的规定相同。

(3) 滑动长度量尺:长 126mm。

(4) 路面温度计:分度不大于 1℃。

(5) 其他:扫帚、记录表格、喷水壶、毛刷等。

3. 现场检测

1) 准备工作

(1) 检查数字式摆式仪的调零灵敏情况,并定期进行滑块压力的标定。

(2) 按《公路路基路面现场测试规程》(JTG 3450—2019)规定的方法,选择测试位置,每个测试位置布设 3 个测点,测点间距离为 3～5m,以中心测点的位置表示该测试位置。测试位置应选在车道横断面上轮迹处,且距路面边缘不应小于1m。

2)测试步骤

(1)清洁路面

用扫帚或其他工具将测点处路面上的浮尘或附着物打扫干净。

(2)仪器调平

① 将仪器置于路面测点上,并使摆的摆动方向与行车方向一致。

② 转动底座上的调平螺栓,使水准泡居中。

(3)零位标定

① 放松紧固旋钮,转动升降旋钮,使摆升高并能自由摆动,然后旋紧紧固旋钮。

② 将摆固定在右侧悬臂上,使摆处于水平释放位置。

③ 打开数字化摆式仪主机电源,设置测试状态为"标定",按下释放开关,使摆向左摆动,当摆达到最高位置后下落时,用手将摆杆接住,此时数字化摆式仪将自动记录空摆时的初角度,保存此初始角度,完成零位标定。

(4)校核滑动长度

① 让摆处于自然下垂状态,松开固定旋钮,转动升降旋钮使摆下降,并提起举升柄使摆向左侧移动,然后放下举升柄使橡胶片长边下缘轻轻触地,在边侧紧靠橡胶片摆放滑动长度量尺,使量尺左端对准橡胶片触地下缘;再提起举升柄使摆向右侧移动,然后放下举升柄使橡胶片下缘轻轻触地,检查橡胶片下缘是否与滑动长度量尺的右端齐平。

若齐平,则说明橡胶片两次触地的距离(滑动长度)符合126mm要求。左右两次橡胶片长边边缘应以刚刚接触路面为准,不可借摆的力量向前滑动,以免标定的滑动长度与实际不符。

② 橡胶片两次触地与量尺两端若不齐平,通过升高或降低摆或仪器底座高度进行调整,微调时,也可用旋转仪器底座上的调平螺钉调整仪器底座高度的方法,这种方法比较方便,但需注意保持水准泡居中。

③ 重复①、②的步骤,直至滑动长度符合126mm要求。

(5)将摆固定在右侧悬臂上,使摆处于水平释放位置,设置测试状态为"就绪"。

(6)用喷水壶浇洒测点处路面,使之处于湿润状态。

(7)按下右侧悬臂上的释放开关,使摆在路面滑过,当摆杆回落时,用手接住并读数,但不做记录。然后使摆杆重新置于水平释放位置。

(8)按照(5)~(7)的步骤,重复操作5次,读记每次测试的摆值。5个摆值中最大值与最小值的差值不得大于3。如差值大于3时,应检查产生的原因,并再次重复上述各项操作,至符合规定为止。

(9)在测点处用温度计测记潮湿路表温度,准确至1℃。

(10)重复(1)~(9),完成一个测试位置3个测点的摆值测试。

4. 结果处理

(1)计算每个测点5个摆值的平均值作为该测点的摆值BPN_T,取整数。

(2)摆值的温度修正,见任务7.5手动式摆式仪法的温度修正方法。

(3)计算每个测试位置3个测点摆值的平均值作为该测试位置的摆值,取整数。

(4) 计算一个测试路段摆值的平均值、标准差、变异系数。

5. 报告内容

(1) 测试路段信息，包括测试日期、测点位置、天气情况、洒水后潮湿路面的温度等。

(2) 路面单点抗滑值的测定值 BPN_T，经温度修正后的 BPN_{20}，及每个测试位置的 3 个测点的平均值。

(3) 测试路段摆值的平均值、标准差及变异系数。

【知识拓展 7-6】

数字式摆式仪取消了指针和刻度盘，其零位标定和摆值读取均由角度传感器和控制程序自动完成，这就避免了指针式摆式仪结构零位标定和人工读值方式造成的不稳定性和数据误差，较好地提高了测试结果的稳定性和准确度。

【学情小测 7-6】

(1)【单选题】高温条件下用摆式仪测定的沥青面层摩擦系数比低温条件下测得的摩擦摆值（　　）。

　　A. 大　　　　B. 小　　　　C. 一样　　　　D. 不一定

(2)【单选题】用摆式仪测试路面抗滑性能时，同一处平行测定的次数要求为（　　）。

　　A. 不少于 3 次　　B. 不少于 2 次　　C. 不少于 5 次　　D. 不少于 4 次

(3)【单选题】在用摆式仪检测路面摩擦系数时，在横截面上测点应选在（　　），且距路面边缘不应小于 1m。

　　A. 行车道轮迹边缘　　　　B. 行车道轮迹处

　　C. 大于 1m　　　　　　　D. 小于 1m

(4)【单选题】用摆式仪测试摆值同一处平行测定不少于 3 次，3 个测点间距 2~5m。（　　）

　　A. 正确　　　　　　　　B. 错误

(5)【单选题】用摆式仪测定路面抗滑性能时，重复 5 次测定的差值应不大于 5BPN。（　　）

　　A. 正确　　　　　　　　B. 错误

【任务单 7-6】

参见表 7-14。

表 7-14　数字式摆式仪测试路面摩擦系数任务单

专业　　　　班级　　　　姓名　　　　学号　　　　小组

任务：某高速公路沥青路面，用数字式摆式仪法进行抗滑性检测，请完成任务单。	
试验项目名称及编号	
适用范围	
检测频率	
主要仪器设备	

续表

检测步骤简要流程	
其他说明	

学情小测 7-6

任务 7.7　单轮式横向力系数测试路面摩擦系数

对于路面来说,抗滑性能是一项非常重要的质量评定指标,由于摆式仪测定摆值受人为因素影响较大,而且检测速度很慢,只适用于一般公路不具有摩擦系数测定车时的抗滑性能的检测。横向力系数既表示车辆在路面上制动时的路面抗力,还表征车辆在路面上发生侧滑时的路面抗力,因此它是路面纵横向摩擦系数的综合指标。

当测定轮与行车方向呈 20°偏角且以一定速度行驶时,专用轮胎与潮湿路面之间的测试轮轴向摩擦阻力与垂直荷载的比值,称为路面横向力系数,简记 SFC,无量纲。

1. 适用范围与检测频率

本方法适用于单轮式横向力系数测试系统在新、改建路面工程质量验收和无严重坑槽、车辙等病害的正常行车条件下连续采集路面的横向力系数。

检测频率为每 20m 测 1 点。

2. 检测器具与材料

横向力系数测试系统由承载车、距离测试装置、横向力测试装置、供水装置和主控制单元组成,如图 7-20 所示,主控制单元除实施对测试装置和供水装置的操作控制外,同时还控制数据的传输、记录与计算等环节。

测试系统技术要求和参数:

(1) 横向力系数测试系统的承载车辆应为能够固定和安装测试、储供水、控制和记录等系统的载货车底盘,具有在水罐满载状态下最高车速大于 100km/h 的性能。

(2) 测试轮胎类型:光面天然橡胶充气轮胎。

(3) 测试轮胎规格:3.00-20-4PR。

(4) 测试轮胎标准气压:$(3.5\pm0.2)kg/cm^2$。

项目7 路面抗滑性能检测

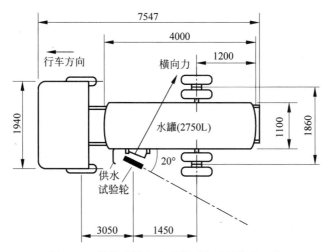

图 7-20 单轮式横向力系数测定系统构造示意

(5) 测试轮偏置角：19.5°～21°。
(6) 测试轮静态垂直标准荷载：(2000±20)N。
(7) 拉力传感器非线性误差：<0.05%。
(8) 拉力传感器有效量程：0～2000N。
(9) 距离标定误差：<2%。

3. 现场检测

1) 准备工作

(1) 每个测试项目开始前或连续测试超过 1000km 后，必须按照设备使用手册规定的方法进行测试系统的标定，记录标定数据并存档。

(2) 检查测试车轮胎气压，应达到车辆轮胎规定的标准气压。

(3) 检查测试轮胎磨损情况，当其直径比新轮胎减少 6mm（即胎面磨损 3mm）以上或有明显磨损裂口时，必须立即更换新轮胎。更换的新轮胎在正式测试前应试测约 2km。

(4) 检测测试轮气压，应达到(350±20)kPa 的要求。

(5) 检测测试轮固定螺栓，应拧紧。将测试轮放到正常测试时的位置，应能够沿两侧滑柱上下自由升降。

(6) 根据测试里程的需要，向水罐加注清洁测试用水。

(7) 检查洒水口出水情况和洒水位置是否正常。洒水位置应在测试轮接触地面中点沿行驶方向前方(400±50)mm 处，洒水宽度应为中心线两侧各不小于 75mm。

(8) 将控制面板电源打开，检查各项控制功能键、指示灯和技术参数选择状态是否正常。

2) 测试步骤

(1) 正式开始测试前，首先应按设备操作手册规定的时间要求对系统进行通电预热。

(2) 进入测试路段前应将测试轮胎降至路面上，预跑至少 500m。

(3) 按照设备操作手册的规定和测试路段的现场技术要求设置完毕所需的测试状态。

(4) 驾驶员在进入测试路段前应保持车速在规定的测试速度范围内，沿正常行车轨迹驶入测试路段。

(5) 进入测试路段后,测试人员启动系统的采集和记录程序。在测试过程中必须及时准确地将测试路段的起终点和其他需要特殊标记点的位置输入测试数据记录中。

(6) 当测试车辆驶出测试路段后,仪器操作人员停止数据采集和记录,提升测量轮并恢复仪器各部分至初始状态。

(7) 操作人员检查数据文件应完整、内容应正常,否则需要重新测试。

(8) 关闭测试系统电源,结束测试。

4. 结果处理

1) SFC 值的修正

(1) SFC 值的速度修正。

测试系统的标准测试速度范围为 (50 ± 4) km/h,其他速度条件下测试的 SFC 值须通过式(7-7)转换至标准速度下的等效 SFC 值。

$$SFC_{标} = SFC_{测} - 0.22(V_{标} - V_{测}) \tag{7-7}$$

式中:$SFC_{标}$——标准测试速度下的等效 SFC 值;

$SFC_{测}$——现场实际测试速度条件下的测试 SFC 值;

$V_{标}$——标准测试速度,km/h;

$V_{测}$——现场实际测试速度。

(2) SFC 值的温度修正。

测试系统的标准现场测试地面温度范围为 (20 ± 5)℃,其他地面温度条件下由于测试轮胎的弹性和路面本身的抗滑性能会发生变化,因而测试的 SFC 值须通过表 7-15 转换至标准温度下的等效 SFC 值。系统测试要求地面温度控制在 8~60℃范围内。

表 7-15 SFC 值温度修正(JTG 3450—2019)

温度/℃	10	15	20	25	30	35	40	45	50	55	60
SFC 修正值	−3	−1	0	+1	+3	+4	+6	+7	+8	+9	+10

2) 路面横向力摩擦系数评定

横向力摩擦系数使用代表值进行工程质量评定,按路面 SFC 的设计或验收标准值评定路面抗滑性合格与否。

(1) SFC 代表值的计算。

SFC 代表值为 SFC 算术平均值的下置信界限值,即

$$SFC_r = \overline{SFC} - \frac{t_\alpha}{\sqrt{n}} S \tag{7-8}$$

式中:SFC_r——SFC 代表值;

$\overline{SFC}$——SFC 算术平均值;

S——标准差;

n——数据个数;

t_α——t 分布表中随测点数和保证率(或置信度 α)而变的系数,可查附录 1;采用 t 分布单边置信率:高速公路、一级公路为 95%,其他公路为 90%。

(2) 评定。

当 SFC$_r$ 大于等于设计值或验收标准时,按单个 SFC 值计算合格率;当 SFC$_r$ 小于设计或标准值时,相应分项工程评为不合格。

【例 7-4】 用横向力摩擦力系数测定车对某高速公路沥青路面抗滑性进行检测验收,按 20m 一点采样间距连续检测,结果如下:测点数 $n=100$,$\overline{SFC}=63.05$,SFC 标准差为 6.031,按保证率为 95%,问该路面抗滑性是否合格?(高速公路一般路段横向力系数标准值为 54)

解 已知保证率为 95%,$n=100$,查附录 1 可知:

$$\frac{t_\alpha}{\sqrt{n}}=0.166$$

$$SFC_r = \overline{SFC} - \frac{t_\alpha}{\sqrt{n}}S = 63.05 - 0.166 \times 6.031 = 62.05$$

由于 SFC$_r$ > 54,故该路面抗滑性满足要求。

5. 报告内容

(1) 测试路段信息(桩号、测试位置等)。
(2) 测试速度、温度。
(3) 测试路段横向力系数 SFC 的平均值、标准差及代表值。
(4) 若进行相关性试验,还应报告相关性关系式及相关系数。

横向力系数测定法由于测试车自备水箱,能直接洒水在轮前 30cm 宽的路面上,可控制路面水膜厚度,测速较高,不妨碍交通,特别适用于高速公路和一级公路上进行测试。

【知识拓展 7-7】

不同类型摩擦系数测试设备间相关关系对比试验

1) 基本要求

不同类型摩擦系数测试设备的测值应换算成 SFC 值后使用,所以制动式摩擦系数测试设备和其他类型横向力式测试设备在使用时必须和 SCRIM(侧向力型)系统进行对比试验,建立测试结果与 SCRIM 系统测值(SFC 值)的相关关系。

2) 试验条件

(1) 按 SFC 值在 0~30、30~50、50~70、70~100 的范围内选择 4 段不同摩擦系数的路段,路段长度可为 100~300m。

(2) 对比试验路段地面应清洁干燥,地面温度应在 10~30℃ 范围内,天气宜为晴天无风。

3) 试验步骤

(1) 测试系统和需要进行对比试验的其他类型设备按操作手册规定的程序准备就绪。

(2) 两套设备分别以 40km/h、50km/h、60km/h、70km/h、80km/h 的速度在所选择的 4 个试验路段上各测试 3 次,3 次测试的平均值的绝对差值不得大于 5,否则重测。

(3) 两种试验设备设置的采样频率差值不应超过一倍,每个试验路段的采样数据量不少于 10 个。

4）试验数据处理

（1）分别计算出每种速度下各路段 3 次测试结果的总平均值和标准差，超过 3 倍标准差的值应予以舍弃。

（2）用数理统计的回归分析方法建立试验设备测值与速度的相关关系式，相关系数 r 不得小于 0.95。

（3）建立不同速度下试验设备测值 SFC 值的相关关系式，相关系数 r 不得小于 0.95。

【学情小测 7-7】

（1）【单选题】横向力系数 SFC 表征的含义为（   ）。

    A. 测试车制动时轮胎与路面的摩阻系数

    B. 测试轮侧面测得的横向力与轮荷载大小之比

    C. 测试轮在刹车时横向力的大小

    D. 测试轮侧面测得的横向力与测试车重量的比值

（2）【单选题】单轮式横向力系数测试系统测定路面摩擦系数试验步骤中洒水位置应在测试轮接触地面中点沿行驶方向前方（400±50）mm 处，洒水宽度应为中心线两侧各不小于 75mm。（   ）

    A. 正确   B. 错误

（3）【单选题】不同类型摩擦系数测试设备的测值应换算成 SFC 值后使用，所以制动式摩擦系数测试设备和其他类型横向力式测试设备在使用时，必须和单轮式横向力系数测试系统进行对比试验，建立测试结果与单轮式横向力系数测试系统测值 SFC 值的相关关系。（   ）

    A. 正确   B. 错误

（4）【多选题】使用单轮式横向力系数测定系统测定路面摩擦系数，以下描述正确的是（   ）。

    A. 测试系统不需要供水装置

    B. SFC 值需要速度校正

    C. 报告包括横向力系数的平均值、代表值、标准差及现场的测试速度和温度

    D. SFC 值需要温度校正

【任务单 7-7】

参见表 7-16。

表 7-16　单轮式横向力系数测试路面摩擦系数任务单

专业	班级	姓名	学号	小组

任务：某高速公路沥青路面，用单轮式横向力系数法进行抗滑性检测，请完成任务单。	
试验项目名称及编号	
适用范围	
检测频率	

续表

主要仪器设备	
检测步骤简要流程	
其他说明	

学情小测 7-7　　思政素材 7.7

项目8 路基路面强度指标检测

【思维导图】

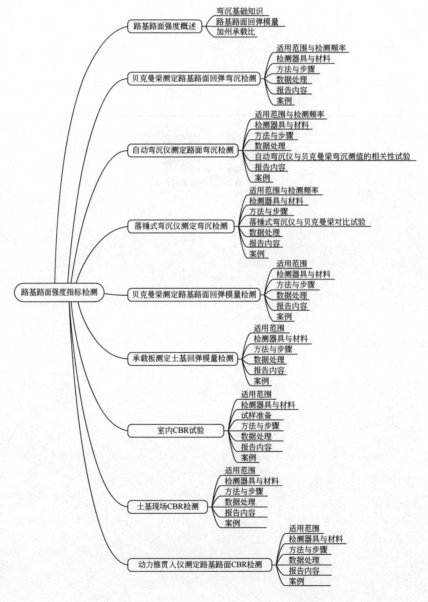

【本项目学习目标】

知识目标：
(1) 能够阐述路基路面强度指标的种类、定义以及测试方法类型；
(2) 能够阐述贝克曼梁检测回弹弯沉、落锤式弯沉仪检测动态弯沉的检测原理、主要测试仪器；
(3) 能够阐述承载板法、弯沉仪法测试回弹模量的检测原理及主要仪器材料；
(4) 能够阐述加州承载比(CBR)试验的检测原理、主要测试器具和材料。

能力目标：
(1) 能够和小组成员配合运用贝克曼梁测定路基路面回弹弯沉、回弹模量、CBR 的检测；
(2) 能够填写测试记录表并对测试结果进行数据处理；
(3) 能够根据检测结果对所测指标的合格性进行判定。

素质目标：
培养自强不息的工匠精神和团队合作的职业素养。

任务 8.1 路基路面强度概述

路基路面强度表征的是路基路面结构抵抗变形的能力。其中，路面直接承受车辆荷载，路基承受由路面传递的行驶荷载，路基路面强度用于衡量两者在荷载作用下保持形状不变的综合能力。

在路基路面施工准备阶段、施工阶段以及竣工验收阶段都需要对强度指标进行测定。弯沉是反映路基或路面整体抗压强度的一个综合指标，回弹弯沉值已在我国广泛使用且有很多试验和研究成果，它不仅用于路面结构的设计中，也用于施工控制及施工验收中(竣(交)工验收弯沉值)，同时还用在旧路补强设计中，它是公路工程的一个基本参数。回弹模量是反映路基路面承载能力的重要技术指标，路面设计中采用回弹模量作为土基抗压强度的指标。CBR 是路基土和路面材料的强度指标，在我国的路面设计中，虽以路基土和路面材料的回弹模量值作为设计参数，但在路基施工规范中仍将 CBR 作为一项重要力学指标。本节介绍弯沉的基础知识。

1. 弯沉基础知识

1) 弯沉概念

(1) 弯沉

弯沉值是指在规定的标准轴载作用下，路基或路面表面轮隙中心处产生的总垂直变形(总弯沉)，或垂直回弹变形值(回弹弯沉)，以 0.01mm 为单位，如图 8-1 所示。通常所说的回弹弯沉是指后轴载轮隙中心处的最大回弹弯沉值。路基或路面在车轮作用下产生沉降，其总变形值等于总弯沉值；当车轮荷载卸除后，路面便向上回弹，其回弹变形值即回弹弯沉值；总弯沉与回弹弯沉之差便是残余弯沉。一般总弯沉比回弹弯沉大，表明路基或路面除了产生弹性变形外还产生塑性

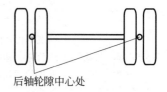

图 8-1 弯沉定义示意

变形;若总弯沉等于回弹弯沉,表明路基或路面是完全弹性体;若总弯沉小于回弹弯沉,表明路基或路面产生隆起的塑性变形。

国内外普遍采用回弹弯沉值来表示路基路面的承载能力,回弹弯沉值越大,承载能力越小,反之则越大。

(2) 设计弯沉值

设计弯沉值是根据设计年限内一个车道上预测通过的累积当量轴次、公路等级、面层和基层类型而确定的路面弯沉设计值。公路工程质量评定标准中规定,土方路基、沥青混凝土面层、沥青碎石面层、沥青贯入式面层以及沥青表面处治表层的弯沉值均不得超过设计允许值。

(3) 竣(交)工验收弯沉

竣(交)工验收弯沉值是检验路面是否达到设计要求的指标之一。当路面厚度计算以设计弯沉值为控制指标时,则验收弯沉值不大于设计弯沉值为合格;当厚度计算以层底拉应力为控制指标时,应根据拉应力计算所得的结构厚度,重新计算路面弯沉值,该值即为竣(交)工验收弯沉值。

2) 弯沉值的测试方法

近年来,有关弯沉的量测及分析技术发展很快,从静态荷载作用下的弯沉发展到对模拟行车轮载下动态弯沉的研究,在此发展过程中,弯沉测定仪器一直是人们研究的重点,因为它决定对应的测试水平与分析技术。

依照对路面的加载方式,路面弯沉检测技术的发展大致经历了以下三个阶段:

(1) 静力弯沉检测;

(2) 稳态动力弯沉检测;

(3) 脉冲动力弯沉检测。

目前用得最多的是静态贝克曼梁法,在我国已有成熟的经验,但由于受测试速度等因素的限制,各国都对快速连续或动态测定进行了研究,现在我国逐渐引进的有法国洛克鲁瓦式自动弯沉仪、丹麦等国家发明并几经改进形成的落锤式弯沉仪、激光式弯沉仪、美国的振动弯沉仪等。现将常用的几种弯沉测试方法进行简单的比较,如表 8-1 所示。

表 8-1　几种弯沉测试方法比较

方　法	特　点	测试指标
贝克曼梁法	传统方法,速度慢,静态测试,比较成熟,目前属于标准方法	静态回弹弯沉
自动弯沉仪法	利用贝克曼梁原理快速连续测试,属于静态测试范畴,但测定的是总弯沉,因此使用时应用贝克曼梁进行标定换算	静态总弯沉
落锤式弯沉仪法	利用重锤自由落下的瞬间产生的冲击荷载测定弯沉,属于脉冲动力弯沉检测,并能反算路面的回弹模量,快速,使用时根据需要可与贝克曼梁法建立相关关系进行换算	动态总弯沉
激光式弯沉仪法	利用激光多普勒效应来测试地面在荷载作用下的垂直下沉速度,计算出最大弯沉及弯沉盆数据,可以正常行车速度在高速公路上进行测试,测试效率高,不影响交通,是目前世界上最先进的弯沉测试方法,使用时应与落锤式弯沉仪法建立相关关系	总弯沉

利用贝克曼梁测定路面回弹弯沉值操作简便,应用广泛,我国路面设计及检测的标准方法和基本参数都是建立在这种试验方法基础之上的,但是这种试验方法整个测试过程全部由人工操作,因此测试结果受人为因素影响较大,并且测试速度很慢。自动弯沉仪是测定路面弯沉的高效自动化设备,可以对路面进行高密集点的强度测量,适用于路面施工质量控制、尚无坑洞等严重破坏的道路验收检查及旧路面强度评价,以及路面养护管理。

利用贝克曼梁法和自动弯沉仪法测出的弯沉因为汽车行进速度很慢,所得的弯沉接近静态弯沉。为了模拟汽车快速行驶的实际情况,不少国家开发了动态弯沉的测试设备。落锤式弯沉仪(falling weight deflectometer,FWD)模拟行车作用的冲击荷载下的弯沉测量,计算机自动采集数据,速度快,精度高。近几年来,采用落锤式弯沉仪测定路面的动态弯沉,并用来反算路面的回弹模量已经成为世界各国道路界的热门课题,这种设备特别适用于高等级公路路面的弯沉测量和承载能力评定,落锤式弯沉仪是目前国际上最先进的路面强度无损检测设备之一。

由于弯沉能够代表路基路面整体抵抗垂直变形的能力,测定又比较直观、简便,因此是路基路面现场质量检测的常规项目之一。

3) 弯沉值的检测频率

路基、粒料类基层底基层、沥青路面均需进行弯沉值检测,每一双车道评定路段(不超过1km)测量检查点数应符合表8-2规定,多车道公路应按车道与双车道之比,相应增加测点。

表8-2 弯沉测量检查点数

检测设备	落锤式弯沉仪	自动弯沉仪或贝克曼梁
测点数/点	40	80

2. 路基路面回弹模量

土基是路面结构的支承物,车轮荷载通过路面结构传至土基。所以土基的荷载-变形特性对路面结构的整体强度和刚度有很大影响。路面结构的损坏,除了它本身的原因外,主要是由土基变形过大引起的。

回弹模量是土基强度的一种表示方法,指路基、路面及筑路材料在荷载作用下产生的应力与其相应的回弹应变的比值。土基回弹模量表示土基在弹性变形阶段内,在垂直荷载作用下,抵抗竖向变形的能力,如果垂直荷载为定值,土基回弹模量值越大则产生的垂直位移就越小;如果竖向位移是定值,回弹模量值越大,则土基承受外荷载作用的能力就越大。因此,路面设计中采用回弹模量作为土基抗压强度的指标。

《公路沥青路面设计规范》(JTG D50—2017)规定,路基顶面回弹模量值,极重交通不小于70MPa,特重交通不小于60MPa,重交通不小于50MPa,中等、轻交通不小于40MPa。

路基回弹模量设计值宜按下列方法确定:

(1) 新建公路初步设计时,宜根据查表法(或现有公路调查法)、室内试验法、换算法等,经综合分析、论证,确定沿线不同路基状况的路基回弹模量设计值。

（2）当路基建成后，应在不利季节、路基最不利状况，实测各路段路基回弹模量代表值，以检验是否符合设计值的要求。

现场实测方法宜采用承载板法、贝克曼梁弯沉仪法、落球仪测试土基回弹模量法。

3. 加州承载比

加州承载比（California bearing ratio，CBR）简称承载比，由美国加利福尼亚州公路局首先提出，该试验用于评定土基及路面基层材料强度。由于该方法简便，试验数据稳定，因而被许多国家采用。

CBR值是指试件抵抗局部荷载压入贯入量达到2.5mm或5.0mm时的荷载强度与标准碎石压入相同贯入量时的标准压强（7MPa或10.5MPa）的比值，用百分比表示。标准压强是用高质量碎石材料大量试验求得。

为了合理选择路基填料，确保路基的强度和稳定性，《公路路基设计规范》（JTG D30—2015）、《公路路基施工技术规范》（JTG/T 3610—2019）和《公路沥青路面设计规范》（JTG D50—2017）中都规定了路基填料的最小强度要求，如表8-3所示，在路基施工之前，必须对所用填料进行CBR试验。

表8-3 路基填料最小强度（CBR值）和最大粒径要求

填料应用部位（路面底面以下深度）/m			填料最小CBR值/%			填料最大粒径/mm
			高速公路、一级公路	二级公路	三级公路	
填方路基	上路床		0～0.30	8	6	5	100
	下路床	轻、中及重交通	0.30～0.80	5	4	3	100
		特重、极重交通	0.30～1.20				
	上路堤	轻、中及重交通	0.80～1.50	4	3	3	150
		特重、极重交通	1.20～1.90				
	下路堤	轻、中及重交通	>1.50	3	2	2	150
		特重、极重交通	>1.90				
零填及挖方路基	上路床		0～0.30	8	6	5	100
	下路床	轻、中及重交通	0.30～0.80	5	4	3	100
		特重、极重交通	0.30～1.20				

注：① 表列的强度按《公路土工试验规程》（JTG 3430—2020）规定的浸水96h的CBR试验方法测定。
② 三、四级公路铺筑沥青混凝土和水泥混凝土路面时，应采用二级公路的规定。
③ 表中上、下路堤填料最大粒径150mm的规定，不适用于填石路堤和土石路堤。

CBR试验有室内试验和现场试验两种：

室内CBR试验是指试件按标准重型击实试验求得最佳含水率，根据路基施工时的含水率及压实度要求，在试筒内制备，并在加载前浸泡在水中饱水4个昼夜，使试件充分吸水，以使试验时的状态接近于路基土将来可能遭遇到的最恶劣状态。为了模拟路面结构层的自重压力，需施加半圆荷载板，其重力应根据预定的路面结构重力来确定，但不得小于45N，试件浸水至少淹没顶面2.5cm，饱水后进行贯入试验。

现场 CBR 试验是指,在公路土基现场条件下,按规定的方法进行贯入试验,得到荷载压强-贯入量曲线,读取规定贯入量的荷载压强与标准压强的比值,以百分数表示。现场 CBR 试验直接在土基顶面或路面材料顶面进行。

【知识拓展 8-1】

道路表面在荷载作用下的弯沉值,可以反映路面结构的承载能力。路面结构破坏可能是由于过量的变形造成,也可能是由于某一结构层的断裂造成。对于前者,采用最大弯沉值表征结构的承载能力较为合适;而对于后者,采用路面在荷载作用下的弯沉盆曲率半径表征其承载能力更为合适。因而,理想的弯沉测定包含最大弯沉值和弯沉盆两个方面。弯沉值是指在荷载作用下,路基或路面发生凹陷,当荷载撤走后发生反弹,在加载前后路基或路面顶面产生的回弹变形量。实际上,弯沉大小是路面结构层的刚度、厚度、路基土类型和状态、温度和湿度、交通状况及路面龄期等因素综合作用的反映。

用弯沉指标来表示路面强度的做法早在 20 世纪 30 年代便开始了,美国在 50 年代研制了贝克曼弯沉梁,我国也仿照贝克曼弯沉梁研制了现在的弯沉仪。为了提高量测精度和解决弯沉量测时支座位移的问题,苏联、瑞士、法国研制了光学弯沉仪,它的特点是把测点与读数装置分开,消除了支座位移的影响。近年来日本、丹麦等国研制了动力式落锤弯沉仪,用以量测冲击荷载作用下路面表面的弯沉,它可模拟快速行车对路面的弯沉效应。

【学情小测 8-1】

(1)【单选题】落锤式弯沉仪测定的是路面的( )。
    A. 静态回弹弯沉   B. 静态总弯沉   C. 动态回弹弯沉   D. 动态总弯沉

(2)【单选题】在规定的荷载作用下,路基或路面表面产生的总垂直变形值或垂直回弹变形值,称为( )。
    A. 摆值   B. 车辙   C. 弯沉   D. CBR

(3)【单选题】通常所说的回弹弯沉值是指标准后轴载双轮组轮隙中心处的( )。
    A. 标准后轴载   B. 标准前轴载
    C. 最大回弹弯沉值   D. 平均回弹弯沉值

(4)【多选题】CBR 试验中贯入量 2.5mm 和 5.0mm 对应的标准荷载强度分别为( )和( )。
    A. 700kPa   B. 7000kPa   C. 10500kPa   D. 13400kPa

(5)【多选题】现场测定土基回弹模量的方法主要有( )。
    A. 承载板法   B. CBR 法   C. 贝克曼梁法   D. 灌砂法

【任务单 8-1】

参见表 8-4。

表 8-4 路基路面强度概述任务单

专业		班级		姓名		学号		小组	

任务：明确路基路面强度的类型、定义及测定方法，完成任务单。		
弯沉	弯沉定义	
	测定方法	（测定方法及指标）
回弹模量	定义	
	测定方法	（测定方法及指标）
CBR	定义	
	测定方法	（测定方法及指标）
其他说明		

微课 10.1

学情小测 8-1

思政素材 8.1

任务 8.2　贝克曼梁测定路基路面回弹弯沉检测

贝克曼梁法是最常用的静力弯沉检测设备，是利用载重汽车对路面加载，通过百分表观测路面回弹弯沉。由于其工作原理简单，容易操作，在国际上得到了普遍应用，从而积累了较为丰富的使用经验。测试原理是将贝克曼梁的测头穿过测试车后轴的双轮轮隙，放在后轴前方 3～5cm 的路面测点上，贝克曼梁的另一端处架设百分表，根据杠杆原理测定测头的升降量，如图 8-2 所示。车辆以爬行速度向前行驶，当车轮经过端头时，读取百分表的最大读数，车辆驶离后，再读取百分表的读数，两者差值的二倍即为道路表面的回弹弯沉值。

1. 适用范围与检测频率

本方法适用于路基及沥青路面的回弹弯沉检测，以便评定其整体承载能力，但不适用于路基冻结后的回弹弯沉检测。检测频率如表 8-2 所示。

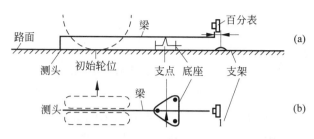

图 8-2 贝克曼梁弯沉测试示意

(a) 侧面；(b) 平面

2. 检测器具与材料

(1) 加载车：单后轴、单侧双轮组的载重车，如图 8-3 所示，双轮轮隙应能满足自由插入贝克曼梁测头的要求，轴载、轮胎气压等技术参数应符合表 8-5 的要求。

图 8-3 加载车

表 8-5 加载车的参数要求

后轴标准轴载 P/kN	100 ± 1
单侧双轮荷载/kN	50 ± 0.5
轮胎充气压强/MPa	0.70 ± 0.05
单轴传压面当量圆面积/mm²	$(3.56\pm0.20)\times10^4$
轮隙宽度	应能满足自由插入弯沉仪测头的测试要求

(2) 路面弯沉仪：包括贝克曼梁、百分表和表架，如图 8-4、图 8-5 所示。

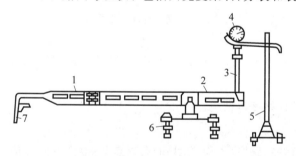

1、2—贝克曼梁前后臂；3—立柱；4—百分表；
5—表架；6—支座；7—测头

图 8-4 路面弯沉仪构造示意

图 8-5 贝克曼梁实物

贝克曼梁：由铝合金制成，上有水准泡，其前臂（接触路面）与后臂（装百分表）长度比值 2∶1。弯沉仪长度有两种：一种长 3.6m(2.4m+1.2m)，一种长 5.4m(3.6m+1.8m)。长度为 5.4m 的贝克曼梁适用于各种类型的路面结构回弹弯沉的测试，长度为 3.6m 的贝克曼梁适用于柔性基层沥青路面回弹弯沉的测试。

百分表及表架：百分表最小读数为 0.01mm。

(3) 路面温度计：分度不大于 1℃。

(4) 其他：钢直尺、皮尺、口哨、白油漆或粉笔、指挥旗等。

3. 方法与步骤

1) 准备工作

（1）检查并保持测定用标准车的车况及刹车性能良好，轮胎内胎符合规定充气压强，如图 8-6 所示。

（2）给汽车配重，并用地中衡称量后轴总质量及单侧双轮荷载等，符合要求的轴重规定，加载车行驶及测定过程中，轴重不得变化。

（3）若启用新加载车或加载车轮胎发生较大磨损时应测试轮胎传压面面积。轮胎传压面面积测试方法如下：确保加载车双侧轴载及其轮胎充气压强满足表 8-5 的要求，在平整光滑的硬质路面上用千斤顶将汽车后轴顶起，在轮胎下方铺一张新的复写纸和一张方格纸，轻轻落下千斤顶，即在方格纸上印上轮胎印痕，如图 8-7 所示。用求积仪或数方格的方法测算单个轮胎印迹范围内的面积，均应符合表 8-5 中单轮传压面当量圆面积的要求。

图 8-6　轮胎充气压强检查

图 8-7　测定轮胎接地面积

（4）当在沥青路面上测试时，通过气象台了解前 5d 的平均气温（日最高气温与最低气温的平均值）。

（5）记录沥青路面结构层材料类型、设计厚度等情况。

2) 测试步骤

（1）在测试路段布置测点，每一双车道评定路段（不超过 1km）布置点数 80 点。测点应在路面行车车道的轮迹带上，并用白漆或粉笔画上标记。

（2）将加载车停放在测试路段的测试位置，使加载车后轮轮隙对准测点后 3～5cm 处的位置上，如图 8-8 所示。

（3）将贝克曼梁插入加载车后轮轮隙处，如图 8-9 所示，与加载车行车方向一致，梁臂不得接触轮胎。贝克曼梁测头置于测点上（轮隙中心前方 3～5cm 处）。用路表温度计测量并记录测点附近的路表温度。可采用两台贝克曼梁对双侧轮迹同时进行回弹弯沉测试。

（4）将百分表安装在表架上，并将百分表的测头安放在贝克曼梁后端的测定杆顶面。轻轻叩击贝克曼梁，确保百分表正常归位，如图 8-10 所示，将百分表调零。

图 8-8 车辆就位

图 8-9 插入贝克曼梁

(5)指挥加载车缓缓前进,速度一般为 5km/h 左右,百分表示值随路面变形持续增加。当示值最大时,迅速读取初读数 L_1。加载车仍继续前进,表针开始反向回转,待加载车驶出弯沉影响范围(约 3m 以上),百分表示值稳定后,读取终读数 L_2,如图 8-11 所示。

图 8-10 检查百分表灵敏性

图 8-11 读取终读数时的测试状态

(6)指挥加载车沿轮迹带前行,驶向下一测试位置,重复(1)~(5)的步骤,完成测试路段的回弹弯沉测试。

3)支点变形修正

(1)当采用 3.6m 贝克曼梁测试弯沉时,有可能引起贝克曼梁支座处变形,在测试时应检验支点有无变形。如果有变形时,此时应用另一台检测用的贝克曼梁安装在测定用贝克曼梁的后方,其测点架于测定用贝克曼梁的支点旁。当加载车开出时,同时测定两台贝克曼梁的弯沉读数,如检验用贝克曼梁百分表有读数,即应该记录并进行支点变形修正。当在同一结构层上测定时,可在不同位置测定 5 次,求取平均值,以后每次测定时以此作为修正值。支点变形修正的原理如图 8-12 所示。

(2)当采用 5.4m 贝克曼梁测试弯沉时,一般可不进行支点变形修正。

4. 数据处理

(1)路面测点的回弹弯沉值按式(8-1)计算:

$$l_t = (L_1 - L_2) \times 2 \tag{8-1}$$

式中:l_t——在沥青面层平均温度 t 时的回弹弯沉值,0.01mm;

L_1——车轮中心临近贝克曼梁测头时百分表的最大读数,0.01mm;

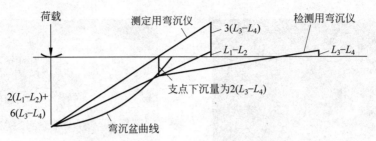

图 8-12 贝克曼梁支点变形修正原理

L_2——加载车驶出弯沉影响半径后待百分表稳定后的终读数,0.01mm。

(2) 支点修正:当需进行弯沉仪支点变形修正时,按式(8-2)计算路面测点回弹弯沉值:

$$l_t = (L_1 - L_2) \times 2 + (L_3 - L_4) \times 6 \tag{8-2}$$

式中:L_3——加载车中心临近贝克曼梁测头时检测用贝克曼梁的最大读数,0.01mm;

L_4——加载车驶出弯沉影响半径后检测用贝克曼梁的终读数,0.01mm。

此式适用于测定用贝克曼梁支座处有变形,但百分表架处路面已无变形的情况。

(3) 温度修正:沥青路面的弯沉以沥青面层平均温度 20℃ 时为准,当路面面层平均温度在(20±2)℃ 以内时,可不修正,在其他温度测定时,当沥青面层厚度大于 50mm 时,回弹弯沉值应根据沥青面层平均温度进行温度修正,按下列步骤进行。

① 按式(8-3)计算测定时的沥青面层平均温度:

$$t = (t_{25} + t_m + t_e)/3 \tag{8-3}$$

式中:t——测定时沥青面层平均温度,℃;

t_{25}——根据 t_0 由图 8-13 决定的路表下 25mm 处的温度,℃;

t_m——根据 t_0 由图 8-13 决定的沥青面层中间深度的温度,℃;

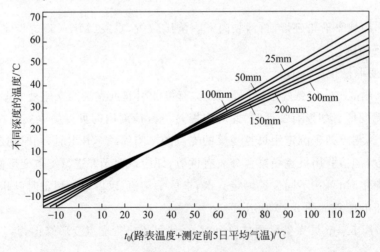

线上的数字表示从路面向下的不同深度

图 8-13 沥青面层平均温度的确定

t_e——根据 t_0 由图 8-13 决定的沥青面层底面处的温度,℃;其中,t_0 表示测定时路表温度与测定前 5 日平均气温的平均值之和(℃),日平均气温为日最高气温与最低气温的平均值。

② 当沥青面层平均温度在(20 ± 2)℃时,温度修正系数$K=1$。当沥青面层平均温度为其他温度时,应根据沥青面层厚度,分别由图 8-14(适用于粒料基层及沥青稳定基层)及图 8-15(适用于无机结合料稳定的半刚性基层)求取不同基层的沥青路面弯沉值的温度修正系数K。

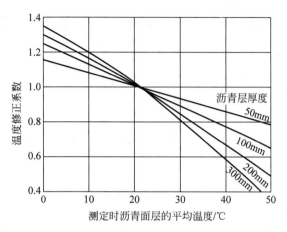

图 8-14 路面弯沉温度修正系数曲线

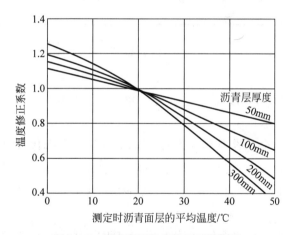

图 8-15 路面弯沉温度修正系数曲线

③ 按式(8-4)计算修正后的沥青路面回弹弯沉值:

$$l_{20}=l_t K \tag{8-4}$$

式中:K——温度修正系数;

l_{20}——修正后的沥青路面回弹弯沉值,0.01mm。

(4) 按照检测路段数据统计方法,计算一个测试路段的回弹弯沉平均值、标准差及代表值。

(5) 弯沉结果评定。

① 路基、沥青路面弯沉代表值为弯沉测量值的上波动界限,用式(8-5)计算:

$$l_r=(\bar{l}+\beta S)K_1 K_3 \tag{8-5}$$

式中:l_r——弯沉代表值,0.01mm;

$\bar{l}$——实测弯沉的平均值，0.01mm；

S——标准差，0.01mm；

β——目标可靠指标，如表 8-6 所示；

K_1——湿度影响系数，根据当地经验确定；

K_3——温度影响系数，路基顶面弯沉取 1。路表弯沉测定时根据式(8-6)确定：

$$K_3 = e^{[9\times10^{-6}(\ln E_0 -1)H_a + 4\times 10^3](20-T)} \tag{8-6}$$

式中：T——弯沉测定时沥青结合料类层中点实测温度或预估温度，℃；

H_a——沥青结合料类材料层厚度，mm；

E_0——平衡湿度状态下路基顶面回弹模量，MPa。

弯沉值已按试验检测规程进行 20℃ 的沥青回弹路面弯沉值换算的，不重复考虑温度影响系数。

表 8-6 目标可靠指标 β

公路等级	高速公路	一级公路	二级公路	三级公路	四级公路
目标可靠度/%	95	90	85	80	70
目标可靠指标 β	1.65	1.28	1.04	0.84	0.52

② 粒料类基层和底基层顶面弯沉代表值应按式(8-7)计算：

$$l_r = \bar{l} + Z_\alpha S \tag{8-7}$$

式中：Z_α——与保证率有关的系数。高速公路和一级公路取 $Z_\alpha = 2.0$；二级公路取 $Z_\alpha = 1.645$；二级以下公路取 $Z_\alpha = 1.5$。

二级及二级以下公路，当路基和粒料类基层、底基层的弯沉代表值不符合要求时，可将超出 $\bar{l}+(2\sim3)S$ 的弯沉特异值舍弃，对舍弃的弯沉值大于 $\bar{l}+(2\sim3)S$ 的点，应找出周围界限，进行局部处理，并对弯沉进行复测后重新计算平均值和标准差。高速公路、一级公路不得舍弃特异值。

③ 弯沉代表值大于设计弯沉值时，相应分项工程应为不合格。

若用两台弯沉仪同时进行左右轮弯沉值测定时，应按两个独立测点计，不能采用左右两点的平均值。

5. 报告内容

(1) 测试路段信息(桩号、路面结构层材料类型及设计厚度等)。

(2) 沥青面层平均温度、温度修正系数、回弹弯沉值。

(3) 测试路段的回弹弯沉平均值、标准差及代表值。

【例 8-1】 某二级公路在不利季节测得某路段粒料基层的弯沉值如表 8-7 所示，设计弯沉值 l_d 为 30(0.01mm)，试判断该路段的弯沉值是否符合要求(保证率系数 $Z_\alpha = 1.645$)。

表 8-7 回弹弯沉试验记录表

承包单位	×××公司			合同号	
监理单位	××监理公司			编号	
路面层次	沥青混凝土上面层	测试时间	9:30	试验车型	BZZ-100
允许弯沉/(0.01mm)	30	天气温度	20℃	后轴重	100kN
仪器型号	5.4m贝克曼梁	检测车道	左幅行车道	后胎胎压	0.7MPa
检测路段	K0+000—K0+280			路况描述	干燥
测点桩号	读数/(0.01mm) 左轮		回弹弯沉值/(0.01mm)	测点桩号	读数/(0.01mm) 左轮		回弹弯沉值/(0.01mm)	备注
	初读数	终读数			初读数	终读数		
K0+020	21	14	14	K0+160	18	14	8	
K0+040	16	11	10	K0+180	17	10	14	
K0+060	17	12	10	K0+200	18	10	16	
K0+080	15	11	8	K0+220	16	8	16	
K0+100	18	11	14	K0+240	20	14	12	
K0+120	19	13	12	K0+260	18	12	12	
K0+140	15	10	10	K0+280	18	10	16	
总测点数n/点	14		平均弯沉值$\bar{l}$/(0.01mm)			12.3		
标准差S/(0.01mm)	2.8		代表弯沉值l_r/(0.01mm)			16.9		

代表弯沉 $l_r = \bar{l} + Z_a S = 12.3 + 1.645 \times 2.8 = 16.9(0.01\text{mm}) < l_d = 30(0.01\text{mm})$,所以该路段粒料基层弯沉符合要求。

【例 8-2】 某新建高速公路竣工后,测得某段路面的弯沉值如表 8-8 所示,路面设计弯沉值(l_d)为 40(0.01mm),试判断该路段的弯沉值是否符合要求(不考虑温度和湿度修正)。

表 8-8 弯沉值检测结果　　　　　　　　　　　　　　　　　0.01mm

序号	1	2	3	4	5	6	7	8	9	10	11
l	30	29	31	28	27	26	33	32	30	30	31
序号	12	13	14	15	16	17	18	19	20	21	22
l	29	27	26	32	31	33	31	30	29	28	28

解 经计算：$\bar{l} = 29.6(0.01\text{mm})$,$S = 2.09(0.01\text{mm})$。

高速公路目标可靠指数 $\beta = 1.65$(查表 8-6)。

代表弯沉值为弯沉检测值的上波动界限,即

$$l_r = (\bar{l} + \beta S)K_1 K_3 = (29.6 + 1.65 \times 2.09) \times 1.0 \times 1.0 = 33.0(0.01\text{mm})$$

因为代表弯沉值 $l_r = 33.0(0.01\text{mm}) < l_d = 40(0.01\text{mm})$,所以该路段的弯沉值是满足要求的。

【知识拓展 8-2】

贝克曼梁测试路基路面回弹弯沉中加载车很重要，我国一直规定用解放牌 CA-10B 型及黄河牌 JN-150 型作为两个荷载等级的标准车。但这两种车型已很少使用，显然已不能作为标准车型。《公路路基路面现场测试规程》（JTG 3450—2019）中取消了对加载车车型的规定，表 8-5 中对加载车的后轴标准轴载、单侧双轮荷载、轮胎充气压强、单轮传压面当量圆面积等主要参数提出要求，凡是符合这些参数的加载车均可以使用。

沥青路面的回弹弯沉受温度变化影响较大，为保证回弹弯沉值的可比性，现场测试的沥青路面回弹弯沉值以沥青面层平均温度 20℃ 为准。当沥青面层厚度大于 50mm 时，需要进行温度修正，按前述数据处理中的温度修正的步骤进行，当温度修正查图法误差较大时，可查表 8-9、表 8-10、表 8-11 进行温度修正。

表 8-9　沥青层平均温度的确定

从路表向下的不同深度/mm	路表下不同深度的温度
25	$T_{25}=0.5943T_0-12.3120$
50	$T_{50}=0.5383T_0-9.2248$
100	$T_{100}=0.5034T_0-9.8736$
150	$T_{150}=0.4667T_0-8.6477$
200	$T_{200}=0.4464T_0-7.8857$
300	$T_{300}=0.4227T_0-7.0723$

表 8-10　路面弯沉温度修正系数（适用于粒料基层及沥青稳定基层）

沥青层厚度/mm	温度修正系数	
	0～20℃	20～50℃
50	$K_{50,1}=-0.0077T+1.1544$	$K_{50,2}=-0.0068T+1.1328$
100	$K_{100,1}=-0.0136T+1.2688$	$K_{100,2}=-0.0118T+1.2340$
200	$K_{200,1}=-0.0159T+1.3153$	$K_{200,2}=-0.0169T+1.3321$
300	$K_{300,1}=-0.0172T+1.3425$	$K_{300,2}=-0.0208T+1.4124$

表 8-11　路面弯沉温度修正系数（适用于无机结合料稳定的半刚性基层）

沥青层厚度/mm	温度修正系数	
	0～20℃	20～50℃
50	$K_{50,1}=-0.0045T+1.0916$	$K_{50,2}=-0.0065T+1.1319$
100	$K_{100,1}=-0.0061T+1.122$	$K_{100,2}=-0.0117T+1.2365$
200	$K_{200,1}=-0.0084T+1.169$	$K_{200,2}=-0.0179T+1.3599$
300	$K_{300,1}=-0.0112T+1.2251$	$K_{300,2}=-0.0208T+1.4173$

弯沉的测试值普遍较小或半刚性基层的弯沉盆较大时，需要考虑支点变形修订，并按照本节的测试步骤进行。

【学情小测 8-2】

(1)【单选题】用回弹弯沉值表征路基路面的承载能力，回弹弯沉值越大表示路基路面的承载能力(　　)。

　　A. 越大　　　　B. 越小　　　　C. 不变　　　　D. 没有关系

(2)【单选题】贝克曼梁测定路基路面回弹弯沉试验方法测试的是路面结构体的( )。

A. 回弹弯沉　　B. 总弯沉　　C. 动态回弹弯沉　　D. 静态回弹弯沉

(3)【单选题】在测试回弹弯沉时,应将测头放置在( )。

A. 测试轴轮隙中心　　　　　　B. 测试轴轮隙中心前方3～5cm处

C. 测试轴轮隙中心后方3～5cm处　　D. 两后轮组的中间

(4)【单选题】贝克曼梁测定回弹弯沉,百分表初读数为49(0.01mm),终读数为24(0.01mm),那么回弹弯沉值为( )。

A. 25(0.01mm)　　B. 25mm　　C. 50(0.01mm)　　D. 50mm

(5)当路面温度超过(20±2)℃范围时,沥青面层厚度大于( )的沥青路面,回弹弯沉值应进行温度修订。

A. 8cm　　　　B. 4cm　　　　C. 10cm　　　　D. 5cm

【任务单8-2】

参见表8-12。

表8-12　贝克曼梁测定路基路面回弹弯沉任务单

专业　　　　班级　　　　姓名　　　　学号　　　　小组

任务:某新建高速公路竣工后,在不利季节测得某路段粒料基层的弯沉值如表中所示,设计弯沉值(l_d)为30(0.01mm),试判断该路段的弯沉值是否符合要求(保证率系数$Z_a=2$)。									
弯沉值检测结果(0.01mm)									
序号	1	2	3	4	5	6	7	8	9	10
l_i	29	30	28	32	31	30	29	31	30	38
序号	11	12	13	14	15	16	17	18	19	20
l_i	30	32	31	28	30	27	33	30	32	29

试验名称及编号	
适用范围	
检测频率	
主要仪器设备	
检测步骤简要流程	
评定过程	

微课 10.2　　学情小测 8-2　　思政素材 8.2

任务 8.3　自动弯沉仪测定路面弯沉检测

自动弯沉仪的工作原理与贝克曼梁的原理是相同的,都是采用简单的杠杆原理。自动弯沉仪测定车在检测路段以一定的速度行驶,将安装在测试车前后轴之间底盘下的弯沉测定梁放到车辆底盘的前端并支于地面保持不动,当后轴双轮轮隙通过测头时,弯沉通过位移传感器等装置被自动记录下来,这时测定梁被拖动,以两倍的汽车速度拖到下一测点,周而复始地向前连续测定,通过计算机输出弯沉检测统计计算结果。

1. 适用范围与检测频率

本方法适用于各类 Lacroix 型自动弯沉仪(图 8-16)在新建、改建路面工程的质量验收中,在标准条件下每隔一定距离连续测试路面的总弯沉,并计算总弯沉值的平均值。本方法不适用于有严重坑槽、车辙等病害、不具备正常通车条件路面的弯沉测试。

检测频率为每一双车道评定路段(不超过 1km)80 点。

2. 检测器具与材料

Lacroix 型自动弯沉仪：由承载车、测量机架及控制系统、位移、温度和距离传感器、数据采集与处理系统等基本部分组成,如图 8-17 所示。

　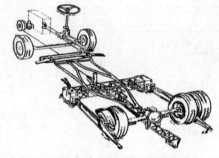

图 8-16　自动弯沉仪示意　　图 8-17　Lacroix 型自动弯沉仪测量机架示意

(1) 承载车：单后轴、单侧双轮组的载重车,其轴载、轮胎气压等参数应符合表 8-5 的要求。

(2) 位移及距离传感器。

① 位移传感器分辨率：≤0.01mm。

② 位移传感器量程：≥3mm。

③ 距离传感器的示值误差：≤1%。

3. 方法与步骤

1) 准备工作

(1) 检查并保持承载车的车况及制动性能良好,轮胎充气压强应该符合表 8-5 的要求。

(2) 如果承载车因改装等原因改变了后轴载,应检查设备承载车轮载,确保满足表 8-5 的要求。

(3) 检查测量机架的易损部件情况,及时更换损坏部件。

(4) 打开设备电源进行检查,控制面板功能键、指示灯、显示器等应正常。

(5) 每次测试之前应进行位移传感器的标定,记录标定数据并存档。

(6) 开动承载车试测 2～3 个步距,确保测量系统正常运行。

(7) 当在沥青路面上测试时,通过气象台了解前 5 日的平均气温(日最高气温与最低气温的平均值)。

(8) 记录沥青路面结构层材料类型、设计厚度、横坡等情况。

2) 测试步骤

(1) 通电预热测试系统。

(2) 开启工程警灯和导向标等警告标志,在测试路段前 20m 处将测量机架放落在路面上。

(3) 按照测试路段的现场技术要求设置所需的测试状态参数。

(4) 缓慢加速承载车到测试速度,一般应控制在 3.5km/h 以内。当实际采用的现场测试速度超出此范围时,应进行设备的相关性试验对测试结果进行修正。承载车沿正常行车轨迹驶入测试路段,开始测试。在测试过程中,根据承载车实际到达的位置,将测试路段起终点、桥涵等特征位置的桩号输入记录数据中。同时,应测量并记录路表温度。

(5) 当承载车驶出测试路段后,停止数据采集和记录,并缓慢停止承载车,提起测量机架。

(6) 检查数据文件的完整性,确保测试内容正常,否则需要重新测试。

(7) 关闭测试系统电源,结束测试。

4. 数据处理

(1) 自动弯沉仪采集路面弯沉盆峰值为路面总弯沉。左臂测值、右臂测值按单独弯沉处理。

(2) 温度修正。按照任务 8.2 中对弯沉值进行温度修正的方法对原始弯沉测试数据进行温度修正。

(3) 横坡修正。当路面横坡不超过 4% 时,不进行横坡修正;当横坡超过 4% 时,横坡修正按表 8-13 规定执行。

表 8-13 弯沉值横坡修正

横坡范围	高位修正系数	低位修正系数
>4%	$\dfrac{1}{1-i}$	$\dfrac{1}{1+i}$

注:i 表示路面横坡(%)。

(4) 当测试速度大于 3.5km/h 时,应进行相关性试验,并对弯沉值予以换算。

(5) 计算一个测试路段的弯沉平均值、标准差及代表值。

5. 自动弯沉仪与贝克曼梁弯沉测值的相关性试验

自动弯沉仪测定的是总弯沉,所以与贝克曼梁测定的回弹弯沉值有所不同,可以通过自动弯沉仪总弯沉与贝克曼梁回弹弯沉的对比试验,得到两者的相互关系,换算为回弹弯沉,用于路基路面强度评定。

1) 试验条件

(1) 按弯沉值不同水平范围选择不少于4段路面结构相似的测试路段,长度一般为300~500m,标记好起终点位置。

(2) 测试路段的路面应清洁干燥,附近不应有重型交通和震动。

(3) 试验宜选择晴天无风的天气条件,测试温度宜在10~35℃范围内,且应选择温度变化不大的时段进行。

2) 对比试验步骤

(1) 自动弯沉仪以正常车速对测试路段进行弯沉测试,每隔3个测试步距或约20m标记测点位置。

(2) 自动弯沉仪测试完毕后,等待30min。然后,在每一个标记位置用贝克曼梁测试各点回弹弯沉值。

3) 数据处理

按照贝克曼梁弯沉测点对应的桩号,从自动弯沉仪记录数据中提取各测点的弯沉值,并与贝克曼梁测值一一对应,用数理统计的回归分析方法,得到贝克曼梁测值和自动弯沉仪测值之间的相关性关系式,相关系数 r 应不小于0.95。

6. 报告内容

(1) 测试路段信息(桩号、路面结构层材料类型及设计厚度、横坡等)。

(2) 沥青面层平均温度、温度修正系数、横坡修正系数、弯沉。

(3) 若进行相关性试验,还应报告相关性关系式及相关系数。

【例8-3】 对国道312线K4091+100—K4091+500的实测结果如表8-14所示。

表8-14 弯沉测试记录表

记录号	路线号	公里桩/km	百米桩/m	平均总弯沉值/(0.01mm)	标准差/(0.01mm)	代表总弯沉值/(0.01mm)
1	312	4091	100	41	19.256	80
2	312	4091	200	45	9.916	65
3	312	4091	300	55	18.442	92
4	312	4091	400	57	12.739	82
5	312	4091	500	42	9.096	60

注:本表计算区间为100m,代表总弯沉按平均总弯沉加2倍标准差计算。

【知识拓展8-3】

贝克曼梁测值与自动弯沉仪测值都属于静态弯沉。自动弯沉仪测定的是总弯沉,与贝克曼梁测定的回弹弯沉有所不同,可通过对比试验,得到两者之间的关系,换算成回弹弯沉用于路基路面的强度评定。

英国及国内的试验资料表明,测试速度会影响弯沉的测试结果。试验结果显示当弯沉水平不超过40(0.01mm)时,这种影响较小,可不予考虑;但当弯沉水平超过40(0.01mm)

时,测试结果的差别较大。

自动弯沉仪一般具有自动测量并记录路表温度的功能。当无此功能时,应当根据测试时的温度变化情况,以适当的时间间隔测量并记录路表温度,以便用于温度修正。

由于路面结构和路基条件的不同都会影响相关性关系式的建立,因此选择对比试验的路段时,路面路基条件应基本相同。对于一个地区而言,可以选择几种不同的路面结构及路基条件,分别建立相关性关系式进行换算。为了使关系式更具有代表性,对比试验路段的弯沉分布应尽量加宽。在做相关性试验时,路段附近应没有重型交通和振动,因为这两种情况都对测值有较大影响。

在做贝克曼梁测试时,承载车不可长时间作用在测点的路面上。因此,选择每隔三个测试步距确定一个对比点。为了给路面一个充分的恢复时间,当自动弯沉仪测完后,等待30min 后再进行贝克曼梁弯沉测试。

【学情小测 8-3】

(1)【单选题】自动弯沉仪测定路面弯沉时,对所记录的各试验点测值进行数理统计分析,得到贝克曼梁测值和自动弯沉仪测值之间的相关关系方程,相关系数 r 不得小于( )。

  A. 0.5   B. 0.8   C. 0.9   D. 0.95

(2)【单选题】自动弯沉仪不适用于( )。

  A. 新建路面工程的质量验收

  B. 改建路面工程的质量验收

  C. 在正常通车条件下,有严重坑槽沥青路面的弯沉数据采集

  D. 在正常通车条件下,无坑槽、车辙等病害的沥青路面的弯沉数据采集

(3)【单选题】使用自动弯沉仪采集沥青路面弯沉数据时,当路面横坡超过( )时,应进行弯沉值的横坡修正。

  A. 1%   B. 2%   C. 3%   D. 4%

【任务单 8-3】

参见表 8-15。

表 8-15 自动弯沉仪测定路面弯沉任务单

专业		班级		姓名		学号		小组	

任务:某新建高速公路竣工后,在不利季节用自动弯沉仪测定某路段粒料基层的弯沉值,请完成任务单。	
试验名称及编号	
适用范围	
测试指标及检测频率	
主要仪器设备	

检测步骤简要流程	
对比试验	（包括选取路段数量、长度，两种方法的测试间隔，相关系数的要求）
其他说明	

学情小测 8-3　思政素材 8.3

任务 8.4　落锤式弯沉仪测定弯沉检测

落锤式弯沉仪(FWD)产生于 20 世纪 70 年代初，与传统的贝克曼梁测量弯沉相比，具有使用方便、快速、安全、节省人力、模拟实际情况施加动态荷载，且适于长距离、连续测定的特点。FWD 是一种脉冲动力弯沉仪，它模拟汽车荷载对路面施加瞬时冲击作用，得到路面瞬时变形情况。其测量结果比较精确，且信息量大。一般可记录以下三方面数据：

(1) 落锤点最大弯沉；

(2) 以落锤点为中心的弯沉盆曲线；

(3) 弯沉盆各点随时间变化的时程曲线。

落锤式弯沉仪通过计算机控制下的液压系统提升并释放一重锤，作用于弹簧或橡胶垫，通过 30cm 直径承载板，传给路面半正弦脉冲荷载。荷载的大小通过改变锤重(50～300kg)和提升高度(4～40cm)可在较大的范围内(50～125kN)调整。脉冲力持续时间约为 0.028s。利用沿荷载轴线布置的 5～9 个速度传感器，可以测量各级动荷载作用下的道路表面动弯沉曲线，如图 8-18 所示，能较准确地反映弯沉盆的形状。

落锤式弯沉仪不仅克服了梁式弯沉仪的固有缺陷，而且仪器本身重量轻，同时由于落锤式弯沉仪较好地模拟了行车荷载的作用，并可快速、安全、准确地采集到大量的路面沉盆信息，其被研制出来不久，就被世界各国公路界广泛采用，是目前世界上进行路面弯沉检测和结构性能评价的最先进的理想工具。落锤式弯沉仪在公路检测中的优越性，主要表现在两个方面：根据弯沉盆反算路面结构各层的模量，研究路面材料在使用过程中的性能变化，为设计提供参数；以落锤式弯沉仪的弯沉盆作为指标，评价路面整体强度，为养护管理提供依据。

落锤式弯沉仪分为拖车式和内置式，如图 8-19、图 8-20 所示。拖车式便于维修和存放，内置式则小巧、灵便。

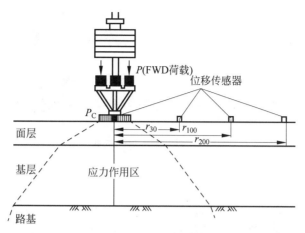

图 8-18 落锤式弯沉仪传感器布置及应力作用状态示意

图 8-19 拖车式测试设备

图 8-20 内置式测试设备

1. 适用范围与检测频率

用落锤式弯沉仪在标准质量的重锤落下一定高度发生的冲击荷载的作用下,测定路基或路面表面所产生的瞬时变形,即测定在动态荷载作用下产生的动态弯沉及弯沉盆,评定路基路面承载能力。

检测频率为每一双车道评定路段(不超过 1km)40 点。

2. 检测器具与材料

落锤式弯沉仪由荷载发生装置、弯沉检测装置、运算及控制系统与牵引车等组成。

具体要求如下:

(1) 荷载发生装置:根据使用目的与道路等级选择重锤的质量及落高,荷载由传感器测试,如无特殊需要,重锤的质量为 (200 ± 10) kg,可产生 (50 ± 2.5) kN 的冲击荷载。承载板呈十字对称分开成 4 部分,且底部固定有橡胶片,直径一般为 300mm,也可为 450mm。

(2) 弯沉检测装置:由一个或多个位移传感器组成,位移分辨力不大于 0.001mm,如图 8-21、图 8-22 所示。承载板中心应设有一个位移传感器,其他位移传感器与中心处传感器呈线性布置,一般分布在距离承载板中心 2500mm 的范围内。用于反算路面结构层模量时,位移传感器总数应不少于 7 个,且应包括 0mm、300mm、600mm、900mm 4 个位置。

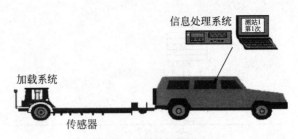

图 8-21 测试系统示意

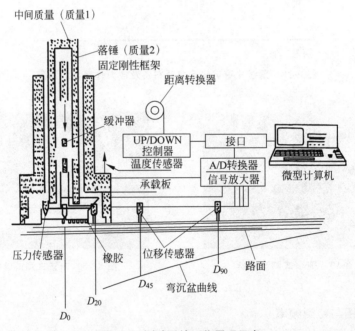

图 8-22 测试系统工作原理示意

(3) 运算及控制系统：在冲击荷载作用期间，测量并记录冲击荷载及各个位移传感器所在位置的动态变形。

(4) 牵引车：牵引落锤式弯沉仪并安装控制装置的车辆。

3. 方法与步骤

1) 准备工作

(1) 调整重锤的质量及落高，使重锤的质量及产生的冲击荷载符合要求。

(2) 在测试路段的路基或路面各层表面布置测点，弯沉值检测，每一双车道评定路段（不超过 1km）测量检查点数 40 点，其位置或距离随测试需要而定。当在路面表面测定时，测点宜布置在行车道的轮迹带上，测试时，还可利用距离传感器定位。

(3) 检查落锤式弯沉仪的车况及使用性能，确保功能正常。

(4) 将落锤式弯沉仪牵引至测试地点，牵引落锤式弯沉仪行驶的速度不宜超过 50km/h。

(5) 开启落锤式弯沉仪，按位移传感器使用说明书进行标定，使之达到规定精度要求，如图 8-23 所示。

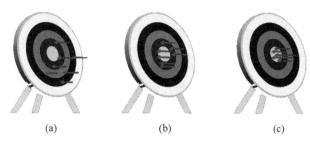

图 8-23 落锤式弯沉仪标定示意

(a) 标定前；(b) 绝对标定以后；(c) 相对标定以后

2）测试步骤

(1) 将落锤式弯沉仪牵引至测试路段起始位置，输入测试位置信息，设定好状态参数。

(2) 将承载板中心位置对准测点，落下承载板，放下弯沉检测装置的各传感器。

(3) 启动荷载发生装置，落锤瞬间自由落下，冲击力作用于承载板上，立即自动提升至原来位置固定。同时，各个位移传感器测量并记录路表变形数据，变形峰值即为弯沉值。每个测点重复测试应不少于 3 次。

(4) 提起传感器及承载板，牵引车向前移动至下一个测点，重复(2)、(3)步骤完成路段的测试。

4. 落锤式弯沉仪与贝克曼梁对比试验

按照沥青路面设计规范，弯沉值不再作为设计指标，但仍可作为路面和路基的竣(交)工验收指标。因此，不再对落锤式弯沉仪与贝克曼梁弯沉仪相关性试验做强制要求，如有需要得到二者相关性关系时，可按如下步骤进行：

1）路段选择

选择结构类型完全相同的路段，针对不同地区选择某种路面结构的代表性路段，进行两种测试方法的对比试验，以便将落锤式弯沉仪测试的动弯沉换算成贝克曼梁测试的回弹弯沉值。选择的路段长度在 300~500m，弯沉值一般有一定的变化幅度。

2）相关性试验步骤

(1) 采用与实际使用相同且符合要求的落锤式弯沉仪及贝克曼梁弯沉仪测试车，如图 8-24 所示。落锤式弯沉仪的冲击荷载应与贝克曼梁弯沉仪测试车的后轴双轮荷载相同。

(2) 标记路段起点位置。

(3) 布置测点位置，用贝克曼梁定点测试回弹弯沉。测试车开走后，以测点为圆心在周围画一个半径为 150mm 的圆，标明测点位置。

图 8-24 贝克曼梁与落锤式弯沉仪对比试验

(4) 将落锤式弯沉仪的承载板对准圆圈，位置偏差不超过 30mm，按前述方法进行测试。两种仪器对同一点弯沉测试的时间间隔不应超过10min。

(5) 逐点对应地计算两者的相关性关系。

通过对比试验得出回归方程：

$$L_B = a + bL_{FWD} \tag{8-8}$$

式中：L_{FWD}、L_B——落锤式弯沉仪、贝克曼梁测试的弯沉值。

要求回归方程式的相关系数 r 应不小于0.95。

由于路面结构和材料、路基状况、温度、水文条件、路面使用状况不同，相关性关系也有所不同，为了提高数据的准确性，一般需按各种情况做相关性试验。

5. 数据处理

(1) 舍去承载板中心位移传感器的首次测值，计算其后几次测值的平均值作为该点的弯沉值。

(2) 对弯沉值进行温度修正。

(3) 按桩号记录各测点的弯沉及弯沉盆数据，计算一个测试路段的弯沉平均值、标准差及代表值。

6. 报告内容

(1) 测试路段信息(桩号、路面结构层材料类型及设计厚度等)。

(2) 路表弯沉温度影响系数、弯沉。

(3) 测试路段的弯沉平均值、标准差及代表值。

(4) 如有需要可报告弯沉盆数据。

(5) 如与贝克曼梁弯沉仪进行了对比试验，还应报告相关关系式、相关系数、换算的回弹弯沉。

【例8-4】 某一级公路落锤式弯沉检测结果如表8-16所示，设计弯沉值为248 (0.01mm)，试判断该路段的弯沉值是否符合要求。

表8-16 落锤式弯沉记录

工程名称				检验编号			
委托单位	××交通××			试验依据	《公路路基路面现场测试规程》(JTG 3450—2019) 《公路工程质量检验评定标准第一册 土建工程》(JTG F80/1—2017)		
检测地点	K1+400—K1+880						
公路等级	一级			仪器设备	落锤式弯沉仪(CFWD-10T)		
检测部位	上基层			环境条件	干燥		
检测单位	××检测有限公司			试验日期			

序号	桩号	车向	车道	测量力/kN	测量位移/(0.01mm)	等效位移 L_{FWD}/(0.01mm)	等效贝克曼梁 L_B/(0.01mm)	备注
1	K1+880	1	左	49.4	194.1	192.7	253.4	
2	K1+860	1	左	49.1	189	188.5	249.8	
3	K1+840	1	左	49.3	167.3	166.4	230.7	
4	K1+820	1	左	49.2	201.9	201	260.5	
5	K1+800	1	左	49.0	213.4	213.6	271.4	
6	K1+780	1	左	49.3	247.6	246.4	299.7	

续表

序号	桩号	车向	车道	测量力/kN	测量位移/(0.01mm)	等效位移 L_{FWD}/(0.01mm)	等效贝克曼梁 L_B/(0.01mm)	备注
7	K1+760	1	左	49.4	172.7	171.5	235.1	
8	K1+740	1	左	49.0	157.7	157.9	223.4	
9	K1+720	1	左	49.2	166.8	166.3	230.7	
10	K1+700	1	左	54.7	236.7	212.1	270.1	
11	K1+680	1	左	49.3	179.2	178.3	240.9	
12	K1+660	1	左	49.5	263.9	261.2	312.4	
13	K1+640	1	左	61.7	240.7	191.3	252.2	
14	K1+620	1	左	49.5	225.4	224.4	280.7	
15	K1+600	1	左	49.1	211.1	210.6	268.8	
16	K1+580	1	左	50.0	200.5	196.8	256.9	
17	K1+560	1	左	49.0	195.9	196.2	256.4	
18	K1+540	1	左	49.5	263.3	260.8	312.1	
19	K1+520	1	左	49.1	6.2	6.2	92.6	奇异值
20	K1+500	1	左	49.0	203.9	203.8	262.9	
21	K1+480	1	左	49.5	214.6	212.4	270.4	
22	K1+460	1	左	49.3	186	184.9	246.7	
23	K1+440	1	左	49.5	192.2	190.5	251.4	
24	K1+420	1	左	49.7	232.6	229.3	281.9	
测点数	奇异点数	公路系数	贝克曼梁平均值	贝克曼梁标准差	落锤弯沉代表值	贝克曼梁代表值	设计弯沉值	
24	1	2	261.8	24.3	258.8	310.3	248	

相关关系式:$L_B = a + b L_{FWD}$ $a = 87.270$ $b = 0.862$ 相关系数 $r = 0.958$

结论:由于实际测量弯沉代表值大于设计弯沉值,因此,此路段弯沉指标不合格。

检测:　　　　　记录:　　　　　复核:

【知识拓展 8-4】

落锤式弯沉仪也可用于水泥混凝土路面板调查,方法如下:

1) 测点布置

在测试路段的水泥混凝土路面板表面布置测点。当为调查水泥混凝土路面接缝的传力效果时,测点布置在接缝的一侧,位移传感器分开在接缝两边布置。当为探查路面板下的空洞时,测点布置位置随测试需要而定,应在不同位置测定。

2) 测试方法

按前述方法进行测定。

3) 计算

当为调查水泥混凝土路面接缝的传力效果时,利用分开在接缝两边布置的位移传感器的测定值差异及弯沉盆的形状进行判断。当为探查路面板下的空洞时,利用在不同位置测定的测定值差异及弯沉盆的形状进行判断。

【学情小测 8-4】

(1)【单选题】落锤式弯沉仪测定的是路面的(　　)。
　　A. 静态回弹弯沉　　　　　　　B. 静态总弯沉
　　C. 动态回弹弯沉　　　　　　　D. 动态总弯沉

(2)【单选题】落锤式弯沉仪测定路面弯沉时,每一个测点重复测定应不少于(　　)次。
　　A. 2　　　　B. 3　　　　C. 4　　　　D. 5

(3)【单选题】下列仪具与材料中,不属于落锤式弯沉仪组成的是(　　)。
　　A. 荷载发生装置　　　　　　　B. 弯沉检测装置
　　C. 运算及控制装置　　　　　　D. 贝克曼梁

(4)【判断题】落锤式弯沉仪法可以通过改变落锤的质量和落锤的落高来对路表施加不同级位的荷载。(　　)

【任务单 8-4】

参见表 8-17。

表 8-17　落锤式弯沉仪测定弯沉检测任务单

专业　　　　班级　　　　姓名　　　　学号　　　　小组

任务:某新建高速公路竣工后,在不利季节用落锤式弯沉仪测定某路段粒料基层的弯沉值,请完成任务单。	
试验名称及编号	
适用范围	
测试指标及检测频率	
主要仪器设备	
检测步骤简要流程	
对比试验	(包括选取路段数量、长度,两种方法的测试间隔,相关系数的要求)
其他说明	

微课 10.3　　学情小测 8-4　　思政素材 8.4

任务 8.5　贝克曼梁测定路基路面回弹模量检测

1. 适用范围

用贝克曼梁测试各测点的回弹弯沉值,通过计算求得该材料的回弹模量值,既适用于土基、厚度不小于 1m 的粒料整层表面,也适用于在既有道路表面测试路基路面的综合回弹模量。

2. 检测器具与材料

(1) 加载车:按前述贝克曼梁测试回弹弯沉规定选用,如表 8-5 所示。
(2) 弯沉仪:包括贝克曼梁、百分表及表架。
(3) 路表温度计:分度不大于 1℃。
(4) 其他:皮尺、卷尺、口哨、指挥旗等。

3. 方法与步骤

1) 准备工作

选择洁净的路基路面表面作为测点,在测点处做好标记并编号。

2) 测试步骤

按规定测试各测点处的路面回弹弯沉值 L_i,如图 8-25 所示。

当在旧沥青面层上测定时,应读取温度,并按任务 8.2 中方法进行测定弯沉值的温度修正,得到 20℃时的弯沉值。

图 8-25　实测各测点处路面回弹弯沉值

4. 数据处理

(1) 计算全部测试值的算术平均值($\bar{L}$)、标准差(S),并按式(8-9)计算自然误差(r_0)。

$$r_0 = 0.675S \tag{8-9}$$

式中:r_0——回弹弯沉测试值的自然误差,0.01mm;
　　　S——回弹弯沉测试值的标准差,0.01mm。

(2) 计算各测点的测试值与算术平均值的偏差值 $d_i = L_i - \bar{L}$,并计算较大的偏差与自然误差之比 d_i/r_0。当某个测点的观测值的 d_i/r_0 值大于表 8-18 中的 d/r 极限值则应舍弃该测点。然后重复上述的方法,计算所余各测点的算术平均值($\bar{L}$)及标准差(S)。

表 8-18　相应于测点次数 N 的 d/r 极限值

N	5	10	15	20	50
d/r	2.5	2.9	3.2	3.3	3.8

(3) 按式(8-10)计算代表弯沉值：

$$L_1 = \bar{L} + S' \tag{8-10}$$

式中：L_1——计算代表弯沉，0.01mm；

$\bar{L}$——舍弃不合要求的测点后所余各测点弯沉的算术平均值，0.01mm；

S'——舍弃不合要求的测点后所余各测点弯沉的标准差，0.01mm。

(4) 按式(8-11)计算土基、整层材料路基路面材料的回弹模量（E_1）或既有道路的综合回弹模量：

$$E_1 = \frac{200P\delta}{L_1}(1-\mu^2)\alpha \tag{8-11}$$

式中：E_1——计算的土基、整层材料路基路面材料的回弹模量或既有道路的综合回弹模量，MPa。

P——测试车轮的平均垂直荷载，MPa；采用贝克曼梁弯沉测试方法规定的标准车，轮胎接地压强 $P=0.7$MPa。

δ——测试用加载车双圆荷载单轮传压面当量圆的半径，mm；根据贝克曼梁弯沉测试方法规定的标准车，单轮传压当量圆面积$(3.56\pm0.20)\times10^4$mm^2，当量圆半径 $\delta=106.5$mm。

α——弯沉系数，为0.712。

μ——测试层材料的泊松比，根据相关路面设计规范的规定取用，如表8-19所示。

表8-19 道路材料供弯沉计算用泊松比

材料	泊松比范围	备注						泊松比
水泥混凝土	0.10~0.20							0.15
沥青混凝土、沥青碎石	0.15~0.45	温度/℃	<0	20	30	40	>50	0.35
		泊松比	0.15	0.2	0.3	0.4	0.45	
水泥稳定基层	0.15~0.30	无裂缝龄期长取小值，裂缝多龄期短取大值						0.20
石灰粉煤灰稳定基层	0.15~0.30							0.25
无机结合料基层	0.30~0.40	碎石取低值						0.35
土基	0.30~0.50	非黏性土0.30，高黏性土可接近0.50						0.40

5. 报告内容

(1) 测试位置信息（桩号等）。

(2) 回弹弯沉值及代表弯沉。

(3) 泊松比、回弹模量。

记录格式如表8-20所示。

表8-20 贝克曼梁测定回弹模量试验记录

工程名称				检测单位			
检测部位				试验日期			
汽车型号				后轴重/kN			
轮胎充气压强	左： MPa		右： MPa	当天天气			
向当地气象台了解前5日平均温度/℃	前1天	前2天	前3天	前4天	前5天	平均值	

续表

当天气温/℃			路面厚度/mm			设计弯沉值/(0.01mm)	
检测依据							
T_0/℃	T_{25}/℃		T_m/℃	T_e/℃		T/℃	温度修正系数 K

测点编号	测点桩号	车道	车辐	左轮/(0.01mm)			右轮/(0.01mm)			路表温度/℃
				初读数	终读数	回弹弯沉	初读数	终读数	回弹弯沉	

测点数 N	温度修正系数	车道数	测试有效点	平均回弹弯沉值 $\bar{L}$/(0.01mm)	标准差 S/(0.01mm)	代表弯沉值 L_1/(0.01mm)	温度修正值/(0.01mm)

特异点个数	特异值下限	特异值上限	去特异点平均弯沉值	去特异点标准差	去特异点代表弯沉值/(0.01mm)	去特异点温度修正代表弯沉值/(0.01mm)

回弹弯沉测定值的自然误差 r_0/(0.01mm)	泊松比 μ	弯沉系数 α	回弹模量 E_1/MPa	车轮的平均垂直荷载 P/MPa	单轮传压面当量圆的半径 δ/mm

其他说明	$L_1 = \bar{L} + S'$ $\quad E_1 = \dfrac{200P\delta}{L_1}(1-\mu^2)\alpha$

【例8-5】 用贝克曼梁法测定某路段路基、路面的综合回弹模量,经整理各测点弯沉值如下:38、45、32、42、36、37、40、44、52、46、42、45、37、41、44(单位:0.01mm)。其中,测试车后轴重100kN(轮胎气压为0.7MPa,当量圆半径为106.5mm),请计算该路段的综合回弹模量。(注:$\mu=0.3$)

解 经计算得:平均值 $\bar{L}=41.4(0.01\text{mm})$;标准差 $S=4.95(0.01\text{mm})$;

该组测值无特异值,代表值为:
$$L_1 = \bar{L} + S = 46.35(0.01\text{mm})$$

回弹模量:
$$E_1 = \frac{200P\delta}{L_1}(1-\mu^2)\alpha = \left(\frac{200\times 0.7\times 106.5}{46.35}(1-0.3^2)\times 0.712\right)\text{MPa} = 208.4\text{MPa}$$

【知识拓展8-5】

土基、整层材料路基路面材料的回弹模量(E_1)或既有道路的综合回弹模量计算公式(8-11)

中,弯沉系数 α 的取值方法如下:

贝克曼梁所测定弯沉为轮隙中心的竖向变形。根据弹性层状体系下双圆均布荷载图式,由图 8-26 可知,轮隙中心的计算弯沉值可由式(8-12)得出。

$$W = -\frac{1+\mu_i}{E_i}q\delta\int_0^\infty \frac{J_0\left(\frac{r}{\delta}x\right)J_1(x)}{x}\left\{\left[A_j + \left(2-4\mu_j+\frac{z}{\delta}x\right)B_j\right]e^{-\frac{z}{\delta}x} + \left[C_j - \left(2-4\mu_j-\frac{z}{\delta}x\right)D_j\right]e^{-\frac{z}{\delta}x}\right\}dx \quad (8\text{-}12)$$

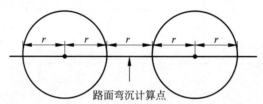

图 8-26 双圆均布荷载图式

轮隙中心的计算弯沉值实际上是双圆在中心处产生竖向变形的叠加值,将其换算成当量圆单圆荷载下的弯沉,去除荷载、荷载半径、模量等常量的影响,即可得弯沉系数 $\alpha = 0.712$。

【学情小测 8-5】

(1)【多选题】用贝克曼梁测定土基回弹模量试验中,测定完成后还要测定试验点的( )。
   A. CBR　　　　B. 含水率　　　　C. 压实度　　　　D. 密度

(2)【多选题】现场测定土基回弹模量的方法主要有( )。
   A. 承载板法　　B. CBR 法　　　C. 贝克曼梁法　　D. 灌砂法

(3)【判断题】贝克曼梁测定路基路面回弹模量的原理是:在土基或厚度不小于 1m 的粒料类整层表面,用弯沉仪测试数个测点的回弹弯沉值,根据圆形均布荷载作用下的弹性半无限体理论,计算求得该材料的回弹模量。( )

(4)【单选题】用贝克曼梁测定高速公路土基回弹模量值,合格测点的算术平均值为 95.5 (0.01mm),计算得到的标准差为 12.5(0.01mm),那么计算代表弯沉值为( )(0.01mm)。
   A. 58　　　　　B. 83　　　　　C. 120.5　　　　D. 108

【任务单 8-5】

参见表 8-21。

表 8-21　贝克曼梁测定路基路面回弹模量检测任务单

专业		班级		姓名		学号		小组	
任务:用贝克曼梁法测定某路段路基路面的综合回弹模量,经整理各测点弯沉值如下:29、30、28、32、31、30、29、31、30、38、30、32、31、28、30、27、33、30、32、29(单位:0.01mm)。其中,测试车后轴重 100kN(轮胎气压为 0.7MPa,当量圆半径为 106.5mm),请计算该路段的综合回弹模量。(注:$\mu=0.3$)									
试验名称及编号									
适用范围									

续表

主要仪器设备	
检测步骤简要流程	
任务计算过程	
其他说明	

微课 10.6　　学情小测 8-5

任务 8.6　承载板测定土基回弹模量检测

1. 适用范围

本方法适用于现场土基表面，通过承载板对土基逐级加载、卸载的方法，测出每级荷载下相应的土基回弹变形值，经过计算求得土基回弹模量。测定的土基回弹模量可作为路面设计参数使用。

2. 检测器具与材料

（1）加载设施：载有铁块或集料等重物、后轴重不小于 60kN 的载重汽车一辆，作为加载设备。在汽车大梁的后轴之后设有一加劲横梁作反力架用，如图 8-27 所示。

（2）荷载装置，如图 8-28 所示，由千斤顶、测力计（测力环或压力表）及球座组成。

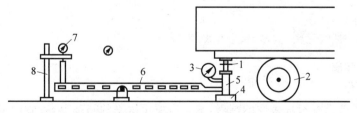

1—支撑小横梁；2—汽车后轮；3—千斤顶油压表；4—承载板；
5—千斤顶；6—弯沉仪；7—百分表；8—表架

图 8-27　测试示意

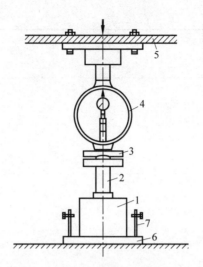

1—千斤顶；2—钢圆筒；3—钢板及球座；4—测力计；
5—加劲横梁；6—承载板；7—立柱及支座

图 8-28 承载板试验现场测试装置示意

(3) 刚性承载板一块，板厚 20mm，直径为 φ300mm，如图 8-29 所示，直径两端设有立柱和可以调整高度的支座，供安放贝克曼梁测头用，承载板安放在土基表面上。

(4) 贝克曼梁、百分表及其表架 2 套，如图 8-30 所示。

图 8-29 液压千斤顶及承载板

图 8-30 贝克曼梁、百分表、表架

(5) 液压千斤顶一台，80~100kN，装有压力表或测力环，其量程不小于土基强度，测试精度不小于测力计量程的 1%，如图 8-29 所示。

(6) 秒表。

(7) 水平尺。

(8) 其他：细砂、毛刷、垂球、镐、铁锹、铲等。

3. 方法与步骤

1) 准备工作

(1) 根据需要选择有代表性的测点，测点应位于水平的路基上，土质均匀，不含杂物。

(2) 平整土基表面，撒干燥洁净的细砂填平土基凹处，砂子不可覆盖全部土基表面，避免形成夹层。

(3) 安置承载板，并用水平尺进行校正，使承载板处于水平状态，如图 8-31 所示。

(4) 将试验车置于测点上,在加劲横梁中部悬挂垂球测试,使之恰好对准承载板中心,然后收起垂球,如图 8-32 所示。

图 8-31　水平尺校正

图 8-32　垂球校正

(5) 在承载板上安放千斤顶,上面衬垫钢圆筒、钢板,并将球座置于顶部与加劲横梁接触,如用测力环时,应将测力环置于千斤顶与横梁中间,千斤顶及衬垫物必须保持垂直,以免加压时千斤顶倾倒发生事故并影响测试数据的准确性,如图 8-33 所示。

(6) 将两台贝克曼梁的测头分别置于承载板立柱的支座上,如图 8-34 所示。

图 8-33　安装现场测试装置

图 8-34　放置贝克曼梁

2) 测试步骤

(1) 用千斤顶开始加载,如图 8-35 所示,注视测力环或压力表,至预压 0.05MPa,稳压 1min,使承载板与土基紧密接触,同时检查百分表的工作情况是否正常,然后放松千斤顶油门卸载,稳压 1min 后,将百分表调零或其他合适的初始位置上,记录初始读数。

(2) 测试土基的荷载压强-回弹变形曲线。用千斤顶加载,采用逐级加载卸载法,用压力表或测力环控制加载量,荷载压强小于 0.1MPa 时,每级增加 0.02MPa,以后每级增加 0.04MPa 左右。为了使加载和计算方便,加载数值可适当调整为整数。每次加载至预定荷载压强(P)后,稳定 1min,立即读记两个百分表数值,然后轻轻放开千斤顶油门卸载至 0,待卸载稳定 1min 后,再次读数,每次卸载后百分表不再调零。当两个百分表读数之差小于平均值的 30% 时,取平均值;如超过 30%,则应重测。

图 8-35　千斤顶加载

当回弹变形值超过 1mm 时，即可停止加载。

（3）各级荷载的回弹变形和总变形，按以下方法计算：

回弹变形=（加载后读数平均值－卸载后读数平均值）×贝克曼梁杠杆比

总变形=（加载后读数平均值－加载初始前读数平均值）×贝克曼梁杠杆比

（4）最后一次加载卸载循环结束后，取走千斤顶，如图 8-36 所示，重新读取百分表初读数，然后将汽车开出 10m 以外，读取最终读数，如图 8-37 所示。

图 8-36　取走千斤顶

图 8-37　读取百分表最终读数

按以下方法计算总影响量 a：

总影响量（a）=（百分表初始读数平均值－百分表最终读数平均值）×贝克曼梁杠杆比

（5）在试验点下取样，测试材料含水率。取样数量如下：

最大粒径不大于 4.75mm，试样质量约 120g；

最大粒径不大于 19.0mm，试样质量约 250g；

最大粒径不大于 31.5mm，试样质量约 500g。

（6）在紧靠试验点旁边的适当位置，用灌砂法或环刀法等测试土基的密度。

4. 数据处理

（1）各级压力的影响量按式（8-13）计算：

$$a_i = \frac{(T_1 + T_2)\pi D^2 P_i}{4T_1 Q} a \tag{8-13}$$

式中：a_i——第 i 级压力的影响量，0.01mm；

T_1——载重汽车前后轴距，m；

T_2——加劲小梁距后轴距离，m；

D——承载板直径，m；

P_i——第 i 级承载板压强，Pa；

Q——载重汽车后轴重，N；

a——总影响量，0.01mm。

（2）回弹变形计算值（L_i）为各级荷载压强的实测回弹变形实测值（L_i'）加上该级的影响量 a_i，即式（8-14）：

$$L_i = L_i' + a_i \tag{8-14}$$

式中：L_i——相对于荷载压强 P_i 时的第 i 级回弹变形计算值，0.01mm；

L_i'——相对于荷载压强 P_i 时的第 i 级回弹变形实测值，0.01mm；

a_i——相对于荷载压强 P_i 时的第 i 级荷载下的影响值,0.01mm。

(3) 排除显著偏离的异常点,绘出顺滑的 P-L 曲线,如曲线起始部分出现反弯,应按图8-38所示修正原点 O,修正时在变曲率点引一切线,与纵坐标交于 O' 点,O' 即为修正后的原点。

(4) 按式(8-15)计算相应于各级荷载下的土基回弹模量 E_i 值:

$$E_i = \frac{\pi D}{4} \cdot \frac{P_i}{L_i}(1-\mu_0^2) \quad (8-15)$$

式中:E_i——相应于第 i 级荷载下的土基回弹模量,MPa;

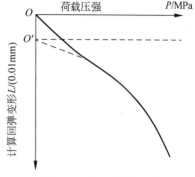

图 8-38 修正原点示意

μ_0——土的泊松比,根据路面设计规范规定取用,当无规定时,非黏性土可取 0.30,高黏性土取 0.50,一般可取 0.35 或 0.40;

D——承载板直径(30cm);

P_i——第 i 级承载板压强,MPa。

(5) 取结束试验前的各级回弹变形计算值,按线性回归方法由式(8-16)计算土基回弹模量 E_0。

$$E_0 = \frac{\pi D}{4} \cdot \frac{\sum P_i}{\sum L_i}(1-\mu_0^2) \quad (8-16)$$

式中:E_0——土基回弹模量,MPa。

5. 报告内容

(1) 测试位置信息(桩号等)。

(2) 试验时土基的含水率、土基密度。

(3) 回弹变形、影响量及土基回弹模量。

本试验采用的记录表格式见表8-22。

【例8-6】 某新建二级公路路基施工完成后,用承载板法测定某路段路基路面的综合回弹模量如表8-22所示。各级荷载 0.025、0.05、0.075、0.10、0.15、0.20、0.25 (单位:Pa)的影响量分别为 $0.03a$、$0.06a$、$0.09a$、$0.12a$、$0.18a$、$0.24a$、$0.30a$。请计算该路段的综合回弹模量并评定是否满足设计要求(μ_0=0.35)。

表 8-22 承载板测定土基回弹模量试验记录

测定层位:软土地基　　　承载板直径:30cm　　　桩号:K12+615 左 2.0m
设计值:40MPa
测定日期:　　　　天气:　　　　气温:℃

加载级位	荷载/kN	承载板压强 P/MPa	百分表读数/(0.01mm) 左	百分表读数/(0.01mm) 右	回弹变形/(0.01mm) 左	回弹变形/(0.01mm) 右	分级影响量/(0.01mm)	计算回弹变形/(0.01mm)
预压	2.784	0.025	361	460	12	16		
	0	0	355	452				
1	2.784	0.025	362	460	10	10	0.6	10.6
	0	0	357	455				

续表

加载级位	荷载/kN	承载板压强 P/MPa	百分表读数/(0.01mm) 左	百分表读数/(0.01mm) 右	回弹变形/(0.01mm) 左	回弹变形/(0.01mm) 右	分级影响量/(0.01mm)	计算回弹变形/(0.01mm)
2	5.568	0.05	374	478	20	20	1.2	21.2
	0	0	364	468				
3	8.352	0.075	387	495	32	32	1.8	33.8
	0	0	371	479				
4	11.136	0.1	402	510	50	42	2.4	48.4
	0	0	377	489				
5	16.704	0.15	416	536	60	64	3.6	65.6
	0	0	386	504				
6	22.272	0.2	437	560	82	82	4.8	86.8
	0	0	396	519				
7	27.84	0.25	453	583	96	100	6.0	104.0（因 $L>$1mm，终止加载）
	0	0	405	533				
取走千斤顶			396	527				
汽车开走后			388	515		层面回弹模量 $E_0=47.4$MPa		
总影响量 a			20					

经计算，该路段土基回弹模量 $E_0=47.4$MPa>40MPa，满足设计要求。

【知识拓展 8-6】

路基土和含土路面材料的回弹模量与其含水量和密实度有关。因此，测定最好在不利季节进行（不利季节：南方为雨季，北方为春融季节）。如在非不利季节进行测定，则应人工创造不利条件，即使土或路面材料的含水量接近不利季节的含水量。

不含土的级配碎石和填隙碎石可在施工完成后或开放交通后三个月进行测定；水泥稳定土应在龄期一个月时，以及重冰冻地区的第二年不利季节进行测定；石灰稳定土以及石灰稳定工业废渣应在龄期一个月、三个月以及冰冻地区的第二年不利季节进行。

【学情小测 8-6】

(1)【多选题】采用承载板法测定土基回弹模量时进行预压的目的是（　　）。

　　A. 使承载板与土基紧密接触

　　B. 检查百分表是否正常

　　C. 检查两台弯沉仪测定的回弹变形是否相差太大

　　D. 以上说法均不对

(2)【多选题】承载板测定土基回弹模量试验中，刚性承载板的板厚和直径一般为（　　）。

　　A. 板厚 20mm　　B. 板厚 40mm　　C. 直径 30cm　　D. 直径 76cm

(3)【多选题】下列关于承载板法测定土基回弹模量的说法中，正确的是（　　）。

　　A. 以弹性半无限体理论为依据

　　B. 数据整理时，一般情况下应进行原点修正

C. 测试时,采用逐级加载、卸载的方式

D. 各级压力的回弹变形必须加上该级的影响量

(4)【判断题】用承载板测定土基回弹模量,当其回弹变形大于1mm时,即可停止加载。( )

【任务单8-6】

参见表8-23。

表8-23 承载板测定土基回弹模量检测任务单

专业　　　　班级　　　　姓名　　　　学号　　　　小组

任务：某土基承载板试验结果见下表,请绘制 P-L 曲线,并计算该处的 E_0(注 $\alpha_i = 0.97 P_i \alpha$, $\mu_0 = 0.35$),若回弹模量设计值为40MPa,试评定其合格性。

试验结果

加载级位	承载板压强 P/MPa	回弹变形实测值/(0.01mm)			分级影响量/(0.01mm)	回弹变形计算值/(0.01mm)
		左	右	平均		
1	0.02	22	20			
2	0.04	42	42			
3	0.06	60	62			
4	0.08	84	86			
5	0.10	108	116		$L>$1mm停止测试	
总影响量	0	6	8			

试验名称及编号	
主要仪器设备	
检测步骤简要流程	
任务评定过程	(绘 P-L 曲线并计算)

微课 10.7　　学情小测 8-6　　思政素材 8.6

任务 8.7　室内 CBR 试验

1. 适用范围

本试验适用于在规定的试筒内制件后对各种土进行 CBR 试验，用以评定路用材料的强度。试样的最大粒径宜控制在 20mm 以内，最大粒径不得超过 40mm，且粒径在 20～40mm 的颗粒含量不宜超过 5%。

2. 检测器具与材料

（1）圆孔筛：孔径 40mm、20mm 及 5mm 筛各 1 个。

（2）试筒：内径 152mm、高 170mm 的金属圆筒；套环，高 50mm；筒内垫块，直径 151mm、高 50mm；夯击底板，同击实仪。试筒的型式和主要尺寸如图 8-39 所示，实物如图 8-40 所示。

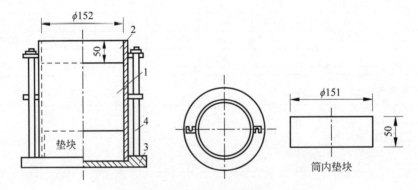

1—试筒；2—套环；3—夯击底板；4—拉杆

图 8-39　CBR 试筒

图 8-40　CBR 试筒实物

(3) 夯锤和导管：夯锤的底面直径 50mm，总质量 4.5kg，如图 8-41 所示。夯锤在导管内的总行程为 450mm，夯锤的型式和尺寸与重型击实试验法所用的相同。

(4) 贯入杆，端面直径 50mm、长约 100mm 的金属柱，如图 8-42 所示。

图 8-41 夯锤和导管

图 8-42 贯入杆

(5) 路面材料强度仪或其他荷载装置如图 8-43 所示，实物如图 8-44 所示。能调节贯入速度至每分钟贯入 1mm；测力环应包括 7.5kN、15kN、30kN、60kN、100kN 和 150kN 等型号。

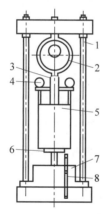

1—框架；2—测力环；3—贯入杆；4—百分表；
5—试件；6—升降台；7—蜗轮蜗杆箱；8—摇把

图 8-43 荷载装置示意

图 8-44 CBR 试验仪实物

(6) 百分表：3 个。

(7) 试件顶面上的多孔板（测试件吸水时的膨胀量），如图 8-45 所示。

(8) 多孔板底板（试件放上后浸泡水中），如图 8-46 所示。

(9) 测膨胀量时支承百分表的架子，如图 8-47 所示。

(10) 荷载板：直径 150mm，中心孔直径 52mm，每块质量 1.25kg，共 4 块，并沿直径分为两个半圆块，如图 8-48 所示，实物如图 8-49 所示。

图 8-45 多孔板顶板

图 8-46　多孔板底板　　　　图 8-47　测膨胀量时支撑百分表的架子

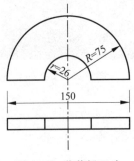 

图 8-48　荷载板尺寸　　　　图 8-49　荷载板

(11) 水槽：浸泡试件用，槽内水面应高出试件顶面 25mm。

(12) 天平：称量 2000g，感量 0.01g；称量 50kg，感量 5g。

(13) 其他：拌和盘、直尺、滤纸、推土器等与击实试验相同。

3．试样准备

(1) 将具有代表性的风干试料（必要时可在 50℃烘箱内烘干），用木碾捣碎。土团应捣碎通过 5mm 的筛孔。

(2) 采用代表性的试料 50kg，用 40mm 筛筛除大于 40mm 的颗粒，并记录超尺寸颗粒的百分数。将已过筛的试料按四分法取出约 25kg，再用四分法将取出的试料分成 4 份，每份质量 6kg，供击实试验和制试件之用。

(3) 在做击实试验的前一天，取有代表性的试料，测定其风干含水率。测定含水率用的试样数量可参照表 8-24。

表 8-24　测定含水率用试样的数量

最大粒径/mm	试样质量/g	个　数
<5	15～20	2
约 5	约 50	1
约 20	约 250	1
约 40	约 500	1

(4) 将 1 份试料通过击实试验方法确定试料的最大干密度和最佳含水率。

4．方法与步骤

(1) 将其余 3 份试料按最佳含水率制备 3 个试件。将 1 份试料铺于白磁盘内，按事先

计算得的该份试料应加的水量均匀地喷洒在试料上,计算公式如下:

$$m_\mathrm{w} = \frac{m_i}{1+w_i}(w-w_i) \tag{8-17}$$

式中:m_w——所需的加水量,g;
　　　m_i——含水量 w_i 时土样的质量,g;
　　　w_i——土样原有含水量,%;
　　　w——要求达到的含水量,%。

掺水将试料充分拌匀后装入密闭容器或塑料口袋内浸润。浸润时间:黏性土不得小于 24h,粉性土可缩短到 12h,砂土可缩短到 6h,天然砂砾可缩短到 2h 左右。

注意:

① 需要时,可制备 3 种干密度试件,使试件的干密度控制在最大干密度的 90%~100%。

② 如每种干密度试件制 3 个,则共制 9 个试件,每层击数分别为 30 次、50 次和 98 次。9 个试件共需试样约 55kg。

③ 若采用静压成型制件时,根据确定的压实度计算所需的试样量,一次静压成型。

(2) 称试筒本身质量(m_1),将试筒固定在底板上,将垫块放入筒内,并在垫块上放一张滤纸,安上套环。

(3) 取备好的试样分 3 次倒入筒内(每层需试样 1500~1750g,其量应使击实后的试样高出 1/3 筒高 1~2mm),平整表面,并稍加压紧,然后按规定的击数进行第一层试样的击实,击实时锤应自由垂直落下,锤迹必须均匀分布于试样面上。第一层击实完后,将试样层面"拉毛",重复上述方法进行其余每层试样的击实。大试筒击实后,试样不宜高出筒高 10mm。

注意:每击实 3 筒试件,取代表性试样进行含水率试验。

(4) 卸下套环,用直刮刀沿试筒顶修平击实的试件,表面不平整处用细料修补。取出垫块,称试筒和试件的合计质量(m_2)。

(5) 泡水测膨胀量的步骤如下:

① 在试件制成后,取下试件顶面的破残滤纸,放一张好滤纸,并在其上安装附有调节杆的多孔板,在多孔板上加 4 块荷载板,如图 8-50 所示。

② 将试筒与多孔板一起放入槽内(先不放水),并用拉杆将模具拉紧,安装百分表,并读取初始数值。

③ 向水槽内注水,使水漫过试筒顶部。在泡水期间,槽内水面应保持在试筒顶面以上约 25mm。通常试件要泡水 4 昼夜,如图 8-51 所示。

图 8-50　安置荷载板后的试件

图 8-51　试件泡水

④ 泡水终了时,读取试件上百分表的最终读数,并用式(8-18)计算膨胀率:

$$\delta_e = \frac{H_1 - H_0}{H_0} \times 100\% \tag{8-18}$$

式中:δ_e——试件泡水后的膨胀率,计算至 0.1%;

H_1——试件泡水终了的高度,mm;

H_0——试件初始高度,mm。

⑤ 从水槽中取出试件,倒出试件顶面的水,静置 15min,让其排水,然后卸去附加荷载和多孔板、底板和滤纸,并称量,以计算试件的湿度和密度的变化。

(6) 贯入试验:

① 选用合适吨位的测力环,使得贯入结束时测力环读数宜占其量程的 1/3 以上。

② 将泡水试验终了的试件放到路面材料强度试验仪的升降台上,调整偏球座,对准、平整并使贯入杆与试件顶面全面接触,如图 8-52 所示,在贯入杆周围放置 4 块荷载板。

③ 安装百分表,在贯入杆上施加少许荷载,以便试样与土样紧密接触,然后将测力和测变形的百分表的指针均调整至整数,并记读初始读数。

④ 加载使贯入杆以 1~1.25mm/min 的速度压入试件,同时测记三个百分表的读数,如图 8-53 所示。记录测力计内百分表某些整读数(如 20、40、60)时的贯入量,并注意使贯入量为 2.5mm 时,能有 5 个以上的读数。因此,测力计内的第一个读数应是贯入量 0.3mm 左右。

图 8-52 贯入杆与试件顶面全面接触

图 8-53 贯入并记录

5. 数据处理

(1) 以单位压强 P 为横坐标,贯入量 L 为纵坐标,绘制 P-L 关系曲线,如图 8-54 所示。图上曲线 1 是合适的。曲线 2 开始段是凹曲线,需要进行修正。修正时在变曲率点引一切线,与纵坐标交于 O' 点,O' 即为修正后的原点。

(2) 根据式(8-19)、式(8-20)分别计算贯入量为 2.5mm 和 5mm 时的 CBR:

$$\text{CBR} = \frac{P}{7000} \times 100\% \tag{8-19}$$

$$\text{CBR} = \frac{P}{10500} \times 100\% \tag{8-20}$$

式中:CBR——承载比,计算至 0.1%;

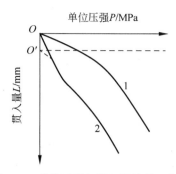

图 8-54 单位压强与贯入量的关系曲线

P——单位压强,kPa。

取两者的较大值作为该材料的 CBR。

(3) 试件的湿密度用式(8-21)计算:

$$\rho = \frac{m_2 - m_1}{2177} \tag{8-21}$$

式中:ρ——试件的湿密度,计算至 0.01g/cm^3;

m_2——试筒和试件的合计质量,g;

m_1——试筒的质量,g;

2177——试筒的容积,cm^3。

(4) 试件的干密度用式(8-22)计算:

$$\rho_\text{d} = \frac{\rho}{1+w} \tag{8-22}$$

式中:ρ_d——试件的干密度,计算至 0.01g/cm^3;

w——试件的含水率,%。

(5) 泡水后试件的吸水量按式(8-23)计算:

$$w_\text{a} = m_3 - m_2 \tag{8-23}$$

式中:w_a——泡水后试件的吸水量,g;

m_3——泡水后试筒和试件的合计质量,g。

(6) 精度要求:计算 3 个平行试验的 CBR 变异系数 C_V,如 $C_\text{V} \leq 12\%$ 时,则取 3 个结果的平均值;如 $C_\text{V} > 12\%$ 时,则去掉一个偏离大的值,取其余两个结果的平均值。

CBR 值(%)与膨胀量(%)取小数点后一位。

6. 报告内容

(1) 材料的状态描述。

(2) 最佳含水率和最大干密度。

(3) 材料的 CBR。

(4) 材料的膨胀率。

本试验采用的记录表格式如表 8-25 所示。

【例 8-7】 某高速公路上路床用土进行室内 CBR 试验,测得数据如表 8-25、表 8-26 所示,请计算该路段 CBR 值和压实度。

表 8-25 贯入试验记录

土样编号 _____   最大干密度 1.69g/cm³   最佳含水率 18%
每层击数 98   试件编号 _____   试验日期 _____
试验者 _____   计算者 _____   校核者 _____

测力环校正系数 $C = 239.825$ kN/(0.01mm), 贯入杆面积 $A = 1.9635 \times 10^{-3}$ m² $P = \dfrac{CR}{A}$

荷载测力计百分表		单位压强	贯入量百分表读数					贯入量
读数	变形值		左表		右表		平均值	
R'_i / (0.01mm)	$R_i = R'_{(i+1)} - R'_1$ / (0.01mm)	P / MPa	读数 R'_{1i} / (0.01mm)	位移值 $R_{1i} = R'_{1(i+1)} - R'_{1(1)}$ / (0.01mm)	读数 R'_{2i} / (0.01mm)	位移值 $R_{2i} = R'_{2(i+1)} - R'_{2(1)}$ / (0.01mm)	$R = \dfrac{1}{2}(R_1+R_2)$ / (0.01mm)	L /mm
0.0	0.9	110	0.0	60.4	0.0	60.6	60.5	0.61
0.9			60.4		60.6			
1.8	1.8	220	106.5	106.5	106.5	106.5	106.5	1.07
2.9	2.9	354	151.1	151.1	150.9	150.9	151.0	1.51
4.0	4.0	489	193.9	193.9	194.1	194.1	194.0	1.94
4.8	4.8	586	240.4	240.4	240.6	240.6	240.5	2.41
5.1	5.1	623	286.1	286.1	285.9	285.9	286.0	2.86
5.4	5.4	660	335.0	335.0	335.0	335.0	335.0	3.35
5.6	5.6	684	383.0	383.0	383.0	383.0	383.0	3.83
5.6	5.6	684	488.0	488.0	488.0	488.0	488.0	4.88

表 8-26 膨胀量试验记录

	试验次数	项目	计算式	1	2	3
膨胀量	筒号	(1)				
	泡水前试件(原试件)高度/mm	(2)		120	120	120
	泡水后试件高度/mm	(3)		128.6	136.5	133
	膨胀量/%	(4)	$\dfrac{(3)-(2)}{(2)}$	7.167	13.75	10.83
	膨胀量平均值/%			10.58		
密度	筒质量 m_1/g	(5)		6660	4640	5390
	筒+试件质量 m_2/g	(6)		10900	8937	9790
	筒体积/cm³	(7)		2177	2177	2177
	湿密度 ρ/(g/cm³)	(8)	$\dfrac{(6)-(5)}{(7)}$	1.948	1.974	2.021
	含水率 w/%	(9)		18	18	18
	干密度 ρ_d/(g/cm³)	(10)	$\dfrac{(8)}{1+0.01w}$	1.651	1.673	1.713
	干密度平均值/(g/cm³)			1.679		
吸水量	泡水后筒+试件合计质量 m_3/g	(11)		11530	9537	10390
	吸水量 w_a/g	(12)	(11)−(6)	630	600	600
	吸水量平均值/g			610		

经计算，$L=2.5\text{mm}$ 时，$P=611\text{kPa}$ $\text{CBR}_{2.5}=\dfrac{P}{7000}\times 100\%=8.7\%$

$L=5.0\text{mm}$ 时，$P=690\text{kPa}$ $\text{CBR}_5=\dfrac{P}{10500}\times 100\%=6.6\%$

由于 $\text{CBR}_{2.5}>\text{CBR}_5$，取 $\text{CBR}_{2.5}=8.7\%$ 作为测定值。相应的压实度 $K=\dfrac{1.679}{1.69}\times 100\%=99.3\%$。

【知识拓展 8-7】

所谓 CBR 值，是指试料贯入量达 2.5mm、5mm 时，单位压力对标准碎石压入相同贯入量时标准荷载强度的比值。标准荷载与贯入量之间的关系如表 8-27 所示。

表 8-27　不同贯入量时的标准荷载强度和标准荷载

贯入量/mm	标准荷载强度/kPa	标准荷载/kN
2.5	7000	13.7
5.0	10500	20.3
7.5	13400	26.3
10	16200	31.8
12.5	18300	36.0

标准荷载强度与贯入量之间的关系也可用式(8-24)表示：

$$P=162L^{0.61} \tag{8-24}$$

式中：P——标准荷载强度，kPa；

L——贯入量，mm。

CBR 是路基土和路面材料的强度指标，在我国的路面设计中，虽以路基土和路面材料的回弹模量值作为设计参数，但在路基施工规范中仍将 CBR 作为一项重要力学指标。

美国 CBR 筒的容积与重型击实筒相同，仍为 2144cm^2。一般要求制备 3 个试件，使击实后的干密度为最大干密度的 95%～100%，每个试件分别按每层 10 次、30 次和 60 次夯实，均分三层击实。

日本 CBR 筒的尺寸与重型击实试验用的试筒相同，垫块厚度 50mm。制备试件时，采用与重型击实试验相同层数和每层击数。

每层试样约 1700g，需根据击实试验情况和工程经验进行调整，避免导致填料过多或不够。

测力环常见的有 7.5kN、15kN、30kN、60kN、100kN 和 150kN 等型号。若测力环型号不合适，对试验结果影响很大，有可能导致测力环百分表读数过小，误差很大。试验前应根据预估的 CBR 值选用合适的测力环，细粒土用吨位较小的测力环，粗粒土用较大的测力环。

贯入试验中常会出现 5mm 的 CBR 值较 2.5mm 的 CBR 值大的现象，出现这种现象的原因主要有以下方面：

(1) 仪器本身的加工精度导致贯入杆平面与土可能呈楔形接触，减少了贯入面积，虽有偏球座的调整，但未完全消除。

(2) 开始试验前施加的荷载偏小，贯入杆不能与土样紧密接触。

(3) 有些土表层的土样相对中心强度要小一些。因此,取 2.5mm 和 5mm 较大的 CBR 值作为该试验的 CBR 值,这样可避免仪器和操作人员所导致的试验误差。

公路等级和路基层位(如上路堤、下路堤、上路床、下路床)不同,其对应的压实度与 CBR 值要求不同。因此,工程中需要确定不同压实度的 CBR 值。当制备三种不同干密度试件时,工程所需压实度对应的 CBR 值、膨胀量采用相邻两点的试验结果通过线性插值确定。

【学情小测 8-7】

(1)【单选题】室内 CBR 试验中,试样的最大粒径宜控制在(　　)以内。

  A. 10mm   B. 20mm   C. 30mm   D. 40mm

(2)【单选题】在绘制 P-L 曲线过程中,如果曲线的开始段是凹曲线,则应(　　)。

  A. 将曲线向左移,使其顶点与坐标原点重合

  B. 将变曲率点作为修正后的新原点

  C. 在变曲率点引一切线,与纵坐标交于一点,则该点为修正后新原点

  D. 重做试验

(3)【多选题】室内 CBR 试验制件时,需制 3 组不同的干密度试件,这 3 组试件每层击实次数分别为(　　)。

  A. 30 次   B. 50 次   C. 59 次   D. 98 次

【任务单 8-7】

参见表 8-28。

表 8-28　CBR 试验任务单

专业		班级		姓名		学号		小组	

任务:对某土基进行 CBR 试验,请完成任务单。	
试验名称及编号	
CBR 定义	
适用范围	
主要仪器设备	
检测步骤简要流程	

续表

数据处理	
其他说明	

微课 10.11　　学情小测 8-7　　思政素材 8.7

任务 8.8　土基现场 CBR 检测

土基现场 CBR 值与土工试验的室内 CBR 值有所区别。首先是试验条件不同，这里所指的是在公路现场条件下测定，土基含水率、压实度与室内试验不同，也未经泡水，故应通过试验，寻找两者之间的关系，换算为室内试验 CBR 值后，再用于路基施工强度检测或评定。其次是试验的出发点不同，路基填料的 CBR 试验是为了评定路用材料的强度，而现场 CBR 测定更多是为了衡量土基的整体承载力。

其测试原理是在公路路基施工现场，用载重汽车作为反力架，通过千斤顶连续加载，使贯入杆匀速压入土基，为了模拟路面结构对土基的附加压力，在贯入杆位置安装荷载板。路基强度越高，贯入量为 2.5mm 或 5.0mm 时荷载越大，即 CBR 值越大。

1. 适用范围

本方法适用于在现场测试各种土基材料的现场 CBR 值，也适合于基层、底基层砂性土、天然砂砾、级配碎石等材料现场 CBR 值的试验，用于评价材料的承载能力，但不适用于填料粒径超过 31.5mm 的土基现场 CBR 值测试。

2. 检测器具与材料

（1）反力装置：载重汽车后轴重不小于 60kN，在汽车大梁的后轴之后设有一加劲横梁作反力架用。

（2）荷载装置：由千斤顶、测力计（测力环或压力表）及球座组成，如图 8-55、图 8-56 所示。千斤顶可使贯入杆的贯入速度调节成 1mm/min。测力计的量程不小于土基强度，测试精度不小于测力计量程的 1%。

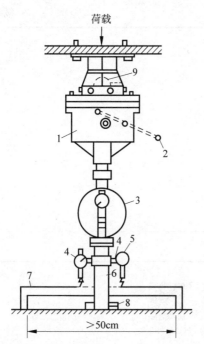

1—千斤顶；2—手柄；3—测力计；4—百分表；5—百分表夹具；
6—贯入杆；7—刚性平台；8—荷载板；9—球座

图 8-55　现场测试装置示意

图 8-56　现场测试装置实物

图 8-57　贯入杆、秒表及荷载板

（3）贯入杆：直径 50mm，长约 200mm 的金属圆柱体，如图 8-57 所示。

（4）荷载板：直径 150mm，中心孔眼直径 52mm，每块 1.25kg，共 4 块，并沿直径分为两个半圆块，如图 8-57 所示。

（5）贯入量测定装置：由刚性平台及百分表组成，百分表量程 20mm，精度 0.01mm，数量 2 个，对称固定于贯入杆上，端部与刚性平台接触，平台跨度不小于 500mm。此设备也可用两台贝克曼梁弯沉仪代替。

（6）细砂：洁净干燥的细砂，粒径 0.3～0.6mm。

（7）其他：铁铲、盘、直尺、毛刷、天平等。

3. 方法与步骤

1）准备工作

（1）根据需要选择有代表性的测点，测点应位于水平的路基上，土质均匀，不含杂物。

（2）将测试地点直径约 300mm 范围的表面找平，用毛刷刷净浮土，如表面为粗粒土时，应撒布少许洁净的细砂填平，但不能覆盖全部土基表面避免形成夹层。

（3）指挥汽车开到位，使汽车后方加劲横梁中心对准测点。

（4）在加劲横梁和测点之间安装现场测试装置。使千斤顶顶在加劲横梁上且调节至高度适中，贯入杆应与土基表面紧密接触，在贯入杆位置安放 4 块 1.25kg 的分开成半圆的荷载板,共 5kg,将支架平台、百分表(或两台贝克曼梁弯沉仪)安装好,如图 8-58 所示。

2)测试步骤

(1)预压。试验贯入前,先在贯入杆上施加 45N 荷载后,将测力计及百分表调零或记录初始读数。

(2)用千斤顶连续加载,如图 8-59 所示。使贯入杆以 1mm/min 的速度压入土基,分别记录贯入量为 0.5mm、1.0mm、1.5mm、2.0mm、2.5mm、3.0mm、4.0mm、5.0mm、7.5mm、10.0mm 及 12.5mm 时的测力计和百分表读数,每级贯入量测力计和百分表的读数应保持同步。贯入量以两个百分表读数的平均值计,当两个百分表读数差值超过其平均值的 30% 时,应停止测试,并检查原因。根据情况,也可在贯入量达 7.5mm 时结束试验。

图 8-58 仪器安置

图 8-59 测试与记录

(3)卸除荷载,移去测试装置。

(4)在试验点取样,测试材料含水率。取样数量如下:

最大粒径不大于 4.75mm,试样质量约 120g;

最大粒径不大于 19.0mm,试样质量约 250g;

最大粒径不大于 31.5mm,试样质量约 500g。

(5)在紧靠试验点旁边的适当位置,用灌砂法或环刀法测试土基的密度。

4. 数据处理

(1)将贯入试验得到的等级荷重数除以贯入断面面积(1963.5mm^2),得到各级压强(MPa),绘制荷载压强(P)-贯入量(L)曲线,如图 8-54 所示。图上曲线 1 不需要修正,曲线 2 在起点处有明显凹凸,需要进行修正。修正时在拐点引一切线,与纵坐标交于 O' 点,O' 即为修正后的原点。

(2)从压强-贯入量曲线上读取贯入量为 2.5mm 及 5.0mm 时的荷载压强 P_1 及 P_1',如图 8-60 所示,按式(8-25)计算现场 CBR 值。CBR 值一般以贯入量 2.5mm 时的测试值为准,当

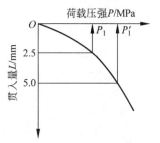

图 8-60 荷载强度的确定

贯入量为 5.0mm 时的 CBR 值大于 2.5mm 时的 CBR 值时，应重新试验，如重新试验仍然如此时，则以贯入量 5.0mm 时的 CBR 值为准。

$$CBR_{现场} = \frac{P_1(或 P_1')}{P_0} \times 100\% \qquad (8-25)$$

式中：$CBR_{现场}$——承载比，%，准确至 0.1%；

P_1、P_1'——贯入量为 2.5mm、5.0mm 时的荷载压强，MPa；

P_0——标准压强，当贯入量为 2.5mm 时 P_0 为 7MPa，当贯入量为 5.0mm 时 P_0 为 10.5MPa。

5. 报告内容

(1) 测试位置信息（桩号、现场材料类型、材料粒径等）。

(2) 含水率、干密度。

(3) 荷载压强、标准压强、CBR 值及相应的贯入量。

本试验采用的记录表格式如表 8-29 所示。

【例 8-8】 某高速公路上路床进行 CBR 试验，CBR 要求为 8%（可参见表 8-3），测得数据如表 8-29 所示，请计算该路段 CBR 值并判断是否满足要求。

表 8-29 现场 CBR 值测定记录

路线和编号：　　　　　　　　　　　　路面结构：沥青路面
测定层位：路基顶层
荷载板直径：150mm　　　　　　　　　测定日期：

	预定贯入量/mm	贯入量百分表读数/(0.01mm)			测力计读数/(0.01mm)	单位压强/kPa
		1	2	平均		
加载记录	0	20	22	21	7	188
	0.5	50	52	51	10	269
	1.0	100	101	101	14	376
	1.5	150	151	151	17	457
	2.0	200	203	202	21	565
	2.5	250	252	251	25	672
	3.0	300	304	302	27	726
	3.5	350	351	351	28	753
	4.0	400	403	402	29	780
	4.5	450	425	438	31	834
	5.0	520	520	520	33	887
	7.5	750	754	752	35	921

续表

CBR值计算	绘制荷载压强-贯入量关系曲线如图8-61所示。 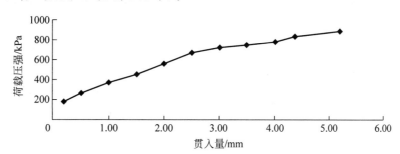 图8-61 荷载压强-贯入量关系曲线 贯入断面面积：19.635cm^2 相当于贯入量2.5mm时的荷载压强：0.672MPa；标准压强：7MPa；$CBR_{2.5}$＝9.6% 相当于贯入量5.0mm时的荷载压强：0.882MPa；标准压强：10.5MPa；$CBR_{5.0}$＝8.4% 试验结果取现场CBR＝9.6%＞8%（设计要求），故CBR满足要求。				
含水率		湿土质量/g	干土质量/g	水质量/g	含水率/%	平均含水率/%
	1					
	2					
密度		试样湿质量/g	试样干质量/g	体积/cm^3	干密度/(g/cm^3)	平均干密度/(g/cm^3)
	1					
	2					

【知识拓展8-8】

本方法的测试结果对填料粒径较为敏感，一般用于填料粒径小于19.0mm的土基测定，能够取得较好的测试效果。

【学情小测8-8】

（1）【单选题】土基现场CBR试验测试时，千斤顶使贯入杆以（　　）速度压入土基。

　　A. 0.5mm/min　　　　B. 1mm/min　　　　C. 2mm/min　　　　D. 5mm/min

（2）【单选题】土基现场CBR值与室内测定CBR值相比，（　　）。

　　A. 现场CBR值大于室内CBR值　　　　B. 现场CBR值小于室内CBR值

　　C. 两者一样　　　　　　　　　　　　D. 两者没有关系

（3）【多选题】土基现场测定CBR值包括（　　）。

　　A. 土基含水量　　　　　　　　　　　B. 测点的干密度

　　C. 测点的压实度　　　　　　　　　　D. 压强与贯入量的关系

（4）【判断题】路基强度越高，贯入量达到规定值所施加的荷载越大，即CBR值越大。（　　）

【任务单8-8】

参见表8-30。

表 8-30　土基现场 CBR 试验任务单

专业　　　　班级　　　　姓名　　　　学号　　　　小组

任务：对某高速公路土基下路床进行 CBR 试验，CBR 要求为 5%，记录如下，荷载板直径为 150mm，请计算 CBR 值并判定其合格性。					
现场测定 CBR 值记录表					
	预定贯入量/ mm	贯入量百分表读数/(0.01mm)			压强/MPa
		1	2	平均	
加载记录	0				
	0.5	60	61		1.10
	1.0	106	107		2.20
	1.5	152	150		3.54
	2.0	193	195		4.89
	2.5	240	241		5.86
	3.0	286	286		6.23
	4.0	334	336		6.60
	5.0	382	384		6.84
	5.5	548	548		6.94
CBR 计算	贯入断面面积：　　　cm² 相当于贯入量 2.5mm 时的荷载压强：　　　；　标准压强：7MPa；　　$CBR_{2.5} =$ 　　　% 相当于贯入量 5.0mm 时的荷载压强：　　　；　标准压强：10.5MPa；　$CBR_{5.0} =$ 　　　% 试验结果取现场 CBR＝　　　%				

试验名称及编号	
适用范围	
主要仪器设备	
检测步骤简要流程	
其他说明	

学情小测 8-8

思政素材 8.8

任务 8.9　动力锥贯入仪测定路基路面 CBR 检测

1. 适用范围

本方法适用于动力锥贯入仪(DCP)现场快速测试无结合料材料路基、路面 CBR 值，用于评估其强度。

2. 检测器具与材料

(1) 动力锥贯入仪：结构与形状如图 8-62、图 8-63 所示，包括手柄、落锤、导向杆、联轴器(锤座)、扶手、夹紧环、探杆、1m 刻度尺、锥头。

标准落锤质量为 10kg，落锤材料应采用 45 号碳素钢或优于 45 号碳素钢的钢材，表面淬火后硬度为(45~50)HRC，探杆和接头材料应采用耐疲劳强度的钢材。

锥头锥尖角度为 60°，最大直径 20mm，允许磨损尺寸为 2mm。锥头尖端最大允许磨损尺寸为 4mm，否则必须更换。

(2) 其他：扳手、铁铲等。

3. 方法与步骤

1) 准备工作

(1) 放入落锤，将仪器的导向杆与探杆在联轴器处紧固连接，保证不会松动。

(2) 将动力锥贯入仪竖直立于硬地(如混凝土)上，然后记录零读数。

(3) 根据需要选择有代表性的测点，测点应位于平整的路基、路面基层、面层上。如果要探测的层位上面有难以穿透的坚硬结构层时，应钻孔或刨挖至其顶面。

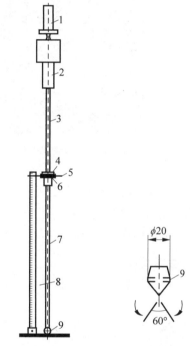

1—手柄；2—落锤；3—导向杆；4—联轴器(锤座)；
5—扶手；6—夹紧环；7—探杆；8—1m 刻度尺；9—锥头

图 8-62　动力锥贯入仪的结构与形状示意

图 8-63　动力锥贯入仪实物

2) 测试步骤

(1) 将动力锥贯入仪放至测点位置。一人手扶仪器手柄,使探杆保持竖直。一人提起落锤至导向杆顶端,然后松开,使之呈自由落体下落,如图 8-64 所示。如果试验中探杆稍有倾斜,不可扶正;如果倾斜较大,造成落锤不是自由落体,则该点试验应废弃。

(2) 读取贯入深度。每贯入约 10mm 读一次数,记录锤击数和贯入量(mm),如图 8-65 所示。对于粒料基层,可每 5 次或 10 次锤击读数一次;对于比较软弱的结构层,可每 1~2 次锤击读数一次。

图 8-64 动力锥贯入仪测试

图 8-65 读取贯入深度

(3) 连续锤击、测量,直到需要的结构层深度。当材料层坚硬,贯入量低到连续锤击 10 次而无变化时,可以停止试验或钻孔透过后继续试验。

(4) 将落锤移走,从探坑中取出动力锥贯入仪。

4. 数据处理

(1) 动力锥贯入仪的测试结果可用以锤击次数为横坐标、贯入深度为纵坐标的贯入曲线表示。

(2) 按式(8-26)计算平均每次的贯入量即贯入度 L_d,按相关性式(8-27)计算 CBR 值。

$$L_d = \frac{L}{n} \tag{8-26}$$

式中:L_d——贯入度,mm;

L——贯入量,mm;

n——锤击次数。

$$\lg(CBR) = a + b\lg L_d \tag{8-27}$$

式中:CBR——结构层材料的现场 CBR 值;

a、b——换算系数。

(3) 也可按式(8-28)计算动贯入阻力强度 Q_d,按相关性式(8-29)计算 CBR 值。

$$Q_d = \frac{M}{M+m} \cdot \frac{MgH}{AL_d} \tag{8-28}$$

式中:Q_d——动贯入阻力强度,kPa;

M——落锤质量,kg;

m——贯入器即被打入部分(包括锥头、探杆、锤座和导向杆等)的质量,kg;

g——重力加速度,$g=9.8\text{m/s}^2$;

H——落距,m;

A——探头截面面积,cm^2。

$$\lg(\text{CBR}) = a + b\lg Q_d \tag{8-29}$$

(4) 相关性试验。利用当地材料进行相关性试验,建立现场 CBR 值与用动力锥贯入仪测试的贯入度 L_d 或动贯入阻力强度 Q_d 之间的相关性关系式。测点数宜不少于 15 个,相关系数 r 应不小于 0.95。

5. 报告内容

(1) 测试位置信息(桩号等)。

(2) 锤击次数及相应的贯入量。

(3) 试验停止时对应的结构层深度。

(4) CBR 值、相关性关系式及相关系数。

本试验采用的记录表格式如表 8-31 所示。

【例 8-9】 某新建高速公路路基,用动力锥贯入仪测该路段路基强度,检测记录如表 8-31 所示,请计算该路段的贯入度及 CBR 值。

表 8-31 动力锥贯入仪试验记录

工程名称:		路基(路面结构):		
测点桩号:		测试日期:		
贯入度与 CBR 值关系式	$\lg(\text{CBR}) = a + b\lg L_d$		$a = 2.632$	$b = 1.28$
序号	锤击次数	贯入深度/mm	贯入度 L_d/mm	CBR 值
1	6	10	1.67	0.50
2	8	11	1.38	0.87
3	7	9	1.29	0.99
4	4	6	1.50	0.71
5	6	8	1.33	0.93

【知识拓展 8-9】

国内外有关贯入度或贯入阻力与 CBR 值等指标的关系式很多,但应根据实际情况建立相关性关系后采用。美国 AASHTO(美国各州公路及运输工作者协会标准)规定,动力锥贯入仪测试结果与 CBR 值之间存在如式(8-30)的关系:

$$\text{CBR} = \frac{405.3}{L_d^{1.259}} \tag{8-30}$$

【学情小测 8-9】

(1)【单选题】贯入度的单位为(   )。

    A. mm/锤击次数   B. cm/锤击次数

    C. 锤击次数/mm   D. 锤击次数/cm

(2)【单选题】当材料层坚硬,贯入量达到连续锤击(   )次而无变化时,可以停止试验或钻孔透过后继续试验。

  A. 5   B. 10   C. 20   D. 30

(3)【多选题】利用动力锥贯入仪现场测得的贯入度,可以推算( )。

  A. CBR 值   B. 回弹模量

  C. 压实度   D. 无侧限抗压强度

(4)【多选题】关于动力锥贯入仪,下列说法正确的是( )。

  A. 标准落锤质量为 8kg   B. 落距为 575mm

  C. 锥头锥尖角度为 45°   D. 最大直径为 20mm

【任务单 8-9】

参见表 8-32。

表 8-32 动力锥贯入仪测定路基路面 CBR 检测任务单

| 专业 | | 班级 | | 姓名 | | 学号 | | 小组 | |

任务:对某土基进行 CBR 试验,请完成任务单。	
试验名称及编号	
适用范围	
主要仪器设备	
检测步骤简要流程	
数据处理	
其他说明	

学情小测 8-9

项目9 路面渗水和路面损坏检测

【思维导图】

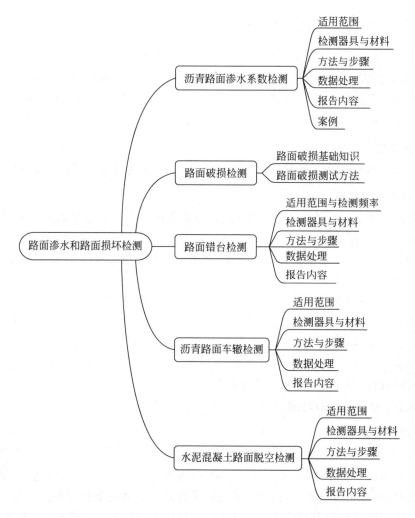

【本项目学习目标】

知识目标：

(1) 能够阐述渗水系数的含义和测试时间要求；

(2) 能够阐述沥青路面渗水系数法的检测原理、适用范围、主要检测器具与材料；
(3) 能够阐述沥青路面与水泥路面破损的种类以及特点；
(4) 能够阐述路面破损、错台、沥青路面车辙、混凝土路面脱空的测试方法。

能力目标：
(1) 能够和小组成员配合完成沥青路面渗水系数的测试；
(2) 能够填写测试记录表并对测试结果进行数据处理；
(3) 能够根据检测结果对所测指标的合格性进行判定。

素质目标：
培养平安百年、品质工程的职业意识。

任务9.1　沥青路面渗水系数检测

大气降水(雨、雪)通过路面孔隙或裂缝渗入沥青路面结构中，会导致基层软化、沥青面层开裂、松散等病害。在多雨地区，应特别重视路面结构层的水稳定性和面层的透水性问题。路面渗水系数是指在规定的条件下，单位时间内渗入路面结构中水的体积，用 C_w 表示，单位为 mL/min。

1. 适用范围

路面渗水系数宜在路面成型后 12h 内完成，适用于新建沥青类路面抗渗性能的检测。

2. 检测器具与材料

(1) 路面渗水仪：形状及尺寸如图 9-1、图 9-2 所示。上部盛水量筒由透明有机玻璃制成，容积 600mL，上有刻度，在 100mL 及 500mL 处有粗标线，下方通过 ϕ10mm 的细管与底座相接，中间有一开关。量筒通过支架连接，底座下方开口内径 ϕ150mm，外径 ϕ220mm，仪器附不锈钢圈压重两个，每个质量约 5kg，内径 ϕ160mm。

(2) 套环：金属圆环，宽度 5mm，内径 145mm，主要防止密封材料被挤压进入测试面而导致渗水面积不一致。

(3) 水筒及大漏斗。

(4) 秒表。

(5) 密封材料：防水腻子、油灰或橡皮泥。

(6) 其他：水、粉笔、塑料圈、刮刀、扫帚等。

3. 方法与步骤

1) 准备工作

(1) 每个测试位置，按照随机选点的方法，随机选择 3 个测点，并用粉笔画上测试标记。

(2) 试验前，首先用扫帚清扫表面，并用刷子将路面表面的杂物刷去。

(3) 新建沥青路面的渗水试验宜在沥青路面碾压成型后 12h 内完成。

2) 测试步骤

(1) 将塑料圈置于路面表面的测点上，用粉笔分别沿塑料圈的内侧和外侧画上圈，如图 9-3 所示，在外环和内环之间的部分就是需要用密封材料进行密封的区域。

项目9 路面渗水和路面损坏检测

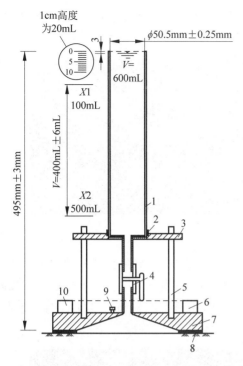

1—盛水量筒;2—螺纹连接;3—顶板;4—阀;5—立柱支架;
6—压重钢圈;7—底座;8—密封材料;9—排气孔;10—套环

图 9-1 渗水仪结构

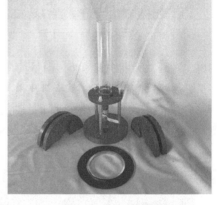

图 9-2 渗水仪实物

图 9-3 画圈

（2）用密封材料对环状密封区域进行密封处理,如图 9-4 所示,注意不要使密封材料进入内圈,如果密封材料不小心进入内圈,必须用刮刀将其刮走。然后再将搓成拇指粗细的条状密封材料摆在环状密封区域的中央,并且摆成一圈。

（3）将套环放在路面表面的测点上,注意使套环的中心尽量与圆环中心重合,如图 9-5 所示,然后略微使劲将套环压在条状密封材料

图 9-4 密封处理

表面；采用同样的方法将渗水仪放在套环上，对中，施加压力将渗水仪压在套环上，再将配重加上，以防压力水从底座与路面间流出。

图 9-5 安置仪器

（4）将开关及排气孔关闭，向量筒中注水超过 100mL 刻度，然后打开开关和排气孔，如图 9-6 所示，使量筒中的水下流排出渗水仪底部内的空气，当量筒中水面下降速度变慢时，用双手轻压渗水仪使渗水仪底部的气泡全部排出，当水自排气孔顺畅排出时，关闭开关和排气孔，并再次向量筒中注水至 100mL 刻度。

图 9-6 排出空气

图 9-7 现场测试

（5）将开关打开，待水面下降至 100mL 刻度时，立即开动秒表开始计时，计时 3min 后立即记录水量，结束试验；当计时不到 3min 水面已下降至 500mL 时，立即记录水面下降至 500mL 时的时间，结束试验，如图 9-7 所示。当开关打开后 3min 时间内水面无法下降至 500mL 刻度时，则开动秒表计时测试 3min 内渗水量即可结束试验。

（6）测试过程中，如水从底座与密封材料间渗出，则底座与路面间密封不好，此试验结果为无效。关闭开关，采用密封材料补充密封，重新按照（4）～（5）测试。如果仍然有水渗出，应在同一纵向位置沿宽度方向就近选择位置，重新按照（1）～（5）测试。

（7）测试过程中，如水从外环圈以外路面中渗出，可以人工将密封材料在外环圈之外

5cm 宽度范围内再次进行密封处理,重新按照(4)~(5)测试,只要密封范围内无水渗出,则认为试验结果有效。

(8) 重复(1)~(7)的步骤,测试 3 个测点的渗水系数。

4. 数据处理

按式(9-1)计算渗水系数,准确至 0.1mL/min:

$$C_w = \frac{V_2 - V_1}{t_2 - t_1} \times 60 \tag{9-1}$$

式中:C_w——渗水系数,mL/min;
V_1——第一次读数时的水量,mL;
V_2——第二次读数时的水量,mL;
t_1——第一次读数的时间,s;
t_2——第二次读数的时间,s。

以 3 个测点渗水系数的平均值作为该测试位置的结果,准确至 1mL/min。

5. 报告内容

本方法应报告以下技术内容:

(1) 测试位置信息(桩号、路面类型等)。

(2) 测试位置的渗水系数(3 个测点的平均值)。

【例 9-1】 某机场高速路面交工验收,其渗水系数检测数据如表 9-1 所示,根据《公路工程质量检验评定标准 第一册 土建工程》(JTG F80/1—2017)中有关规定,该路段沥青路面渗水系数要求≤200mL/min,判定该测点是否合格。

表 9-1 路面渗水系数试验记录

施工路段		机场高速公路		环境条件		温度 24℃		
试验规程		《公路路基路面现场测试规程》		试验设备		路面渗水仪		
样品描述		沥青路面		试验日期				
测点桩号	测点编号	时间读数/s		水量读数/mL		渗水系数/(mL/min)		备注
		第一次 t_1	第二次 t_2	第一次 V_1	第二次 V_2	测点值	平均值	
K2+120	1	0	180	102	354	84.0	115.8	合格
	2	0	180	106	409	101.0		
	3	0	150	100	506	162.4		

【知识拓展 9-1】

沥青路面渗水性能是反映路面沥青混合料级配组成的一个间接指标,也是沥青路面水稳定性的一个重要指标。如果整个沥青面层均透水,则水势必进入基层或路基,使路面承载力降低。相反如果沥青面层中有一层不透水,而表层能很快透水,则又不致形成水膜,对抗滑性能有很大好处。所以路面渗水系数已成为评价路面使用性能的一个重要指标,列入相关的技术规范中。

对于本渗水系数的测定,《公路工程质量检验评定标准 第一册 土建工程》2017 版在

2008版基础上进行了修订,根据近些年来的工程实践进行了完善。对路面渗水仪本身的结构,添加了设置排气孔的要求,进一步完善了渗水试验的准备工作。原规程中路面渗水仪设有排气孔,实际工程上应用的大部分设备是有排气孔的。在渗水试验之前需要打开路面渗水仪开关和排气孔,从而便于路面渗水仪底部内的空气排出。为此,根据工程实际应用情况,对这部分内容进行完善。

原规程针对不同的渗水条件进行了规定,当水面下降速度较慢,则测试3min的渗水量即可停止;如果水面下降速度较快,在不到3min的时间内到达500mL刻度线,则记录到达500mL刻度线时的时间;若水面下降至一定程度后基本保持不动,说明基本不透水或根本不透水;但是这些规定较为笼统,现场试验人员不好掌握;同时原规程规定每分钟记录一次流水量,实际应用意义不大。为此,本次修订,根据现场实际情况,对试验方法进行了完善,使试验人员更容易结合现场情况进行判断。

渗水试验中,一个最大难点是侧渗问题,特别是对于粗型级配沥青混凝土,侧渗较为突出。本次修订考虑工程实际,规定当有侧渗时增加外圈的密封宽度。实际上,渗水试验时,渗水系数包含了竖向下渗和横向下渗,增加外圈密封宽度是希望增加竖向下渗面积,从而减少横向下渗量对渗水系数的影响。

原规程中规定"一个测试路段选择5个测点测试渗水系数,取其平均值作为测试结果",此规定与目前的沥青路面施工技术规范和质量检评标准不一致,为此也进行了修订。

【学情小测 9-1】

(1)【单选题】渗水系数是指规定条件下,单位时间内渗入路面结构中水的(　　)。

　　　A. 体积　　　　　B. 质量　　　　　C. 数量

(2)【单选题】路面渗水系数适用于(　　)的渗水性能的检测。

　　　A. 沥青类路面　　B. 新建沥青类路面　　C. 混凝土路面　　D. 所有路面

(3)【单选题】高速公路、一级公路沥青混凝土路面渗水系数要求为(　　)。

　　　A. 120mL/min　　B. 150mL/min　　C. 200mL/min　　D. 300mL/min

(4)【多选题】路面渗水仪由(　　)组成。

　　　A. 渗水筒　　　　B. 底座及支架　　C. 压重铁圈　　　D. 细管

(5)【判断题】路面渗水系数是渗水筒中水面从100mL下降到500mL所需的时间。(　　)

【任务单 9-1】

参见表9-2。

表9-2　渗水系数检测任务单

专业		班级		姓名		学号		小组	

任务:对某路段的抗渗性进行检测,按沥青路面渗水系数要求≤200mL/min,计算该点的渗水系数,并做出合格性评定。			
路面渗水系数试验记录表			
施工路段	机场高速公路	环境条件	温度25℃
试验规程	《公路路基路面现场测试规程》	试验设备	路面渗水仪
样品描述	沥青路面	试验日期	

续表

测点桩号	测点编号	时间读数/s		水量读数/mL		渗水系数/(mL/min)		备注
		第一次 t_1	第二次 t_2	第一次 V_1	第二次 V_2	测点值	平均值	
K1+035	1	0	180	101	353			
	2	0	120	100	510			
	3	0	180	102	410			

试验项目名称及编号	
渗水系数定义	
检测频率	
主要仪器设备	
检测步骤简要流程	
数据处理方法	两种方法:
合格性判定方法	

微课 9.1　　学情小测 9-1　　思政素材 9.1

任务 9.2　路面破损检测

1. 路面破损基础知识

路面损坏主要指路面表面的可见病害,在路面质量管理与验收、建立路面管理系统和决定路面维修方案时,都需要测定路面各类损坏的数量与面积,路面的损坏类型因路面材料的不同而不同,《公路技术状况评定标准》(JTG 5210—2018)将路面损坏分类如下。

1) 沥青路面的损坏类型

(1) 龟裂：沥青路面最为重要的一种裂缝形式，在路面上表现为相互交错的小网格状裂缝，因其形状类似乌龟背壳而被称为龟裂，如图9-8所示，龟裂产生的最主要原因是疲劳损坏。

(2) 块状裂缝：表现为纵向和横向裂缝的交错而使路面分裂成近似呈直角的多边形大块，简称为块裂，如图9-9所示。块裂的网格在形状和尺寸上都有别于龟裂。块裂的产生主要由面层材料的低温收缩和沥青老化引起。

图9-8 龟裂

图9-9 块状裂缝

(3) 纵向裂缝：与道路中线大致平行的单条裂缝，有时伴有少量支缝。纵向裂缝主要有疲劳损坏、半填半挖路基的分界处路基不均匀沉降产生的裂缝和基层纵向裂缝引发的反射裂缝。

(4) 横向裂缝：与道路中线近似垂直的裂缝，有时伴有少量支缝。横向裂缝主要有气候寒冷地区路面低温收缩形成的间距大致相同的横向裂缝、半刚性基层裂缝或旧路面裂缝的反射裂缝和与构造物连接处填土压实不足、固结沉陷引起在相应位置产生的横向裂缝。

(5) 沉陷：路面表面产生的大于10mm的局部凹陷变形，是沥青路面主要结构性破坏形式之一。沉陷产生的主要原因是路基不均匀沉降、路面局部开挖回填压实不足或桥涵台背填土不实、路面基层结构损坏或不稳定产生的路面局部沉陷变形。

(6) 车辙：沥青路面表面形成的沿轮迹方向大于10mm的纵向凹陷，如图9-10所示。车辙主要可分为结构性车辙和流动性车辙。结构性车辙是结构层及土基在行车重复荷载作用下，材料压缩累积变形。同时常伴有网裂、龟裂和坑槽等病害发生。流动性车辙是炎热季节沥青面层产生的轮迹带处下陷、周边隆起的侧向流动变形。

(7) 波浪拥包：由于局部沥青面层材料移动而在路表面形成的有规律的纵向起伏，波峰和波谷间隔很近，如图9-11所示。波浪拥包产生的主要原因是路面材料组成设计差，如油石比过大、细料过多等使面层材料不足以抵抗车轮水平力的作用，以及面层与基层之间存在不稳定夹层，面层在行车荷载作用下出现推移变形等。

(8) 坑槽：局部集料丧失而在路面表面形成的坑洞，可深及不同的路面结构层次，如图9-12所示。坑槽通常是因其他病害如龟裂、松散等未及时处理而逐渐发展形成的。

(9) 松散：一种从路面表面向下不断发展的因集料颗粒流失和沥青结合料流失而造成的路面损坏，如图9-13所示。松散是沥青混合料中沥青用量偏少、沥青和集料黏结性差、沥青老化变硬、压实不足等原因导致沥青和集料之间失去黏结而产生的。

图 9-10 车辙

图 9-11 波浪拥包

图 9-12 坑槽

图 9-13 松散

（10）泛油：路面混合料中的沥青向上迁移到道路表面，形成一层有光泽的沥青膜。泛油主要是由于沥青含量过多，沥青高温稳定性差等原因产生的。

（11）修补：龟裂、坑槽、松散、沉陷、车辙等损坏经处理后在路面表面形成的修补部分。

沥青路面各类损坏根据严重程度分为轻度、中度和重度三种，如表 9-3 所示。

表 9-3 沥青路面损坏程度分类

损坏类型	损坏程度	损坏特征
龟裂	轻度	主要裂缝块度在 0.2～0.5m，平均裂缝宽度小于 2mm
	中度	主要裂缝块小于 0.2m，平均裂缝宽度在 2～5mm
	重度	主要裂缝块小于 0.2m，平均裂缝宽度大于 5mm
块状裂缝	轻度	主要裂缝块度大于 1.0m，平均裂缝宽度在 1～2mm
	重度	主要裂缝块度在 0.5～1.0m，平均裂缝宽度大于或等于 2mm
纵向裂缝	轻度	主要裂缝宽度小于或等于 3mm
	重度	主要裂缝宽度大于 3mm
横向裂缝	轻度	主要裂缝宽度小于或等于 3mm
	重度	主要裂缝宽度大于 3mm
沉陷	轻度	沉陷深度在 10～25mm，正常行车无明显颠簸感
	重度	沉陷深度大于 25mm，正常行车有明显颠簸感
车辙	轻度	车辙深度在 10～15mm
	重度	车辙深度大于或等于 15mm
波浪拥包	轻度	波峰波谷高差在 10～25mm
	重度	波峰波谷高差大于 25mm

续表

损坏类型	损坏程度	损坏特征
坑槽	轻度	坑槽深度小于25mm,或面积小于$0.1m^2$
	重度	坑槽深度大于或等于25mm,或面积大于或等于$0.1m^2$
松散	轻度	表面细集料散失、脱皮、麻面等表面损坏
	重度	表面粗集料散失、脱皮、麻面、露骨、剥落等损坏
泛油	—	应为沥青路面表面出现的薄油层,按面积计算
修补	—	裂缝、坑槽、松散、沉陷、车辙等损坏的修复,块状修补应按面积计算,条状修补应按长度(m)乘以0.2m影响宽度计算

2) 水泥混凝土路面的损坏类型

(1) 破碎板:混凝土板被多条裂缝分为3个以上板块。破碎板是较为严重的一种损坏形式,通常是在重载作用下裂缝进一步发展的结果。

(2) 裂缝:板块上只有一条裂缝,可以为横向、纵向或不规则的斜裂缝。裂缝通常由于收缩应力、重载反复作用、温度或湿度翘曲应力、丧失地基支撑等因素单独或多种因素综合作用而产生。

(3) 板角断裂:水泥混凝土的板角被与纵横接缝相交且交点距离等于或小于板边长度一半的裂缝从板体断开。板角是水泥路面较薄弱的部位,由于施工的原因,板角相对于其他部位来说强度稍低,但处于不利的受力位置。因此,在重载反复作用及温度和湿度翘曲应力作用下,再加上地基软弱、唧泥和传荷能力差等因素,就会出现板角断裂损坏。

(4) 错台:水泥混凝土路面板的纵向或横向接缝两边板块出现大于5mm的高差。错台一般是因为基层材料被冲蚀下沉而产生的,或是在施工时胀缝被振歪或缝壁倾斜,两板在伸胀挤压过程中出现错台。

(5) 拱起:拱起损坏指横缝两侧的板体发生高度大于10mm的抬高。拱起一般是横缝内落入坚硬材料,在炎热夏季板块因伸长受阻而产生很大压应力,导致板块失稳而出现的现象。

(6) 边角剥落:沿接缝方向的板边出现裂缝、破碎或脱落现象,裂缝面一般不是垂直贯穿板厚,而是与板面成一定角度。边角剥落是由于接缝内进入坚硬材料而妨碍了板的膨胀变形,接缝处混凝土强度不足,传荷设施(传力杆)设计或设置不当(未正确定位、锈蚀等),接缝施工质量差,重载反复作用等造成的。

(7) 接缝料损坏:由于接缝的填缝料老化、剥落等原因,填料不密水或接缝内已无填料,接缝被砂、石、土等填塞。

(8) 坑洞:板面出现有效直径大于30mm、深度大于10mm的局部坑洞。坑洞一般是由于混凝土砂石材料含泥量过大,夹带朽木、纸张、泥块等杂物,或车辆、机械的金属硬轮对路面产生撞击而产生的。

(9) 唧泥:水泥板块在车辆驶过后,接缝处有基层泥浆涌出。唧泥主要是由于接缝填封的失效而引起水的下渗、板底面与基层顶面的脱空,基层材料的不耐冲刷和重载的反复作用引起。

(10) 露骨:板块表面出现细集料散失、粗集料暴露或表层疏松剥落等现象。露骨主要是由混凝土表面灰浆不足、洒水提浆等造成混凝土路面表层强度不足引起的。

(11) 修补:裂缝、板角断裂、边角剥落、坑洞等损坏经处理后在路面表面形成的修补部分。

水泥混凝土路面各类损坏的严重程度分类,如表 9-4 所示。

表 9-4 水泥混凝土路面损坏程度分类

损坏类型	损坏程度	损 坏 特 征
破碎板	轻度	板块被裂缝分为 3 块板及以上,破碎板未发生松动和沉陷
	重度	板块被裂缝分为 3 块板及以上,破碎板有松动、沉陷和唧泥等现象
裂缝	轻度	板块上只有一条裂缝,主要裂缝宽度小于 3mm,一般为未贯通裂缝
	中度	板块上只有一条裂缝,主要裂缝宽度 3~10mm
	重度	板块上只有一条裂缝,主要裂缝宽度大于 10mm
板角断裂	轻度	主要裂缝宽度小于 3mm
	中度	主要裂缝宽度 3~10mm
	重度	主要裂缝宽度大于 10mm
错台	轻度	两侧高差 5~10mm
	重度	两侧高差大于或等于 10mm
拱起	—	横缝两侧的板体发生高度大于 10mm 抬高,损坏应按拱起涉及板块的面积计算
边角剥落	轻度	板边的碎裂和脱落
	中度	板边的碎裂和脱落,接缝附近水泥混凝土有开裂
	重度	板边的碎裂和脱落,接缝附近水泥混凝土多处开裂,深度超过接缝槽底部
接缝料损坏	轻度	填料老化,不密水,但尚未剥落脱空,未被砂、石、泥土等填塞
	重度	1/3 以上接缝出现空缝或被砂、石、土填塞
坑洞	—	板面出现直径大于 30mm、深度大于 10mm 的坑槽,损坏应按坑洞或坑洞群的包络面积计算
唧泥	—	水泥板块在车辆驶过后,接缝处有基层泥浆涌出,损坏应按长度(m)计算
露骨	—	板块表面出现细集料散失、粗集料暴露或表层疏松剥落等现象,损坏应按面积计算
修补	—	裂缝、板角断裂、边角剥落、坑洞等损坏的修复,块状修补应按面积计算,裂缝类的条状修补应按长度(m)乘以 0.2m 影响宽度计算

2. 路面破损测试方法

对强度不足或疲劳引起的沥青路面荷载性裂缝(龟裂),宜在春季或雨季最不利季节之后调查;对于温度收缩引起的非荷载性裂缝(块裂和横裂缝),宜在冬季以后观测;对车辙、波浪拥包等热稳定性变形,宜在夏季观测;对松散类破损,宜在雨季观测,也可在规定的同一时间观测,需要时还可定期观测。为便于裂缝观测,宜选择在雨后(或预先洒水)路表已干燥但尚有水迹时观测。

1)适用范围

本方法适用于人工法和视频法测试沥青路面和水泥路面裂缝、坑槽、断板等表观损坏,以评价路面技术状况。

2)检测器具与材料

(1)人工法。

① 量尺有钢卷尺:5m 量程和 50m 量程,分度值为 1mm。钢直尺:500mm,分度值为 1mm。

② 其他：粉笔或油漆、安全标志等。

（2）图像视频法。

车载式路面图像视频损坏检测系统（图 9-14）基本参数：

① 距离传感器标定误差：<0.1%。

② 有效测试宽度：不小于一个车道宽度的 70%。

③ 最小裂缝分辨宽度：1mm。

④ 裂缝识别的准确率：≥90%。

3）方法与步骤

（1）人工调查方法测试步骤：

① 两个测试人员组成一个测试组，沿路肩徒步调查。

② 量测或收集测试路段的路面长度及宽度。

③ 沿路面仔细观察、量测并在损坏记录表格上填写路面损坏的桩号、位置、类型及尺寸等信息。根据周围交通状况可目测或采用量尺量测各类损坏，沥青路面和水泥混凝土路面具体记录方式分别如下。

a. 沥青路面。

裂缝包括纵向裂缝、横向裂缝和不规则裂缝等单根裂缝，主要采用钢卷尺或钢直尺量测其长度与宽度。缝宽按照该条裂缝宽度最大值计，宽度准确至 1mm；缝长按照沿裂缝走向累计长度计算，调查结果准确至 0.01m。

其他类损坏包括龟裂、块状裂缝、坑槽、沉陷、波浪拥包、松散、泛油、修补等，主要量测其面积。按照矩形量测其横断面切向和垂直方向最外边的长度和宽度，矩形应覆盖该处损坏面积，调查结果准确至 $0.0001m^2$。矩形边框如图 9-15 所示。

图 9-14　车载式路面图像视频损坏检测系统

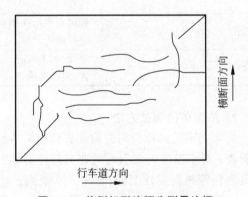

图 9-15　外侧矩形边框为测量边框

b. 水泥混凝土路面。

裂缝、边角剥落、接缝料损坏、唧泥及裂缝修补等，主要量测其长度。调查结果准确至 0.01m。

破碎板、板角断裂、拱起、坑洞、露骨及修补等，主要量测其面积。按照涉及的板块、板角或包络面积计算，调查结果准确至 $0.0001m^2$。

④ 必要时在损坏位置用粉笔或油漆做标记、拍摄照片或录像，并记录相应的桩号和照片编号。

(2) 图像视频测试方法。

主要采用视频法自动测试路面裂缝类损坏和人工交互的方式处理其他路面损坏。

① 准备工作:

a. 启动设备,调整摄像系统及光源的相应参数,使拍摄的路况图像清晰。

b. 确定测试路段,要求无积水、无冰雪、无污染。

② 测试步骤:

a. 将测试车辆就位于测试区间起点前一定距离,以保证到达测试区域时能够达到测试要求的稳定车速,启动测试设备并将其调整至工作状态。

b. 设定测试系统参数,输入线路名称、起点桩号、测试车道等信息。

c. 测试时应分车道测试,保持测试车中心线与车道中心线重合,测试系统自动记录被测试车道的路面损坏状况。

d. 测试结束,保存数据。

e. 采用自动化或者人机交互的方式识别路面损坏图像,并读取裂缝长度、损坏面积等。

4) 数据处理

(1) 测试沥青路面损坏时,计算测试路段的裂缝总长度、其他路面损坏的总面积,根据需要可计算破损率、裂缝率等指标。

裂缝是路面最主要的破坏形式之一,对于裂缝损坏可单独进行统计,并可根据需要计算沥青路面破损率、裂缝率等指标。沥青路面的裂缝率是指路面裂缝的总面积与测定区之间路面总面积的比值,沥青路面的裂缝率按式(9-2)计算:

$$C_K = \frac{C_A + BL}{A} \tag{9-2}$$

式中:C_K——沥青路面裂缝率,$m^2/(1000 m^2)$;

L——纵、横裂缝长度总和,m;

C_A——龟裂及块裂面积总和,m^2;

A——测试路段路面面积,以 $1000 m^2$ 计;

B——将裂缝长度换算成面积的影响宽度,一般取 0.2m。

(2) 测试水泥混凝土路面损坏时,计算测试路段损坏长度或面积,根据需要可计算破损率、断板率等指标。在对水泥混凝土路面损坏调查时,可根据需要计算水泥路面破损率、断板率等指标。水泥混凝土路面的断板率指已折断成两块及两块以上的水泥混凝土路面板的块数与路面板总块数的百分比,水泥混凝土路面的断板率按式(9-3)计算:

$$B_D = \frac{S_D}{S} \times 100\% \tag{9-3}$$

式中:B_D——水泥混凝土路面的断板率,%;

S_D——已完全折断成两块及以上的水泥混凝土路面板块总数;

S——测试路段的面板总块数。

【知识拓展 9-2】

采用人工测试方法时,可根据实际需要制作相关路面损坏记录表格。测试时,每个测试组的测试人员不低于 2 人,主要是考虑人工测量长度的需要,也可根据实际情况调整人数。在对沥青路面进行损坏调查或判定时,若在路面的相同区域上存在不同等级的单根裂缝损坏且难以区分,则按照最严重的损坏等级计算;若单根裂缝穿过龟裂或块裂的区域,则该区域里的裂缝长度不计入裂缝计算的总长度内。对于沥青路面中的坑槽、松散、龟裂、块裂损坏,若在路面的相同区域上存在不同等级的坑槽(松散、龟裂、块裂)损坏且难以区分,则按照最严重的损坏等级计算;若坑槽(块裂)的区域内包含龟裂损坏,则记录坑槽(块裂)总面积时应减去龟裂面积。

【学情小测 9-2】

(1)【多选题】下列属于沥青路面破坏形式的有(　　)。

　　A. 开裂　　　　B. 断板　　　　C. 车辙　　　　D. 接缝损坏

(2)【多选题】下列属于水泥混凝土路面破坏形式的有(　　)。

　　A. 断板　　　　B. 泛油　　　　C. 车辙　　　　D. 接缝损坏

(3)【多选题】路面破损严重程度可分为(　　)。

　　A. 轻微　　　　B. 中度　　　　C. 较重　　　　D. 严重

(4)【判断题】检测路段的各类破损长度或面积,按破损类别分别统计。(　　)

【任务单 9-2】

参见表 9-5。

表 9-5　路面破损检测任务单

专业		班级		姓名		学号		小组	
任务:明确沥青路面、水泥混凝土路面破损的类型,能对沥青路面常见裂缝进行检测,并完成下列任务。									
沥青路面常见破损类型									
水泥混凝土路面常见破损类型									
人工调查沥青路面裂缝检测		仪器设备							
		测试步骤							
		数据处理方法							
其他说明									

微课 11.2　　学情小测 9-2　　思政素材 9.2

任务9.3 路面错台检测

错台是指在水泥混凝土路面的接缝或裂缝处,两板体产生相对竖向位移的现象,如图9-16所示。常年的车流特别是重载车辆可能造成相邻旧混凝土板高低不平,形成错台。

图9-16 错台

1. 适用范围与检测频率

路面错台检测方法有基准尺法、深度尺法和水准仪(全站仪)法三种,适用于测试在构造物端部接头、水泥混凝土路面的错台高度,以评价路面行车舒适程度。

水泥混凝土路面错台的测定:按每条胀缝2点,每200m抽纵、横接缝各2条,每条2点进行。

2. 检测器具与材料

(1) 基准尺:3m 直尺或2m 直尺。

(2) 量尺。

① 深度尺:分辨率不大于0.5mm,如图9-17所示。

② 钢直尺:量程不小于200mm。

③ 钢卷尺:量程不小于5m。

④ 塞尺:分度值不大于0.5mm。

图9-17 深度尺

(3) 水准仪或全站仪。

① 水准仪:精度 DS_3,如图4-1所示。

② 全站仪:测角精度2″,测距精度 $\pm[2mm+2\times10^{-6}s(s\text{ 为测距})]$,如图4-2所示。

3. 方法与步骤

1) 准备工作

测试前,应对测试位置进行清理,保证无浮砂、污泥等影响测试结果的污染物。

2) 测试步骤

选择需要测试的断面,记录位置、桩号,描述错台的情况。路面错台的测试位置应选在接缝高差最大处,根据需要也可选择其他有代表性的位置。根据实际情况选择以下测试方法:

(1) 基准尺法

将基准尺垂直跨越接缝并平放于高出的一侧,用塞尺或钢直尺量测接缝处基准尺下基准面与位置较低板块的高差,即为该处的错台高度 D,准确至 1mm。

(2) 深度尺法

将深度尺垂直置于高出的一侧,将测头顶出至与沉降面接触为止,稳定后读数,即为该处的错台高度 D,准确至 1mm。测点的选择应避开水泥混凝土板块崩边的位置。

(3) 水准仪(全站仪)法

将水准仪(全站仪)架设于路面平顺处调平,沿接缝在选定测点的两侧分别量测相对高程,准确至 1mm。塔尺(棱镜)应放置在平整处,避开路面凸起和凹陷位置。

4. 数据处理

(1) 基准尺法和深度尺法的测试结果直接作为错台高度 D,准确至 1mm。

(2) 水准仪(全站仪)法需计算接缝间的相对高程、差值的绝对值作为错台高度 D,准确至 1mm。

5. 报告内容

(1) 测试位置信息(桩号、路面及构造物概况等)。

(2) 错台高度 D。

水泥混凝土路面错台的测定:按每条胀缝 2 点,每 200m 抽纵、横接缝各 2 条,每条 2 点进行;高速公路、一级公路要求允许偏差≤2mm,其他等级公路要求允许偏差≤3mm。

【知识拓展 9-3】

1) 构造物端部接头错台的测试步骤

(1) 将精密水平仪架在距构造物端部不远的路面平顺处调平。

(2) 从构造物端部无沉降或鼓包的断面位置起,沿路线纵向用皮尺量取一定距离,作为测点,在该处立起塔尺,测量高程再向前量取一定距离,作为测点,测量高程。如此重复,直至无明显沉降的断面为止。无特殊需要,从构造物端部起的 2m 内应每隔 0.2m 量测一次,2~5m 内宜每隔 0.5m 量测一次,5m 以上可每隔 1m 量测一次,由此得出沉降纵断面及最大沉降值,即最大错台高度 D_m,准确至 1mm。

2) 水泥混凝土接缝或桥梁的伸缩缝及沥青路面裂缝处的错台

可按前述方法用水平仪测定接缝或裂缝两侧一定范围内的道路纵断面确定最大错台的高度 D_m 及位置,准确至 1mm。

当发生错台变形的范围不足 3m 时,可在错台最大位置沿路线纵向用 3m 直尺架在路面上,其一端位于错台的高出的一侧,另一端位于无明显沉降变形处,作为基准线。用钢板尺或钢卷尺每隔 0.2m 量取路面与基准线直接高度 D,同时测记最大错台高度 D_m,准确至 1mm。

【学情小测 9-3】

(1)【单选题】最大错台的位置与高度 D_m 应准确至( )。

    A. 0.001m   B. 0.01m   C. 0.1m   D. 1m

(2)【多选题】路面错台的测试报告应包括( )。

    A. 最大错台高度 D_m 及错台纵断面图

B. 路线名、测定日期、天气情况

C. 道路交通情况及造成错台原因的初步分析

D. 测定地点、桩号、路面构造物概况

(3)【多选题】路面错台的检测,从构造物端部起,(　　)由此得出沉降纵断面及最大沉降值。

A. 2m 内应每隔 0.2m 量测一次　　　　B. 2～5m 内宜每隔 0.5m 量测一次

C. 5m 以上每隔 1m 量测一次　　　　　D. 以上均不对

【任务单 9-3】

参见表 9-6 所示。

表 9-6　路面错台检测任务单

专业		班级		姓名		学号		小组	

任务:能对水泥混凝土路面错台进行检测,并完成下列任务。	
错台的定义	
适用范围与检测频率	
仪器设备	
测试步骤	
数据处理方法	
其他说明	

学情小测 9-3

任务 9.4　沥青路面车辙检测

车辙就是在高温和渠化交通的作用下,路面在车轮荷载重复作用下,沿行车轨迹上产生的纵向带状凹陷,常伴有纵向为主的裂缝,如图 9-10 所示。在高温和渠化交通路面,沥青面层在行车荷载的作用下,进一步压密、挤压使轮迹带下沉,两侧面鼓起,形成波峰和波谷状。

波峰和波谷的高差即为车辙深度,车辙深度以 mm 计,车辙面积以 m^2 计。

沥青路面车辙检测设备的比较如表 9-7 所示。对高速公路及一级公路,以一个车道的宽度即车道区画线之间的距离为基准测量。对二级及二级以下公路,有车道区画线时,以一个车道的宽度为基准测量宽度;无车道区画线时,以中线两侧形成车辙部位的一个车道的宽度,作为基准测量宽度。

表 9-7　沥青路面车辙检测常用方法

检 测 方 法	检测仪器或设备	特　　　点
人工方法	横断面尺	多点测量、有人为因素、较准确、效率低
半自动方法	横断面仪等	仪器需要调整、较准确、效率较高
全自动方法	车辙检测车、激光或超声波车辙仪等	需标定、测量准确、信息量大、效率高

1. 适用范围

本方法适用于测试沥青路面的车辙。

2. 检测器具与材料

(1) 路面激光车辙仪(图 9-18)的技术要求,具体如下:

① 纵向距离测量误差:≤0.1%。

② 纵向采样间距:≤200mm。

③ 有效测试宽度:≥3.5m,测点不少于 13 点,测试精度为 0.1mm,横向采样间距:≤300mm。

④ 车辙深度测量范围:0～50mm。

图 9-18　路面激光车辙仪

(2) 横断面尺:如图 9-19、图 9-20 所示,金属制直尺,刻度间距 50mm,长度不小于一个车道宽度。顶面平直,最大弯曲不大于 1mm,两端有把手及高度为 100～200mm 的支脚,两支脚的高度相同,作为基准尺使用。

(3) 基准尺:金属制,长度不小于一个车道宽度,最大弯曲不超过 1mm,表面平直。

(4) 量尺。

① 钢直尺:量程不小于 300mm,分度值为 1mm。

② 钢卷尺:量程不小于 3000mm,分度值为 1mm。

③ 塞尺:分度值不大于 0.5mm。

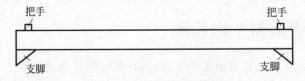

图 9-19　路面横断面尺结构

图 9-20 路面横断面尺实物

3. 方法与步骤

车辙测试的基准测量宽度应符合下列规定：

对高速公路及一级公路,以发生车辙的一个车道两侧标线宽度中点到中点的距离为基准测量宽度。对二级及二级以下公路,有车道区画线时,以发生车辙的一个车道两侧标线宽度中点到中点的距离为基准测量宽度；无车道区画线时,以形成车辙部位的一个设计车道作为基准测量宽度。

1) 横断面尺测试方法

(1) 选择需测试车辙的断面,将横断面尺置于该测试断面上,方向与道路中心线垂直,两端支脚置于测试车道两侧。

(2) 沿横断面尺每隔 200mm 一点,将钢直尺垂直立于路面上,读取横断面尺底面与路面之间的高差,如图 9-21 所示,准确至 1mm,如断面的最高处或最低处明显不在测试点上,应加密测点。

(3) 记录测试断面的桩号、位置及不同断面处的高差。

2) 基准尺测试方法

当不需要测试横断面,仅需要测试最大车辙时,可采用本方法。

图 9-21 横断面尺测试路面车辙深度

(1) 选择需测试车辙的断面,将基准尺置于该测试断面上,方向与道路中心线垂直。

(2) 若车辙形状为图 9-22 中(a)、(b)、(c)型式,则需分别量测左、右轮迹带的车辙深度,将基准尺分别置于左、右轮迹带辙槽两端最高位置,目测确定左、右轮迹带最大车辙位置,用量尺量取基准尺底面与路面之间的高差,准确至 1mm,记录车辙深度。图 9-22 中 LWP、RWP 表示左轮迹带及右轮迹带,R_{U1} 和 R_{U2} 表示左轮迹带、右轮迹带车辙深度。

(3) 若车辙形状为其他型式,则直接将基准尺置于断面辙槽两端最高位置,目测确定断面最大车辙位置,用量尺量取基准尺底面与路面之间的高差,准确至 1mm,记录车辙深度 R_U。

(4) 记录测试断面的桩号、位置及断面处车辙深度。

3) 激光车辙仪测试方法

(1) 准备工作

① 确定测试路段,要求测试路段无积水、无冰雪、无污染。

② 将测试设备所有轮胎气压调整为设备所要求的标准气压,检查车辆和测试设备是否工作正常。

③ 查看天气预报,当风速大于 6 级时不宜进行测试。

(2) 测试步骤

① 将测试车辆就位于测试区间起点前一定距离,以保证到达测试区域时能够达到测试

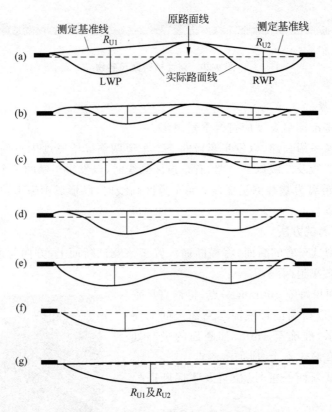

图 9-22 不同形状、不同程度的路面车辙示意

要求的稳定车速,启动测试设备并将其调整至工作状态。

② 设定测试系统参数,输入路线名称、路段桩号、测试车道和测试方向等信息。

③ 根据交通量、路面状况等实际情况确定测试速度。

④ 测试时应分车道测试,保持测试车中心线与车道中心线重合,测试系统自动记录被测试车道的路面车辙数据。

⑤ 测试结束,保存数据。

4. 数据处理

(1) 应按照图 9-22 规定的模式计算车辙深度 R_U,根据测试数据按图 9-22 的方法画出横断面图及顶面基准线。

(2) 在横断面图上确定车辙深度 R_{U1} 和 R_{U2},精确至 1mm。以其中最大值作为断面的最大车辙深度 R_U。

(3) 计算测试路段各测试断面最大车辙深度的平均值作为该测试路段的平均车辙深度。

5. 报告内容

(1) 测试位置信息(桩号等)。

(2) 每个断面的车辙深度 R_U。

(3) 测试路段的平均车辙深度。

【知识拓展 9-4】

目前国内自动化车辙仪主要包括点激光车辙仪和线激光车辙仪(图 9-23、图 9-24),超声波技术在自动化测试早期曾大量使用,但由于测试速度低、精度差、易受干扰和数据处理烦琐等缺陷,现已很少使用。

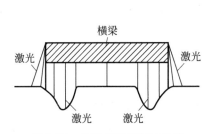

图 9-23 点激光车辙测试示意

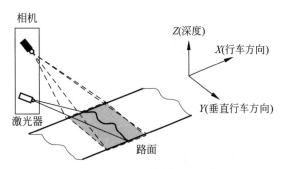

图 9-24 线激光车辙测试示意

激光车辙仪的有效测试宽度是车辙仪的基本参数之一,对国内相关标准、规范及生产厂家进行调研,调研结果如表 9-8 所示,部分标准已把横向测试宽度规定为 3.5m,国内外大多生产厂家的设备横向测试宽度可满足 3.5m 的要求。

表 9-8 国内规范对激光车辙仪相关参数的要求

序号	标准/规范名称	横向测试宽度/m	纵向采样间距
1	《多功能路况快速检测设备》(GB/T 26764—2011)	≥3.5	≤0.2m,建议采用 0.1m
2	《公路路面技术状况自动化检测规程》(JTG/T E61—2014)	≥3.5	宜采用 0.1m,不应大于 0.2m
3	《公路技术状况评定标准》(JTG 5210—2018)	—	计算长度为 10m

根据目前国内激光车辙仪的技术参数及车辙测试要求,对纵向距离测量误差、纵向采样间距、横向采样间距、车辙深度测量范围和测试环境基本要求进行了规定。

本方法所称的标准气压为自动化检测车出厂时,厂家要求的标准气压。

《公路技术状况评定标准》(JTG 5210—2018)和《公路路面技术状况自动化检测规程》(JTG/T E61—2014)明确了激光车辙仪测试路面车辙深度的计算单元长度及输出结果,测试结果可采用电子表格进行保存。

采用激光车辙仪测试路面车辙深度时,当太阳光线对测试结果有影响时,应进行调整或回避。

在车辙测试数据处理的过程中,断面最大车辙深度通过横断面进行确定,画出每个横断面图是车辙计算的中间过程,大部分情况下,没有必要把每个横断面图全部写进报告中,根据需要报告各测试断面的横断面图。

【学情小测 9-4】

(1)【单选题】进行沥青路面车辙测试时,针对内外侧轮迹带的车辙深度 R_{U1} 和 R_{U2},以( )作为断面的车辙深度。

A. 其中最小值　　B. 两者平均值　　C. 其中最大值　　D. 两者之差值

（2）【单选题】下列四个车辙深度测试方法中,(　　)属于半自动化测试方法。

　　　A. 超声波车辙仪　　B. 线激光车辙仪　　C. 路面横断面仪　　D. 横断面尺法

（3）【单选题】绘制横断面曲线时,在图上确定车辙深度 R_{U1}、R_{U2},以其中的最大值作为(　　)。

　　　A. 该评定路段的最大车辙深度　　　　B. 该评定路段的平均车辙深度

　　　C. 该断面的最大车辙深度　　　　　　D. 该断面的平均车辙深度

（4）【多选题】采用路面横断仪测定沥青路面车辙的步骤包括(　　)。

　　　A. 将横断面仪就位于测定断面上,记录断面桩号

　　　B. 启动并设定检测系统参数

　　　C. 调整两端支脚高度,使其等高

　　　D. 移动横断面仪的测量器,记录断面形状

【任务单 9-4】

参见表 9-9。

表 9-9　路面车辙检测任务单

专业　　　　班级　　　　姓名　　　　学号　　　　小组

任务：能对沥青路面车辙进行检测,并完成下列任务。	
车辙的定义	
适用范围与检测频率	
仪器设备	
测试步骤	
数据处理方法	
其他说明	

微课 11.4　　学情小测 9-4　　思政素材 9.4

任务 9.5　水泥混凝土路面脱空检测

1. 适用范围

本方法适用于落锤式弯沉仪和贝克曼梁弯沉仪测试水泥混凝土路面的板底脱空,为水泥混凝土路面的养护处治提供依据。

2. 检测器具与材料

(1) 落锤式弯沉仪,如图 8-19、图 8-20 所示。
(2) 贝克曼梁和加载车。采用 5.4m 贝克曼梁,如图 8-3、图 8-5 所示。
(3) 百分表及表架。
(4) 其他：钢卷尺等。

3. 方法与步骤

1) 落锤式弯沉仪法

(1) 准备工作

① 收集水泥路面材料、结构、厚度等路面资料信息。

② 确定测试桩号,并标识测点位置。当测试板角或板边位置时,承载板边缘应距纵、横缝不大于 200mm。当测试板中位置时,承载板中心与板中距离偏差应不大于 200mm,承载板位置摆放如图 9-25 所示。

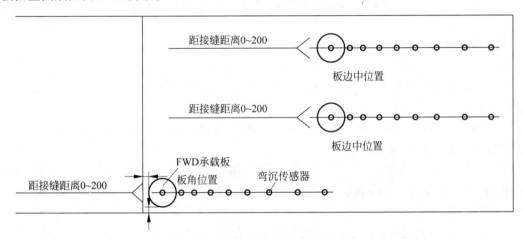

图 9-25　承载板位置摆放平面示意

③ 清扫水泥路面,使测试点位置无明显砂粒、积泥。

④ 脱空测试应避开晴天正午前后温度较高及显著负温度梯度(夜晚或清晨)时段,宜选择在早晚板块上下表面温差较小时段,或者凉爽多云、阴天温差变化不大的天气进行测试。

(2) 测试步骤

检测测试位置的弯沉。用截距值判定板底脱空时,应测试板角弯沉,并对同一测点施加 3 级荷载进行测试。采用弯沉比值判定板底脱空时,应采用同一恒定荷载对板角、板中和板边进行弯沉测试。

2) 贝克曼梁弯沉仪法

(1) 指挥测试车使其后轮摆放于要求测点处。当测试板角或板边位置时,后轴轮胎外侧边缘应距纵缝 100~200mm。

(2) 当只测试受荷板的板角弯沉时,可将贝克曼梁测头放置于距接缝 50~100mm 处,贝克曼梁的支座与测点不应在同一块板上。弯沉车车轮和贝克曼梁测头摆放如图 9-26 所示。

(3) 安放百分表于弯沉仪的测定杆上,用手指轻轻叩打弯沉仪,检查百分表能否稳定回位。百分表回位稳定后,记录初始读数 L_1,精确到 0.01mm。

(4) 测试者发令指挥汽车以 5km/h 左右的速度缓缓前进,驶离测试混凝土板块,待表针回转稳定后,读取终读数 L_2,精确到 0.01mm。

(5) 承载车向前移动至下一个测点,重复上述步骤(1)~(4)进行测试。

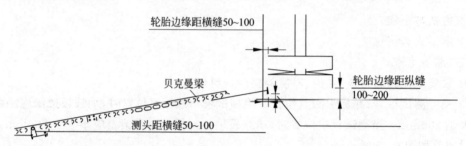

图 9-26 弯沉车车轮和贝克曼梁测头摆放平面示意

4. 数据处理

1) 落锤式弯沉仪法

当采用落锤式弯沉仪进行脱空测试时,可采用截距值法和弯沉比值两种测试方法之一进行脱空判定,具体计算方法如下:

(1) 通过落锤式弯沉仪测试出不同荷载等级的弯沉值,按照线性回归统计方法,计算得到式(9-4)中的回归系数 a、b:

$$W = aP + b \tag{9-4}$$

式中: W——弯沉值,0.01mm;

P——荷载值,kN;

a——回归曲线斜率;

b——回归曲线截距。

当测点的线性回归截距 $b > 50\mu m$ 时可判定为脱空。

(2) 通过落锤式弯沉仪测试出水泥混凝土板块不同位置的弯沉值,按式(9-5)、式(9-6)计算弯沉比值 λ_1、λ_2。

$$\lambda_1 = W_{板角} / W_{板中} \tag{9-5}$$

$$\lambda_2 = W_{板边} / W_{板中} \tag{9-6}$$

式中: λ_1——板角弯沉/板中弯沉的比值;

λ_2——板边中点弯沉/板中弯沉的比值;

$W_{板角}$——水泥混凝土板角处弯沉值,0.01mm;

$W_{板边}$——水泥混凝土板边中处弯沉值,0.01mm;

$W_{板中}$——水泥混凝土板中处弯沉值,0.01mm。

采用落锤式弯沉仪分别测试同一板块板中、板边中点和板角位置的弯沉,当 $\lambda_1>3.0$ 且 $\lambda_2>2.0$ 时可判定为脱空。

2)贝克曼梁弯沉法

路面测点的回弹弯沉值按式(9-7)计算:

$$L_t = (L_2 - L_1) \times 2 \tag{9-7}$$

式中:L_t——路面回弹弯沉值,0.01mm;

L_1——百分表的初读数,0.01mm;

L_2——百分表的终读数,0.01mm。

采用单点弯沉测值进行脱空判定时,当弯沉值大于0.2mm可判定为该处脱空。

5. 报告内容

1)落锤式弯沉仪法

(1)测试位置信息(桩号等)。

(2)线性回归系数 a、b 或弯沉比值 λ_1、λ_2 及相应的脱空判定标准。

(3)脱空测点位置桩号。

2)贝克曼梁弯沉仪法

(1)测试位置信息(桩号等)。

(2)各测点的弯沉及采用的脱空判定标准。

(3)脱空测点位置桩号。

【知识拓展 9-5】

水泥路面板底脱空严重影响其使用性能和疲劳寿命,也是沥青层加铺前旧水泥路面处治中最难处治的一类病害,为做好路面的脱空处治,需完成路面水泥板脱空的测试和判别。

《公路水泥混凝土路面养护技术规范》(JTJ 073.1—2001)给出了贝克曼梁弯沉法测试脱空的判定标准,《公路水泥混凝土路面设计规范》(JTG D40—2011)提到利用落锤式弯沉仪多级加载进行脱空测试,采用弯沉法进行水泥混凝土路面脱空测试需统一标准的测试方法,以利于相关养护、设计规范的配套使用和推动新仪器、新技术的进一步发展。

弯沉测试期间的温度状况,对于脱空测试来说尤为重要。试验表明,当板块表面温度明显高于板底温度时,会出现板中凸起、板角下挠,板角下挠中和了板角脱空,弯沉测值随着温差的增大而变小,从而影响脱空的判定。当板块表面温度明显低于板底温度时,板块会发生翘曲,即使没有任何地基问题,大量的脱空还是会在板角处出现,从而增加脱空的误判。因此在进行脱空测试时,应避开晴天正午前后温度较高及显著负温度梯度(夜晚或清晨)时段,宜选择在早晚板块上下表面温差较小时段,或者凉爽多云、阴天温差变化不大的天气进行测试。

采用美国 AASHTO 路面设计指南利用落锤式弯沉仪多级加载后进行线性回归,荷载等级设置为 26.7kN、40.0kN、53.3kN,当截距达到 $50\mu m$ 时可表明板下存在脱空。结合国内研究及应用情况,落锤式弯沉仪三级荷载推荐设置为 50kN、70kN、90kN,由于不同路面结构和区域环境状况都会对测试结果造成影响,针对不同需求可使用经验验证可靠的截距来判定脱空。

当采用落锤式弯沉仪弯沉比进行脱空判定时,可参考《民用机场道面评价管理技术规范》(MH/T 5024—2019)中的规定进行判定,即当"板边中点弯沉/板中弯沉>2.0"和"板角弯沉/板中弯沉>3.0"可判定为脱空。

《公路水泥混凝土路面养护技术规范》(JTJ 073.1—2001)的板块脱空处治中提到,采用 5.4m 长杆弯沉仪和 BZZ-100 重型标准汽车所测水泥混凝路面弯沉超过 0.2mm 的,应确定为面板脱空。

【学情小测 9-5】

(1)【单选题】采用单点弯沉测值进行脱空判定时,当弯沉值大于(　　)可判定为该处脱空。
　　　A. 0.1mm　　　　B. 0.2mm　　　　C. 0.5mm　　　　D. 1mm

(2)【判断题】脱空应在晴天正午前后温度较高及显著负温度梯度(夜晚或清晨)时段进行测试。(　　)

(3)【多选题】采用落锤式弯沉仪应测试同一板块(　　)位置的弯沉。
　　　A. 板中　　　　B. 板边中点　　　C. 板角　　　　D. 任意位置

(4)【多选题】水泥混凝土路面脱空检测的方法包括(　　)。
　　　A. 贝克曼梁法　　B. 落锤式弯沉仪法　　C. 钻芯法　　D. 承载板

【任务单 9-5】

参见表 9-10。

表 9-10　水泥混凝土路面脱空检测任务单

专业		班级		姓名		学号		小组	

任务:能对水泥混凝土路面脱空进行检测,并完成下列任务。	
适用范围与检测频率	
仪器设备	
测试步骤	
数据处理方法	
其他说明	

学情小测 9-5

项目10 水泥混凝土强度检测

【思维导图】

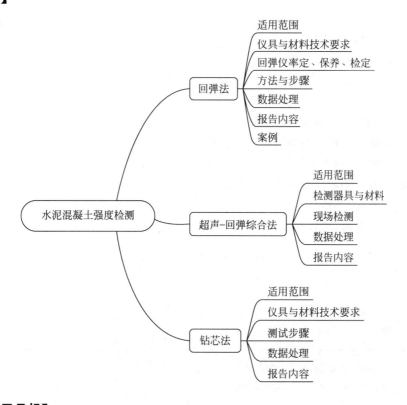

【本项目学习目标】

知识目标：
(1) 能够阐述混凝土强度的含义以及测试方法类型；
(2) 能够阐述回弹法、超声-回弹综合法、钻芯法的检测原理、主要测试器具和材料；
(3) 能够阐述超声-回弹综合法、钻芯法检测的技术要求。

能力目标：
(1) 能够和小组成员配合完成回弹法的检测；
(2) 能够填写测试记录表并对测试结果进行数据处理；
(3) 能够根据检测结果对所测指标的合格性进行判定。

素质目标：
（1）培养自主学习能力、团队合作精神、精益求精、积极上进的职业素养；
（2）培养学生关注行业动态、关注自身发展的良好习惯。

任务 10.1　回弹法测试水泥混凝土强度方法

水泥混凝土是道路与桥梁工程建设中用量最大，应用最广泛的一种建筑材料。在现代公路建设中，水泥混凝土已发展成为高等级路面的主要建筑材料之一，钢筋混凝土则作为桥梁建筑的主导材料得以广泛应用。

为了加强对混凝土质量的监测和控制，检测混凝土的强度作为结构工程质量检测，是其中主要的内容之一。混凝土测定强度的技术按其对混凝土结构的影响程度分为部分破损法和非破损法。部分破损法以不影响结构或构件的承载能力为前提，在结构或构件上直接进行局部破坏性试验，或直接钻取芯样进行破坏性试验。其主要方法有钻芯法、拔出法、射击法等。此类方法较直观可靠，测试结果易为人们接受，但对混凝土结构造成局部破坏，不宜大范围检测，且费用较高，因而受到种种限制。非破损(无损)法以混凝土强度与某些物理量之间的相关性为基础，检测时在不影响结构或构件混凝土任何性能的前提下测试这些物理量，然后根据相关关系推算被测混凝土的强度推定值。其主要方法有回弹法、超声法、超声-回弹综合法、射线法、成熟度法等。此类方法所用仪器简单、操作方便、费用低廉，同时便于大范围检测，在有严格的测量抗压强度(简称测强)曲线的条件下，其测试精度较高。

钻芯法、回弹法、超声法、超声-回弹综合法和拔出法是结构混凝土的常见质量检测方法，在我国应用较普遍，各种测试方法的测定内容、适用范围及优缺点如表10-1所示。

表10-1　常用检测方法的比较

种类	测定内容	使用范围	特点	缺点
回弹法	测定混凝土表面硬度	混凝土抗压强度、均质性	测试简单、快速、被测物的形状尺寸一般不受限制	测定部位仅限于混凝土表面，同一处不能再次使用
超声法	超声波传播速度、波幅和频率	混凝土抗压强度及内部缺陷	被测构件形状与尺寸不限，同一处可反复测试	探头频率较高时，声波衰减大，测定精度较差
超声-回弹综合法	混凝土表面硬度值和超声波传播速度	混凝土抗压强度	测试比较简单，精度比单一法高	比单一法复杂
钻芯法	从混凝土中钻取一定尺寸的芯样	混凝土抗压强度、抗劈强度、内部缺陷	对混凝土有一定损伤，检测后续进行修补	设备笨重，成本较高，对混凝土有损伤，需修补
拔出法	预埋或后装于混凝土中锚固件，测定拔出力	混凝土抗压强度	测强精度较高	对混凝土有一定损伤，检测后需进行修补

回弹法是指利用回弹仪检测普通混凝土结构或构件抗压强度的方法,其实施过程为:用一个弹簧驱动的重锤,通过弹击杆(传力杆)弹击混凝土表面,测出重锤被反弹回来的距离,以回弹值(反弹距离与弹簧初始长度之比)作为与强度相关的指标,再由已建立的回归方程或校准曲线换算出构件混凝土的强度值。

由于混凝土的抗压强度与其表面硬度之间存在某种相关关系,而回弹仪的弹击锤被一定的弹力打击在混凝土表面上,其回弹高度(通过回弹仪读得回弹值)与混凝土表面硬度成一定的比例关系。因此以回弹值反映混凝土表面硬度,根据表面硬度则可推求混凝土的抗压强度。

回弹法的优点在于操作简便、快速经济,用回弹法检测混凝土抗压强度,虽然检测精度不高,但是设备简单、操作方便、测试迅速,以及检测费用低廉,且不破坏混凝土的正常使用,故在现场直接测定中被较多使用。

影响回弹法准确度的因素较多,如操作方法、仪器性能、气候条件等。为此,必须掌握正确的操作方法,注意回弹仪的保养和校正。《回弹法检测混凝土抗压强度技术规程》(JGJ/T 23—2011)中规定:回弹法检测混凝土的龄期为7~1000d,不适用于表层及内部质量有明显差异或内部存在缺陷的混凝土构件和特种成型工艺制作的混凝土的检测,这大大限制了回弹法的检测范围。另外,由于高强混凝土的强度基数较大,即使只有15%的相对误差,其绝对误差也会很大而使检测结果失去意义。

其回弹仪内部结构及检测原理如图10-1所示。

1. 适用范围

本方法适用于快速测试水泥混凝土路面的抗压强度,不作为混凝土路面的强度评定、仲裁试验或工程验收使用。本方法不适用于表面与内部质量有明显差异或内部存在缺陷的水泥混凝土强度测试,及厚度小于100mm水泥混凝土强度测试。目前我国回弹法研究成果基本只适用于普通混凝土,同时对现场结构或构件混凝土测强,回弹测强值仅代表混凝土表层质量,因此使用回弹法必须保证混凝土构件的表面质量与内部质量基本一致。

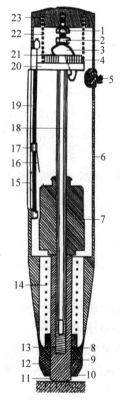

1—紧固螺母;2—调零螺钉;3—挂钩;4—挂钩销子;5—按钮;6—机壳;7—弹击锤;8—拉簧座;9—卡环;10—密封毡圈;11—弹击杆;12—盖帽;13—缓冲弹簧;14—弹击拉簧;15—刻度尺;16—指针片;17—指针块;18—中心导杆;19—指针轴;20—导向法兰;21—挂钩压簧;22—压簧;23—尾盖

图10-1 混凝土回弹仪内部结构

2. 仪具与材料技术要求

(1)混凝土回弹仪:一般是指针直读式混凝土回弹仪,如图10-1、图10-2所示,也可采用数字显示式或自记录式回弹仪,具体技术要求如下:

① 水平弹击时,在弹击锤脱钩的瞬间,回弹仪的标称能量应为 2.207J。
② 弹击锤与弹击杆碰撞的瞬间,弹击拉簧处于自由状态,此时弹击锤起点应位于刻度尺的零点处。
③ 在洛氏硬度为(60±2)HRC 的钢砧上,如图 10-3 所示,回弹仪的率定值应为 80±2。

图 10-2　混凝土回弹仪

图 10-3　钢砧

④ 数字式回弹仪应带有指针直读示值系统,数字显示的回弹值与指针直读示值相差不应超过 1。
(2) 酚酞酒精溶液:浓度 1%～2%。
(3) 游标卡尺:分度值 0.02mm。
(4) 碳化深度测定仪:分度值 0.25mm。
(5) 钢砧:洛氏硬度(60±2)HRC,如图 10-3 所示。
(6) 其他:手提式砂轮、凿子、锤、吸耳球等。

3. 回弹仪率定、保养、检定

1) 率定

回弹仪有下列情况之一时,应在钢砧上进行率定试验。
(1) 进行构件测试前后,如连续数天测试,可在每天测试完毕后率定一次。
(2) 测定过程中对回弹值有怀疑时。

如率定试验结果不在规定的 80±2 范围内,应对回弹仪进行常规保养后再行率定;如再次率定仍不合格,应送检定单位检验。

回弹仪率定步骤:回弹仪率定试验,宜在温度为 5～35℃的条件下进行。率定时钢砧表面应干燥、清洁,钢砧应稳固地平放在刚度大的地面上,回弹仪向下弹击时,弹击杆应分 4 次旋转,每次旋转约 90°,弹击 3～5 次,取其中最后连续 3 次且读数稳定的回弹值的平均值作为率定值。

2) 保养
(1) 弹击超过 2000 次。
(2) 对检测值有怀疑时。
(3) 钢砧上的率定值不符合要求。

回弹仪的保养可按下列步骤进行:
① 先将弹击锤脱钩,取出机芯,然后卸下弹击杆,取出里边的缓冲弹簧,并取出弹击锤、弹击拉簧和拉簧座。
② 清洁机芯各零部件,并应重点清理中心导杆、弹击锤和弹击杆的内孔和冲击面。清理后,应在中心导杆上涂抹薄薄的钟表油,其他零部件不得抹油。

③ 清理机壳内壁,卸下刻度尺,检查指针,其摩擦力应为 0.5~0.8N。
④ 对于数字式回弹仪,还应按产品要求的维护程序进行维护。
⑤ 保养时,不得旋转尾盖上已定为紧固的调零螺丝,不得自制或更换零部件。
⑥ 保养后的回弹仪应进行率定。

回弹仪使用完毕,需使弹击杆伸出机壳,并清除弹击杆、杆前端球面以及刻度尺表面和外壳上的污垢、尘土。回弹仪不用时,需将弹击杆压入机壳内,经弹击后按下按钮,锁住机芯,然后装入仪器箱。仪器箱需平放在干燥阴凉处。当数字式回弹仪长期不用时,需取出电池。

3) 检定

回弹仪有下列情况之一时,应送检定单位校验。检验合格的回弹仪应具有检定合格证,其有效期为半年。

(1) 新回弹仪启用前。
(2) 经常规保养后,钢砧率定值不合格。
(3) 数字式回弹仪数字显示的回弹值与指针直读示值相差大于1。
(4) 弹击拉簧座、弹击杆、缓冲压簧、中心导杆、导向法兰、弹击锤、指针轴、指针片、针块、挂钩及调零螺丝等主要零件之一经更换后。
(5) 弹击拉簧前端不在拉簧原孔位或调零螺丝松动。
(6) 遭受严重撞击或其他损害。

4. 方法与步骤

1) 准备工作

(1) 确保测试时环境温度为 −4~40℃。
(2) 回弹仪率定。
(3) 布置测区和测点。

每个混凝土板的测区数不宜少于 10 个,如图 10-4 所示,相邻两测区的间距不宜大于 2m;测区宜在混凝土板表面上均匀分布,并避开板边板角。

测区表面应清洁、干燥、平整,不应有疏松层、饰面层、粉刷层、浮浆、油垢以及蜂窝、麻面等,必要时可用砂轮清除表面的杂物和不平整处,磨光的表面不应有残留粉尘或碎屑。

一个测区的面积不宜大于 200mm×200mm,每一测区测试 16 个测点,相邻两测点的间距不宜小于 30mm,测点距路面边缘或接缝的距离不应小于 200mm,选点检测如图 10-5 所示。

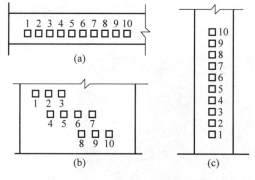

图 10-4 梁、墙、柱测区布置示意
(a) 梁;(b) 墙;(c) 柱

图 10-5 测点布置

2) 测试步骤

(1) 回弹值测试

在测试过程中,回弹仪的轴线应始终垂直于混凝土表面,具体操作应符合下列要求:

① 将回弹仪的弹击杆顶住混凝土表面,轻压仪器,使按钮松开,弹击杆徐徐伸出,并使挂钩挂上弹击锤,如图 10-6、图 10-7 所示。

② 手持回弹仪对混凝土表面缓慢均匀施压,待弹击锤脱钩,冲击弹击杆后,弹击锤即带动指针向后移动到达一定位置,指针刻度线在刻度尺上的示值即为该点的回弹值,测点不应在气孔或外露石子上,同一测点只弹击一次。

③ 使用上述方法在混凝土表面依次读数并记录回弹值,如条件不利于读数,可按下按钮,锁住机芯,将回弹仪移至他处读数,准确至 1 个单位。

④ 使用完毕后应将弹击杆压入仪器内,经弹击后按下按钮,锁住机芯,待下一次使用。

(2) 碳化深度测试

① 回弹值测量完毕后,应在有代表性的测区上测量碳化深度值,测点数不应少于构件测区数的 30%,应取其平均值作为该构件每个测区的碳化深度值。当碳化深度值极差大于 2.0mm 时,在每一测区分别测量碳化深度值。

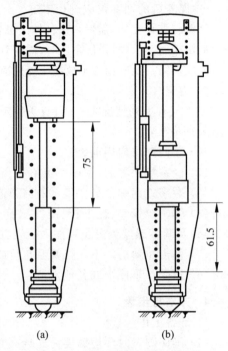

图 10-6 弹击锤脱钩前后的状态

图 10-7 回弹仪位置示意

② 测量碳化深度值时,可用合适的工具在测区表面形成直径约为 15mm 的孔洞(其深度略大于混凝土的碳化深度),然后用吸耳球吹去孔洞中的粉末和碎屑(不得用液体冲洗),并立即用浓度为 1%~2% 酚酞酒精溶液洒在孔洞内壁的边缘处,如图 10-8 所示,当已碳化与未碳化界限清楚时(未碳化部分变成紫红色),用碳化深度测定仪或深度游标卡尺测试已碳化与未碳化交界面至混凝土表面的垂直距离三次,取三次测试的平均值作为碳化深度测试结果,准确至 0.5mm。

图 10-8 碳化深度检测

5. 数据处理

1) 测区回弹值的计算

将一个测区的 16 个测点的回弹值,去掉 3 个最大值及 3 个最小值,其余 10 个回弹值按式(10-1)计算测区平均回弹值。

$$\overline{N}_s = \frac{\sum_{i=1}^{10} N_i}{10} \tag{10-1}$$

式中:$\overline{N}_s$——测区平均回弹值,准确至 0.1,无量纲;

N_i——第 i 个测点的回弹值。

2) 测试角度修正

根据回弹仪轴线与水平方向的角度将测得的数据按式(10-2)进行修正,计算非水平方向测试的回弹修正值。当测试水泥混凝土路面为向下垂直方向时,测试角度为 $-90°$,回弹修正值 ΔN 如表 10-2 所示。

$$\overline{N} = \overline{N}_s + \Delta N \tag{10-2}$$

式中:$\overline{N}$——经非水平测试修正的测区平均回弹值;

ΔN——非水平测试的回弹修正值,由表 10-2 或内插法求得,准确至 0.1。

表 10-2 非水平方向测试的回弹修正值

$\overline{N}_s$	α 与水平方向所成的角度							
	$+90°$	$+60°$	$+45°$	$+30°$	$-30°$	$-45°$	$-60°$	$-90°$
20	-6.0	-5.0	-4.0	-3.0	$+2.5$	$+3.0$	$+3.5$	$+4.0$
30	-5.0	-4.0	-3.5	-2.5	$+2.0$	$+2.5$	$+3.0$	$+3.5$
40	-4.0	-3.5	-3.0	-2.0	$+1.5$	$+2.0$	$+2.5$	$+3.0$
50	-3.5	-3.0	-2.5	-1.5	$+1.0$	$+1.5$	$+2.0$	$+2.5$

注:α 表示回弹仪轴线与水平方向的角度,表中未列入的 $\overline{N}_s$,可用内插法求得,如图 10-9 所示。

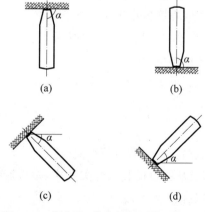

图 10-9 非水平、非浇筑侧面检测的修正

(a) $\alpha = +90°$;(b) $\alpha = -90°$;(c) $\alpha = +45°$;(d) $\alpha = -45°$

3) 平均碳化深度的计算

每一个测区的平均碳化深度值,按式(10-3)计算:

$$\bar{L} = \frac{1}{n}\sum_{i=1}^{n} L_i \tag{10-3}$$

式中:$\bar{L}$——平均碳化深度,mm;

L_i——第 i 个测点的碳化深度,mm;

n——测点数。

如平均碳化深度值大于或等于 6.0mm 时,取 6.0mm。

4) 测区混凝土强度的确定

将回弹值换算为混凝土强度时,宜采用下列方法:

(1) 有试验条件时,宜通过试验建立专用测强曲线,但测强曲线仅适用于材料质量、成型、养护和龄期等条件基本相同的混凝土。混凝土标准试块为 150mm×150mm×150mm,采用 1.5、1.75、2.0、2.25、2.50 五个灰水比,以便得到不少于 30 对数据,试件与被测对象有相同的养护条件,到达龄期后,将试块用压力机加压至 30~50kN 稳住,用回弹仪在两侧面分别测试 8 个测点,按式(10-1)计算平均回弹值,然后进行抗压强度试验,用最小二乘法建立二者相关性关系的推定式,推定式可为直线式或其他适当的形式,但相关系数 r 不得小于 0.95。根据测区平均回弹值利用测强曲线推定混凝土抗压强度。

(2) 在没有条件通过试验建立专用测强曲线时,每个测区混凝土的抗压强度值 R_i 可按平均回弹值及平均碳化深度值,根据表 10-3 查出。

(3) 计算测试对象全部测区的推定混凝土抗压强度的平均值、标准差、变异系数。

5) 结构(或构件)混凝土抗压强度 R_n 的推定

构件的现龄期混凝土强度推定值 R_n 应符合下列规定:

(1) 当该结构或构件测区数少于 10 个时:

$$R_n = (R_{ni})_{min} \tag{10-4}$$

式中:$(R_{ni})_{min}$——构件中最小的测区混凝土强度值;

R_n——结构(或构件)混凝土抗压强度。

(2) 当该结构或构件的测区强度值小于 10.0MPa 时

$$R_n < 10.0\text{MPa} \tag{10-5}$$

(3) 当该结构或构件测区数不少于 10 个时

$$R_n = \bar{R}_n - 1.645 S_n \tag{10-6}$$

式中:S_n——标准差。

6. 报告内容

(1) 测试位置信息(测试位置、测区数量等)。

(2) 测强曲线,回弹值与抗压强度的相关性关系式,相关系数。

(3) 回弹值、抗压强度推定值。

(4) 混凝土抗压强度的平均值、标准差及变异系数。

表 10-3　测区混凝土抗压强度值换算　　MPa

平均回弹值	平均碳化深度值/mm												
	0.0	0.5	1.0	1.5	2.0	2.5	3.0	3.5	4.0	4.5	5.0	5.5	≥6
20	10.3	10.1											
21	11.4	11.2	10.8	10.5	10.0								
22	12.5	12.2	11.9	11.5	11.0	10.6	10.2						
23	13.7	13.4	13.0	12.6	12.1	11.6	11.2	10.8	10.5	10.1			
24	14.9	14.6	14.2	13.7	13.1	12.7	12.2	11.8	11.5	11.0	10.7	10.4	10.1
25	16.2	15.9	15.4	14.9	14.3	13.8	13.3	12.8	12.5	12.0	11.7	11.3	10.9
26	17.5	17.2	16.6	16.1	15.4	14.9	14.4	13.8	13.5	13.0	12.6	12.2	11.6
27	18.9	18.5	18.0	17.4	16.6	16.1	15.5	14.8	14.6	14.0	13.6	13.1	12.4
28	20.3	19.7	19.2	18.4	17.6	17.0	16.5	15.8	15.4	14.8	14.4	13.9	13.2
29	21.8	21.1	20.5	19.6	18.7	18.1	17.5	16.8	16.4	15.8	15.4	14.6	13.9
30	23.3	22.6	21.9	21.0	20.0	19.3	18.6	17.9	17.4	16.8	16.4	15.4	14.7
31	24.9	24.2	23.4	22.4	21.4	20.7	19.9	19.2	18.4	17.9	17.4	16.4	15.5
32	26.5	25.7	24.9	23.9	22.8	22.0	21.2	20.4	19.6	19.1	18.4	17.5	16.4
33	28.2	27.4	26.5	25.4	24.3	23.4	22.6	21.7	20.9	20.3	19.4	18.5	17.4
34	30.0	29.1	28.0	26.8	25.6	24.6	23.7	23.0	22.1	21.3	20.4	19.5	18.3
35	31.8	30.8	29.6	28.0	26.7	25.8	24.8	24.0	23.2	22.3	21.4	20.4	19.2
36	33.6	32.6	31.2	29.6	28.2	27.2	26.2	25.2	24.5	23.5	22.4	21.4	20.2
37	35.5	34.4	33.0	31.2	29.8	28.8	27.7	26.6	25.9	24.8	23.7	22.4	21.3
38	37.5	36.4	34.9	33.0	31.5	30.3	29.2	28.1	27.4	26.2	24.8	23.6	22.5
39	39.5	38.2	36.7	34.7	33.0	31.8	30.6	29.5	28.8	27.4	26.0	24.8	23.7
40	41.6	39.9	38.3	36.2	34.5	33.3	32.0	30.8	30.0	28.4	27.0	25.8	25.0
41	43.7	42.0	40.2	38.0	36.0	34.8	33.2	32.3	31.5	29.7	28.4	27.1	26.2
42	45.9	44.1	42.2	39.9	37.7	36.3	34.9	34.0	33.0	31.2	29.8	28.5	27.5
43	48.1	46.2	44.2	41.8	39.4	38.0	36.6	35.6	34.6	32.7	31.3	29.8	28.9
44	50.4	48.4	46.4	43.8	41.3	39.8	38.3	37.3	36.3	34.3	32.8	31.2	30.2
45	52.7	50.6	48.5	45.8	43.2	41.6	40.1	39.0	37.9	35.8	34.3	32.7	31.6
46	55.0	52.8	50.6	47.9	45.2	43.5	41.9	40.8	39.7	37.5	35.8	34.2	33.1
47	57.5	55.2	52.9	50.0	47.2	45.2	43.7	42.6	41.4	39.1	37.4	35.6	34.5
48	60.0	57.6	55.2	52.2	49.2	47.4	45.6	44.4	43.2	40.8	39.0	37.2	36.0
49		60.0	57.5	54.4	51.3	49.4	47.5	46.2	45.0	42.5	40.6	38.8	37.5
50			59.9	56.7	53.4	51.4	49.5	48.2	46.9	44.3	42.3	40.4	39.1
51				59.0	55.6	53.5	51.5	50.1	48.8	46.1	44.1	42.0	40.7
52					57.8	55.7	53.6	52.1	50.7	47.9	45.8	43.7	42.3
53					60.0	57.8	55.6	54.2	52.7	49.8	47.6	45.4	43.9
54						60.0	57.8	56.3	54.7	51.7	49.4	47.1	45.6
55							59.9	58.4	56.8	53.6	51.3	48.9	47.3
60												58.3	56.4

注：采用本表换算的混凝土龄期宜大于14d,抗压强度为10.0～60.0MPa,表中未列入的可用内插法求得。

【例 10-1】 某结构混凝土强度检测的原始记录及数据计算如表 10-4 所示。

表 10-4　回弹法混凝土强度试验记录

承包单位：　　　　　　　　　　　　　　　　　　　　合同号：
监理单位：　　　　　　　　　　　　　　　　　　　　编　号：

工程名称		测试部位		侧面		试验日期		
设计强度	C30	浇筑方式		泵送		浇筑时间		
回弹仪编号	JC-12	回弹仪率定值		80		回弹仪型号		
测试状态	良好	测试角度		90		起止桩号	K0+200—K0+600	

测区	回弹值 R_i																R_n	碳化深度/mm	测区强度/MPa
	1	2	3	4	5	6	7	8	9	10	11	12	13	14	15	16			
1	34	38	38	34	38	38	36	35	36	36	40	38	40	36	36	40	37.0	0.5	34.4
2	33	39	38	34	38	38	37	35	36	37	38	40	38	40	37	36	39	37.4	0.5	35.2
3	37	37	37	38	37	38	38	38	37	38	38	35	40	36	39	40	37.6	0.5	35.6
4	38	39	38	37	38	39	37	37	38	37	38	35	40	37	36	35	37.8	0.5	36.0
5	34	32	31	36	38	36	37	38	36	37	38	35	39	39	39	37	36.2	0.5	33.0
6	39	40	38	37	38	37	38	37	35	38	37	36	37	38	37	36	36.8	0.5	33.7
7	37	37	36	37	36	38	34	38	37	35	38	37	38	35	37	36	36.2	0.5	33.0
8	34	33	35	36	37	36	38	39	40	36	35	37	38	37	35	40	36.4	0.5	33.3
9	35	36	36	38	35	37	36	38	36	39	38	37	38	36	37	36	36.8	0.5	34.0
10	32	34	38	35	39	35	34	31	33	36	38	39	35	38	35	39	35.4	0.5	31.5
抗压强度换算值/MPa																	强度推定值/MPa		
平均值			标准值			最小值											31.7		
34.0			1.37			31.5													

记录员：　　　　　　　　　　　　　　　　　　　　　　　　日期：

【知识拓展 10-1】

经过几十年的发展，数字式回弹仪的研制技术已比较成熟。

分体式直读+数字式回弹仪：其依据的主要原理为构件混凝土表面硬度与混凝土强度的对应关系。根据回弹值，查测强曲线，确定强度代表值，同时进行混凝土碳化深度、泵送混凝土等各项修正。对应曲线图则是依据大量的试验数据，绘制的回弹值与构件混凝土强度的对应曲线图。

一般情况下，结构或构件由于制作、养护等方面原因，其强度值要低于同条件试件强度值。本项目定义强度推定值为结构或构件本身的强度值，而非标准养护边长为 150mm 的立方体试件强度，因此不能据此结果对构件的设计强度等级给出合格与否的结论。综上所述，可以得出标准试块、同条件试块、现场实体强度值依次减小的关系。

回弹仪类型包括：数字式回弹仪、指针直读式回弹仪，如图 10-10 所示，数字式回弹仪使用前应检查指针读数与电子读数是否一致。

(a)　　　　　　　　　　(b)

图 10-10　数字式回弹仪和指针直读式回弹仪

【学情小测 10-1】

(1)【判断题】回弹仪测定水泥混凝土强度时,对一个测区的 16 个测点的回弹值,去掉 3 个最大值及 3 个最小值,将其余 10 个回弹值计算测区平均回弹值。(　　)

(2)【判断题】混凝土碳化深度测试,碳化深度为粉色部分的深度。(　　)

(3)【判断题】回弹仪的率定标准值为 80±1。(　　)

(4)【多选题】对于水泥混凝土回弹仪,以下描述正确的是(　　)。
  A. 率定试验结果不在规定范围内,应保养再次率定
  B. 混凝土回弹仪率定试验宜在室温条件下进行
  C. 累计弹击超过 6000 次,应进行率定
  D. 遭受严重撞击时,应进行率定

【任务单 10-1】

参见表 10-5。

表 10-5　回弹法测试水泥混凝土强度任务单

专业　　　　班级　　　　姓名　　　　学号　　　　小组

任务:能用回弹法对水泥混凝土强度进行检测,请完成下列任务。	
适用范围	
仪器设备	
测试步骤	
数据处理方法	
其他说明	

学情小测 10-1　　思政素材 10.1

任务 10.2　超声-回弹综合法测试水泥混凝土抗弯拉强度

混凝土强度是一个多要素的综合指标,仅采用单一指标是难以全面反映这些要素的。再者混凝土的构造因素对单一指标的影响程度与对强度的影响程度不尽相同,所以可采用综合法,也就是采用两种或两种以上的方法对试件进行综合分析以获取多个物理参数,并建立混凝土强度与这些物理参量的综合关系,来实现对混凝土强度的多角度综合评定。

超声-回弹综合法是 20 世纪 60 年代研究开发出来的一种无损检测方法。由于测试精度较高,已在我国建工、市政、铁路、公路系统中广泛应用。

超声-回弹综合法是指采用超声仪和回弹仪,在结构混凝土同一测区分别测量声时值及回弹值,推算该测区混凝土强度的一种方法。超声波检测的原理主要是当超声波在混凝土(介质)进行传播的过程中,如果遇到有差别的界面就会产生一定的反射或者折射,从而导致传播速度、波形以及频率等参数产生变化。根据这些数据的变化规律就可以计算得出混凝土内部强度。换句话说,超声波检测技术是以超声波在混凝土中的传播情况来进行最终结果评定的。相关的测试结果表明,当混凝土结构强度越高,超声波在其中的传播速度就越快;而混凝土结构强度越低其传播速度就越慢。因此可以利用超声波检测技术更加科学地检测混凝土强度。

与单一测试方法(如回弹法)相比,超声-回弹综合法具有如下优点:
(1) 减少了龄期和含水率的影响;
(2) 弥补了互相(指单一回弹法或超声法)不足;
(3) 提高了测试精度。

采用超声-回弹综合法测定混凝土强度时应符合以下几个原则:
(1) 单一法的仪器性能、测试技术和测试误差都应满足规定的要求。
(2) 在已查明单一法测强影响因素的基础上,应当采取对测强影响较大且相反的单一法进行综合,以便抵消或减少一些影响因素。
(3) 超声-回弹综合法比单一法应具有较小的测试误差和较宽的适用范围。
(4) 超声-回弹综合法适用于确定内部无缺陷部位的混凝土强度。

实践证明,以超声波穿透试件内部的声速值和反映试件表面硬度的回弹值来综合检测结构混凝土的抗压强度,与单一方法比较,其精度高,适应范围广。

1. 适用范围

本方法适用于采用回弹仪、超声波检测仪在现场对水泥混凝土路面按超声-回弹综合法快速测试,并利用测强曲线方程推算混凝土的抗弯强度,不作为仲裁试验或工程验收使用。

本方法不适用于下列情况的水泥混凝土:
(1) 隐蔽或外露局部缺陷区;
(2) 裂缝或微裂区(包括路面伸缩缝和工作缝);

(3) 路面角隅钢筋和边缘钢筋处,特别是超声波与钢筋方向相同时;

(4) 距路面边缘小于 100mm 的部位。

2. 检测器具与材料

(1) 回弹仪:所采用的回弹仪应符合国家计量检定规程《回弹仪检定规程》(JJG 817—2011)的要求,并通过技术鉴定,必须具有产品合格证和检定证,应具有中国计量器具制造 CMC 许可证标志。采用的回弹仪应符合下列标准状态的要求:水平弹击时,在弹击锤脱钩的瞬间,回弹仪弹击锤的冲击能量应为 2.207J;弹击锤与弹击杆碰撞的瞬间,弹击拉簧应处于自由状态,检定器上指针滑块刻线应置于"0"处;在洛氏硬度为(60 ± 2)HRC 的钢砧上,回弹仪的率定值应为 80 ± 2;使用环境温度应为 $-4\sim40$℃。

(2) 超声波检测仪:有良好的稳定性,具有示波屏显示及手动游标测读功能。显示应清晰稳定,声时范围应为 $0.5\sim9999\mu s$,测试精度为 $0.1\mu s$;声时显示调节在 $20\sim30\mu s$ 范围内时,2h 内声时显示的漂移不得大于 $\pm0.2\mu s$。超声波在空气中传播的计算声速与实测声速值相比,误差为 $\pm0.5\%$。

(3) 换能器:为厚度振动形式压电材料,其频率在 $50\sim100$kHz 范围内,实测频率与标称频率相差不大于 $\pm10\%$。

(4) 耦合剂:采用易于变形,有较大的声阻,有较好黏性且不流淌的材料,通常采用凡士林等。

(5) 手持砂轮。

(6) 其他:油污清洗剂、毛刷、抹布等。

3. 现场检测

1) 准备工作

(1) 确认水泥混凝土的密度为 $1.9\sim2.5$g/cm³,板厚大于 100mm,龄期大于 14d,强度已达到设计强度的 80% 以上,环境温度为 $-4\sim40$℃。

(2) 按规定进行回弹仪的率定。

(3) 布置测区和测点。

① 按照回弹法确定测试的混凝土板。均匀布置 10 个测区,每个测区不宜小于 150mm×550mm,测试面应清洁、干燥、平整,不得有蜂窝、麻面,对浮浆和油垢以及粗糙处应清洗或用砂轮片磨平,并擦净残留粉尘,如图 10-11 所示。

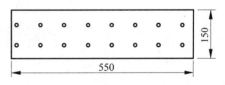

图 10-11 回弹值测点分布

② 每个测区的测点宜在测区范围内均匀分布,但不得布置在气孔或外露石子上,相邻两测点的距离不宜小于 30mm。

2) 测试步骤

(1) 用回弹仪对每个测区的 16 个测点进行回弹值测试。

(2) 超声声时值测量:

① 在进行回弹值测试的同一测区内布置三条测轴线(图 10-12)作为换能器布置区。

② 在换能器放置处抹上耦合剂,测量超声声时时,耦合剂应与建立测强曲线时所用的

耦合剂相同。

③ 将换能器分别放置于轴线Ⅰ的测点1及测点2处，换能器与路面混凝土应充分接触，耦合良好，发射和接收两换能器直径与测轴线重合，边缘与测距线相切。超声波仪振幅应调至规定振幅25～30mm。测读声时为 t_{11}，精确至 $0.1\mu s$。

④ 放置于测点1处的换能器不动，将放置于测点2处的换能器移至测点3处，再测读声时为 t_{12}，精确至 $0.1\mu s$。

⑤ 按上述方法测量测轴线Ⅱ、Ⅲ，分别测得声时为 t_{21}、t_{22}、t_{31}、t_{32}。

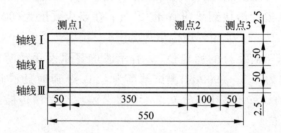

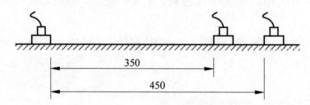

图 10-12　换能器布置

4. 数据处理

(1) 按式(10-7)～式(10-10)计算测区的超声波声速，精确至 $0.01 km/s$：

$$V_{i1} = \frac{350}{t_{i1}} \tag{10-7}$$

$$V_{i2} = \frac{450}{t_{i2}} \tag{10-8}$$

$$V_i = \frac{V_{i1} + V_{i2}}{2} \tag{10-9}$$

$$V = \frac{V_1 + V_2 + V_3}{3} \tag{10-10}$$

式中：V_{i1}——第 i 条测轴线测点1与测点2的350mm测距声速，km/s，$i=1,2,3$；

V_{i2}——第 i 条测轴线测点1与测点3的450mm测距声速，km/s，$i=1,2,3$；

V_i——第 i 条测轴线平均声速，km/s，$i=1,2,3$；

V——测区平均声速，km/s；

t_{i1}——第 i 条测轴线350mm测距声时，μs；

t_{i2}——第 i 条测轴线450mm测距声时，μs。

当三条测轴线平均声速(V_i)中有两条测轴线平均声速与测区的平均声速(V)之差都超过测区平均声速的15%时，该测区测试结果无效，应重新选择测区测试。

(2) 混凝土抗弯强度推算。

① 专业测强曲线的确定。取用与路面混凝土相同的原材料,设计几种不同水灰比的混凝土配合比(一般设计 4 种配合比,其中包括路面施工时的配合比),对每种配合比成型 150mm×150mm×550mm 的梁式试件(不少于 6 个),在标准条件下养护 28d 后,按上述方法进行超声及回弹测试,并按公路工程水泥及水泥混凝土试验规程进行抗弯强度试验,再用二元非线性方程按式(10-11),确定回归系数,得出测强曲线方程,相对标准误差 e_r 应不大于 12%。

$$R_f = aV^b e^{cN} \tag{10-11}$$

式中:R_f——混凝土抗弯强度,MPa;

V——超声声速,km/s;

N——回弹强度值;

e——自然常数;

a、b、c——回归系数。

相对标准误差计算按式(10-12):

$$e_r = \sqrt{\frac{\sum_{i=1}^{n}\left(\frac{R'_{fi}}{R_{fi}} - 1\right)^2}{n-1}} \times 100\% \tag{10-12}$$

式中:e_r——相对标准误差,%;

R'_{fi}——第 i 块试件实测抗弯强度,MPa;

R_{fi}——第 i 块试件由超声、回弹推算的抗弯强度,MPa;

n——试件数(按单块计)。

② 混凝土路面抗弯强度推定。

a. 每一段(或子段)中,以每一幅为一个单位作为抗弯强度评定对象。

b. 评定抗弯强度第一条件值和第二条件值按式(10-13)、式(10-14)计算:

$$R_{n1} = 1.18(\bar{R}_n - mS_n) \tag{10-13}$$

$$R_{n2} = 1.18(R_{fi})_{\min} \tag{10-14}$$

式中:R_{n1}——抗弯强度第一条件值,MPa,精确至 0.1MPa;

R_{n2}——抗弯强度第二条件值,MPa,精确至 0.1MPa;

S_n——抗弯强度标准差,MPa,精确至 0.1MPa,按式(10-15)计算:

$$S_n = \sqrt{\frac{\sum_{i=1}^{n}(R_{fi})^2 - n(\bar{R}_n)^2}{n-1}} \tag{10-15}$$

$\bar{R}_n$——抗弯强度平均值,MPa,精确至 0.1MPa,按式(10-16):

$$\bar{R}_n = \frac{\sum_{i=1}^{n} R_{fi}}{n} \tag{10-16}$$

n——测区数;

m——合格判定系数值,当 $n=10\sim14$ 时,$m=1.70$;$n=15\sim24$ 时,$m=1.65$;$n \geqslant 25$ 时,$m=1.60$。

(3) 混凝土抗弯强度评定值 R_n:以第一条件值及第二条件值中的小者作为混凝土抗弯

强度评定值 R_n，按式(10-17)精确至 0.1MPa。

$$R_n = \min\{R_{n1}, R_{n2}\} \tag{10-17}$$

5. 报告内容

（1）测试位置信息（测试位置、测区数量等）。

（2）测强曲线、平均弯拉强度、标准差、抗弯强度第一条件值、抗弯强度第二条件值、抗弯强度评定值。

【知识拓展 10-2】

1）超声法

超声法是通过测量测距内超声传播的平均声速来推定混凝土强度的方法。工程上通常采用建立试件中超声声速与混凝土抗压强度相关的统计测强曲线的方法，来实现对混凝土力学性能的检测和评估。

影响混凝土中超声声速测量的因素较多，如试件断面尺寸、温度和湿度、配筋、骨料、水灰比、龄期、浇捣方向以及内部缺陷等，因此超声声速是一个反映其组成情况的综合性指标，这就要求建立校正曲线时，技术条件尽可能与实际检测环境接近，以从混凝土材料组分上理解影响声速测量的原因，从而在实测中加以排除。

目前超声法中常用的仪器有：美国通用电气 USM-33，瑞士 Proceq Pundit Lab，奥林巴斯 OMNISCAN-MX2，汕头超声电子股份有限公司 CTS-2020、CTS 9006Plus 等。

2）超声-回弹综合法

现有的综合法有超声-回弹综合法、超声-钻芯综合法以及声速衰减系数综合法等。相较于单一物理量的检测方法，它能起到取长补短、抵消误差的作用，从而提高检测精度与可靠性。

目前超声-回弹综合法是应用最为成功的综合法。超声法测强时，其声速与混凝土的密实度、均质性及内部缺陷等因素均有密切关系，但它受水泥的品种、养护方法等因素的影响较大；而回弹法测强只能反映混凝土表面的质量情况，不能反映混凝土结构内部缺陷的情况。因此，如果采用超声-回弹综合法测强，则可以较全面地测定混凝土的质量。

统一采用中型回弹仪、混凝土超声波检测仪综合检测并推断混凝土结构中普通混凝土抗压强度的方法，做到技术先进、安全可靠、经济合理、方便使用。

在正常情况下，混凝土强度的验收和评定应按现行有关国家标准执行。当对结构中的混凝土有强度检测要求时，可进行检测，并推定结构混凝土的强度，作为混凝土结构处理的一个依据。

【学情小测 10-2】

（1）【判断题】超声回弹法适用于视密度为 $1.9 \sim 2.5 t/m^3$，板厚大于 100mm，龄期大于 28d，强度已达到设计抗压强度 80% 以上的水泥混凝土。（   ）

（2）【多选题】超声回弹法适用于（   ）。

  A. 视密度 $1.9 \sim 2.5 t/m^3$　　　　　　　　B. 板厚大于 100mm

  C. 龄期大于 14d　　　　　　　　　　　D. 强度大于设计强度的 70%

【任务单 10-2】

参见表 10-6。

表 10-6 超声-回弹综合法测试水泥混凝土抗弯拉强度任务单

专业　　　　班级　　　　姓名　　　　学号　　　　小组

任务：能用超声-回弹综合法测试水泥混凝土抗弯拉强度，请完成下列任务。	
适用范围	
仪器设备	
测试步骤	
数据处理方法	
其他说明	

学情小测 10-2　思政素材 10.2

任务 10.3　钻芯法测试水泥混凝土路面强度方法

钻芯法是利用专用钻机和人造金刚石空心薄壁钻头，从结构混凝土中钻取芯样，对芯样进行检测来得到混凝土强度和推测混凝土内部缺陷的方法。该方法的优点是直观、准确、代表性强，缺点是对构件有局部破损，且价格昂贵。

钻芯法属于半破损检验法，即以不影响结构或构件的承载能力为前提，在结构或构件上直接进行局部破坏性试验，或直接钻取芯样进行破坏性试验，然后根据试验值与结构混凝土标准强度的相关关系，换算成标准强度值，并据此推算出强度标准值的推定值或特征强度。

钻芯法的作用不仅仅在于检测混凝土抗压强度，它能检测结构或构件裂缝、接缝、分层、孔洞或离析等缺陷，还有检查楼板负筋位置以及道路混凝土厚度等其他的作用，它还能检测遭受冻害、火灾、化学侵蚀的混凝土的抗压强度以及使用多年的建筑结构或构筑物中的混凝土强度。

钻芯机应具有足够的刚度，操作灵活、固定和移动方便，并应有水冷却系统，钻取芯样时宜采用内径100mm或150mm的金刚石或人造金刚石薄壁钻头。取出的芯样在做强度试验前宜采用锯切法将样品加工成长度大于0.95倍、小于2.05倍直径的圆柱体。加工时芯样必须由夹紧装置固定，用小型锯切机切割以保证切面与圆柱体侧面的垂直度要求，一般要求垂直度误差不能大于2°。芯样端面的不平整度在100mm长度内不能超过0.1mm。芯样试件的加工是非常关键的工作，如果垂直度或平整度达不到要求，其试验结果的可靠性将大大降低。端面不平时，向上凸比向下凹引起的应力集中更为剧烈，如同劈裂抗拉破坏一样，强度下降更大。试验结果表明，当端面中间凸出1mm时，其抗压强度只有平整试件的1/2左右。因此，钻芯法的试件加工环节非常重要，它是保证检测结论公正性和权威性的重要前提。

钻芯法应引起足够的重视，尤其是在重要工程的检测中，作为一种事后的质量控制措施，回弹法或其他非破损方法应与钻芯法结合使用，互相取长补短，可以有效地保证工程质量。

半破损检验法还有拔出法、射击法、就地嵌注试件法等。这类方法的特点是以局部破坏性试验获得结构混凝土的实际抵抗破坏的能力，因而直观可靠，测试结果易为人们所接受。其缺点是造成结构物的局部破坏，需进行修补，因而不宜用于大面积的全面检测。

近年来，超声-钻芯综合法、回弹-钻芯综合法也开始发展起来。非破损法检测混凝土强度具有简便、快速、经济等优点，但因影响混凝土强度的因素较多，故推定出的混凝土强度具有一定的离散性，检测结果的准确性受到影响。而钻芯法则更直接，但试验费用高、周期长，且会造成结构局部破损。因此，可将两种方法结合起来使用，在混凝土结构上钻取少量芯样，将其检测结果与非破损方法的结果进行对比并修正，则可大大提高非破损检测的效率和精度。

1. 适用范围

本方法适用于钻芯测试水泥混凝土路面的混凝土劈裂强度、抗压强度值，评价水泥混凝土路面强度。

2. 仪具与材料技术要求

（1）路面钻芯机：手推式或车载式。采用ϕ150mm的钻头，配有淋水冷却装置，如图3-5所示。

（2）游标卡尺：量程不小于200mm，分度值为0.02mm。

（3）钢卷尺：量程不小于5m，分度值为1mm。

（4）万能角度尺：分度值2'。

（5）塞尺：最小分度值0.02mm。

（6）钢板尺：长度不小于300mm。

（7）压力试验机：符合《公路工程水泥及水泥混凝土试验规程》(JTG 3420—2020)中T0551的规定。

（8）劈裂夹具：符合《公路工程水泥及水泥混凝土试验规程》(JTG 3420—2020)中

T0561 的规定。

（9）其他：岩石切割机、岩石磨平机、铁锹、毛刷等。

3. 测试步骤

（1）按照随机选点的方法确定测试位置。

（2）将取样位置清扫干净。

（3）在测试位置钻取芯样。

① 根据目的和需要确定切割路面的面积，在取样地点的路面上，对钻孔位置做出标记或画出切割路面的大致区域。

② 用钻芯机垂直对准路面钻孔位置，放下钻头，牢固安放，确保钻芯机在运转过程中不得移动。

③ 开放冷却水，启动电动机，徐徐压下钻杆，钻取芯样，但不得使劲下压钻头。待钻透全厚度后，上抬钻杆，拔出钻头，停止转动，使芯样不损坏，取出芯样。沥青混合料芯样及水泥混凝土芯样可用清水漂洗干净后备用。当因试验需要不能用水冷却时，应采用干钻孔，此时为保护钻头，可先用约 3kg 的干冰放在取样位置上，冷却路面约 1h，钻孔时通常以低温 CO_2 等冷却气体代替冷却水。

④ 用切割机切割时将锯片对准切割位置，开放冷却水，启动发动机，徐徐压下锯片至要求深度（厚度），仔细向前推进，至需要长度后抬起锯片，四面全部锯毕后，用镐或铁锹仔细取出试样。取得的路面试样应保持边角完整，颗粒不得散失。

⑤ 应在整层采取路面混合料试样，试样应完整。将钻取的芯样或切割的试样，妥善盛放于盛样器中，必要时用塑料袋封装。

⑥ 填写样品标签，一式两份，一份贴在试样上，另一份作为记录备查。试样标签的示例如图 3-7 所示。

⑦ 用棉纱等材料吸走取样时留下的水分，待干燥后，用同类型材料对钻孔或被切割的路面坑洞进行填补压实。

（4）加工芯样。要求如下：

① 劈裂试验芯样直径为 150mm，抗压试验芯样直径为 150mm 或 100mm；高度与直径之比应为 1。

② 芯样试件内不得含有钢筋或钢纤维。

③ 锯切后的芯样应进行端面处理，可采取在磨平机上磨平端面的处理方法。

④ 加工好的芯样应按下列规定测量尺寸：

a. 用游标卡尺在芯样试件两端及中部相互垂直的位置上测量，取算术平均值作为芯样直径，精确至 0.5mm；

b. 用游标卡尺在芯样端面两个垂直直径方向测量，取算术平均值作为芯样高度，精确至 0.5mm；

c. 用万能角度尺测量芯样试件两个端面与母线的夹角，精确至 0.1°；

d. 将钢板尺侧面紧靠在芯样试件承压面（线）上，用塞尺测量钢板尺和承压面（线）的之间的缝隙，最大缝隙为芯样试件的平整度。

⑤ 芯样试件尺寸偏差超过下列数值时，相应的测试数据无效：

a. 芯样试件的实际高径比小于 0.95 或大于 1.05；

b. 沿芯样试件高度的任一直径与平均直径相差大于 2mm；

c. 芯样试件端面与轴线的不垂直度大于 1°；

d. 不平整度在每 100mm 长度内超过 0.1mm。

(5) 对加工好的芯样按照《公路工程水泥及水泥混凝土试验规程》(JTG 3420—2020)的要求进行劈裂试验。

① 将试件擦拭干净，测量尺寸，检查外观，在试件中部画出劈裂面位置线。劈裂面与试件成型时的顶面垂直，尺寸测量精度 1mm。

② 将试件、劈裂夹具、垫条和垫层(图 10-13)放在压力机上，借助夹具两侧杆，将试件对中。

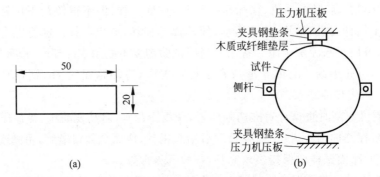

图 10-13 芯样劈裂抗拉试验装置示意

(a) 夹具钢垫条；(b) 劈裂夹具

③ 开动压力机，当压力机压板与夹具垫条接近时，调整球座，使压力均匀接触试件。当压力加到 5kN 时，将夹具的侧杆抽出。

④ 当混凝土的强度等级小于 C30 时，加载速率为 0.02～0.05MPa/s；当混凝土的强度等级为 C30～C60 时，加载速率为 0.05～0.08MPa/s；当混凝土的强度等级大于或等于 C60 时，加载速率为 0.08～0.10MPa/s。当试件接近破坏而开始迅速变形时，不得调整试验机油门，直至试件破坏，记下破坏极限荷载 $F(N)$。

(6) 对加工好的芯样按照《公路工程水泥及水泥混凝土试验规程》(JTG 3420—2020)的要求进行抗压强度试验。

① 取出试件，清除表面污垢，擦去表面水分，仔细检查后，在其中部量出高度和宽度，精确至 1mm。在准备过程中，要求保持试件温度无变化。

② 在压力机下压板上放好试件，几何对中，球座最好放在试件顶面并凸面朝上。

③ 加载速率，强度等级不大于 C30 的混凝土，取 0.3～0.5MPa/s；强度等级为 C30～C60 时，则取 0.5～0.8MPa/s；强度等级大于或等于 C60 时，则取 0.8～1.0MPa/s。当试件接近破坏而开始迅速变形时，应停止调整试验机油门，直至试件破坏，记下最大荷载。

4. 数据处理

(1) 芯样劈裂强度 f_{ct} 按式(10-18)计算：

$$f_{ct} = \frac{2F}{\pi d_m \times l_m} \tag{10-18}$$

式中：f_{ct}——芯样劈裂强度，MPa；
F——极限荷载，N；
d_m——芯样截面的平均直径，mm；
l_m——芯样平均长度，mm。

（2）芯样抗压强度 f_{cu} 按式（10-19）计算：

$$f_{cu} = \frac{F}{A} \tag{10-19}$$

式中：f_{cu}——芯样抗压强度，MPa；
A——芯样试件抗压截面面积，mm^2。

（3）强度测试值的计算及异常数据的取舍原则为：以 3 个试件测值的算术平均值为测试值，结果计算准确至 0.01MPa。如 3 个试件中最大值或最小值中有一个与中间值的差值超过中间值的 15% 时，则取中间值为测试值；如有两个测值与中间值的差值均超过上述规定时，则该组试验结果无效。

劈裂强度结果计算准确至 0.01MPa；抗压强度结果计算准确至 0.1MPa。

5．报告内容

（1）测试位置信息（测试位置、测区数量等）。
（2）芯样信息、养护条件。
（3）劈裂强度值、抗压强度值。

【知识拓展 10-3】

钻芯法在国外的应用已有几十年的历史，苏联从 1956 年开始就利用钻取的芯样，评定道路和水工工程混凝土的质量。丹麦的道路建筑规程中要求每 3000m 混凝土路面必须钻取一个以上的 φ150mm×300mm 的芯样进行试验，以检测其抗折强度。英国、美国、德国、比利时和澳大利亚等国分别制定钻取混凝土芯样进行强度试验的标准。

我国将钻芯法作为一种现场检测混凝土抗压强度的专门技术来研究，并从 20 世纪 80 年代开始其标准化的工作。1988 年，中国工程建设标准化委员会批准发行了由中国建筑科学研究院主编的《钻芯法检测混凝土强度技术规程》（JGJ/T 384—2016），此后这一方法逐步在结构混凝土的质量检测中得到应用。

对于路基路面现场测试，从路面上钻取芯样实际上是制作试验样品的重要方法，钻取的芯样可以用于测量厚度、密度、强度等诸多测试。试验样品制作方法的一致性对试验结果影响较大。相比于大多数无损间接的测试方法，钻芯取样开展的测试工作更为直观，更易让人接受和信服，所以很多仲裁试验仅采信通过钻芯取样得到的试验结果。将路面钻芯取样列为标准试验方法，一方面是考虑到钻芯取样本身涉及一些容易忽视的技术环节；另一方面则是为了统一和规范路基路面现场测试的样品制作程序，提升测试结果的可靠性。

钻芯取样所用的钻头一般有两类：一类适用于对水泥混凝土路面与无机结合料稳定基层使用，另一类适用于沥青面层，也可通用，配有淋水冷却装置。芯样的直径取决于钻头，通常有 φ50mm、φ100mm、φ150mm。按照试件直径大于集料最大粒径 3 倍的要求，对沥青混合料及水泥混凝土路面通常采用 ϕ100mm 的钻头,水泥、石灰等无机结合料稳定基层,细粒土可使用 ϕ100mm,粗粒土可使用 ϕ150mm。

【学情小测 10-3】

(1)【多选题】属于半破损检测法的有( )。

    A. 钻芯法   B. 回弹法   C. 拔出法   D. 射击法

(2)【单选题】劈裂抗拉强度试验,当混凝土强度等级为 C30~C60 时,加载速度为( )。

    A. 0.02~0.05MPa/s   B. 0.05~0.08MPa/s

    C. 0.8~1.0MPa/s   D. 0.5~0.8MPa/s

(3)【判断题】芯样试件的实际高径比小于 0.95 或大于 1.05 时,测试无效。( )

【任务单 10-3】

参见表 10-7。

表 10-7 钻芯法测试水泥混凝土路面强度方法任务单

专业		班级		姓名		学号		小组	
任务:能用钻芯法测试水泥混凝土路面强度,请完成下列任务。									
适用范围										
仪器设备										
测试步骤										
数据处理方法										
其他说明										

学情小测 10-3

参 考 文 献

[1] 中华人民共和国交通运输部.公路工程质量检验评定标准 第一册 土建工程：JTG F80/1—2017[S].北京：人民交通出版社,2018.

[2] 中华人民共和国交通运输部.公路工程技术标准：JTG B01—2014[S].北京：人民交通出版社,2015.

[3] 中华人民共和国交通运输部.公路路基路面现场测试规程：JTG 3450—2019[S].北京：人民交通出版社,2019.

[4] 中华人民共和国交通运输部.公路土工试验规程：JTG 3430—2020[S].北京：人民交通出版社,2020.

[5] 中华人民共和国交通运输部.公路工程无机结合料稳定材料试验规程：JTG E51—2009[S].北京：人民交通出版社,2009.

[6] 中华人民共和国交通运输部.公路工程沥青及沥青混合料试验规程：JTG E20—2011[S].北京：人民交通出版社,2011.

[7] 中华人民共和国住房和城乡建设部.回弹法检测混凝土抗压强度技术规程：JGJ/T 23—2011[S].北京：中国建筑工业出版社,2011.

[8] 中华人民共和国交通运输部.公路技术状况评定标准：JTG 5210—2018[S].北京：人民交通出版社,2018.

[9] 中华人民共和国交通运输部.公路水泥混凝土路面养护技术规范：JTJ 073.1—2001[S].北京：人民交通出版社,2001.

[10] 中华人民共和国交通运输部.公路水泥混凝土路面设计规范：JTG D40—2011[S].北京：人民交通出版社,2011.

[11] 中华人民共和国交通运输部.公路工程水泥及水泥混凝土试验规程：JTG 3420—2020[S].北京：人民交通出版社,2020.

[12] 中华人民共和国交通运输部.公路路面基层施工技术细节：JTG/T F20—2015[S].北京：人民交通出版社,2015.

[13] 中华人民共和国交通运输部.公路路基设计规范：JTG D30—2015[S].北京：人民交通出版社,2015.

[14] 中华人民共和国交通运输部.公路路基施工技术规范：JTG/T 3610—2019[S].北京：人民交通出版社,2019.

[15] 中华人民共和国交通运输部.公路沥青路面设计规范：JTG D50—2017[S].北京：人民交通出版社,2017.

[16] 中国民用航空局.民用机场道面评价管理技术规范：MH/T 5024—2019[S].北京：中国民航出版社,2019.

[17] 国家质量监督检验检疫总局.回弹仪检定规程：JJG 817—2011[S].北京：中国质检出版社,2011.

[18] 中华人民共和国住房和城乡建设部.钻芯法检测混凝土强度技术规程：JGJ/T 384—2016[S].北京：中国建筑工业出版社,2016.

[19] 中华人民共和国交通运输部.公路路面技术状况自动化检测规程：JTG/T E61—2014[S].北京：人民交通出版社,2014.

[20] 张美珍,周德军.公路工程检测技术[M].6版.北京：人民交通出版社,2020.

[21] 周烨,赵同峰,李冬松,等.路基路面试验与检测[M].北京：人民交通出版社,2019.
[22] 孙舒.路桥工程检测技术[M].北京：机械工业出版社,2019.
[23] 李何,何飞.公路路基路面检测与评定[M].北京：北京理工大学出版社,2021.
[24] 龙丽丽,吴智慧,柯宅邦.路基路面检测技术[M].北京：中国水利水电出版社,2017.
[25] 交通运输部安全与质量监督管理司交通运输部职业资格中心.公路水运工程试验检测专业技术人员执业资格考试用书　道路工程(2023年版)[M].北京：人民交通出版社,2023.
[26] 曾凡奇,王复明,王晓冉,等.公路工程现场检测新技术[M].北京：人民交通出版社,2006.
[27] 王加弟.路基路面检测技术[M].北京：中国电力出版社,2015.
[28] 张美珍,李云峰.公路工程检测员顶岗实习手册[M].北京：科学出版社,2011.
[29] 黄晓明,张晓冰,高英.公路工程检测手册[M].北京：人民交通出版社,2004.
[30] 雷博夫.路基路面检测技术[M].成都：西南交通大学出版社,2014.

附　录

附录1　t 分布概率系数表

n	双边置信水平			单边置信水平		
	99%	95%	90%	99%	95%	90%
	$t_{0.995}/\sqrt{n}$	$t_{0.975}/\sqrt{n}$	$t_{0.95}/\sqrt{n}$	$t_{0.99}/\sqrt{n}$	$t_{0.95}/\sqrt{n}$	$t_{0.90}/\sqrt{n}$
2	45.012	8.985	4.465	22.501	4.465	2.176
3	5.730	2.484	1.686	4.201	1.686	1.089
4	2.921	1.591	1.177	2.270	1.177	0.819
5	2.059	1.242	0.953	1.676	0.953	0.686
6	1.646	1.049	0.823	1.374	0.823	0.603
7	1.401	0.925	0.716	1.188	0.716	0.544
8	1.237	0.836	0.670	1.060	0.670	0.500
9	1.118	0.769	0.620	0.966	0.620	0.466
10	1.028	0.715	0.580	0.892	0.580	0.437
11	0.955	0.672	0.546	0.833	0.546	0.414
12	0.897	0.635	0.518	0.785	0.518	0.392
13	0.847	0.604	0.494	0.744	0.494	0.376
14	0.805	0.577	0.473	0.708	0.473	0.361
15	0.769	0.554	0.455	0.678	0.455	0.347
16	0.737	0.533	0.436	0.651	0.436	0.335
17	0.708	0.514	0.423	0.626	0.423	0.324
18	0.683	0.497	0.410	0.605	0.410	0.314
19	0.660	0.482	0.398	0.586	0.398	0.304
20	0.640	0.468	0.387	0.568	0.387	0.297
21	0.621	0.454	0.376	0.552	0.376	0.289
22	0.604	0.443	0.367	0.537	0.367	0.282
23	0.588	0.432	0.358	0.523	0.358	0.275
24	0.573	0.421	0.350	0.510	0.350	0.269
25	0.559	0.413	0.342	0.498	0.342	0.264
26	0.547	0.404	0.335	0.487	0.335	0.258
27	0.535	0.396	0.328	0.477	0.328	0.253

续表

n	双边置信水平			单边置信水平		
	99%	95%	90%	99%	95%	90%
	$t_{0.995}/\sqrt{n}$	$t_{0.975}/\sqrt{n}$	$t_{0.95}/\sqrt{n}$	$t_{0.99}/\sqrt{n}$	$t_{0.95}/\sqrt{n}$	$t_{0.90}/\sqrt{n}$
28	0.524	0.388	0.322	0.467	0.322	0.248
29	0.513	0.380	0.316	0.458	0.316	0.244
30	0.503	0.373	0.310	0.449	0.310	0.239
40	0.428	0.320	0.266	0.383	0.266	0.206
50	0.380	0.284	0.237	0.340	0.237	0.184
60	0.344	0.258	0.216	0.308	0.216	0.167
70	0.318	0.238	0.199	0.285	0.199	0.155
80	0.297	0.223	0.186	0.266	0.186	0.145
90	0.278	0.209	0.173	0.249	0.173	0.136
100	0.263	0.198	0.166	0.236	0.166	0.129

附录2　一般取样的随机数表

栏号1			栏号2			栏号3			栏号4		
A	B	C	A	B	C	A	B	C	A	B	C
15	0.033	0.578	05	0.048	0.879	21	0.013	0.220	18	0.089	0.716
21	0.101	0.300	17	0.074	0.156	30	0.036	0.853	10	0.102	0.330
23	0.129	0.916	18	0.102	0.191	10	0.052	0.746	14	0.111	0.925
30	0.158	0.434	06	0.105	0.257	25	0.061	0.954	28	0.127	0.840
24	0.177	0.397	28	0.179	0.447	29	0.062	0.507	24	0.132	0.271
11	0.202	0.271	26	0.187	0.844	18	0.087	0.887	19	0.285	0.899
16	0.204	0.012	04	0.188	0.482	24	0.105	0.849	01	0.326	0.037
08	0.208	0.418	02	0.208	0.577	07	0.139	0.159	30	0.334	0.938
19	0.211	0.798	03	0.214	0.402	01	0.175	0.647	22	0.405	0.295
29	0.233	0.070	07	0.245	0.080	23	0.196	0.873	05	0.421	0.282
07	0.260	0.073	15	0.248	0.831	26	0.240	0.981	13	0.451	0.212
17	0.262	0.308	29	0.261	0.037	14	0.255	0.374	02	0.461	0.023
25	0.271	0.180	30	0.302	0.883	06	0.310	0.043	06	0.487	0.539
06	0.302	0.672	21	0.318	0.088	11	0.316	0.653	08	0.497	0.396
01	0.409	0.406	11	0.376	0.936	13	0.324	0.585	25	0.503	0.893
13	0.507	0.693	14	0.430	0.814	12	0.351	0.275	15	0.594	0.603
02	0.575	0.654	27	0.438	0.676	20	0.371	0.535	27	0.620	0.894
18	0.591	0.318	08	0.467	0.205	08	0.409	0.495	21	0.629	0.841
20	0.610	0.821	09	0.474	0.138	16	0.445	0.740	17	0.691	0.583
12	0.631	0.597	10	0.492	0.474	03	0.494	0.929	09	0.708	0.689
27	0.651	0.281	13	0.498	0.892	27	0.543	0.387	07	0.709	0.012
04	0.661	0.953	19	0.511	0.520	17	0.625	0.171	11	0.714	0.049
22	0.692	0.089	23	0.591	0.770	02	0.699	0.073	23	0.720	0.695

续表

栏号 1			栏号 2			栏号 3			栏号 4		
A	B	C	A	B	C	A	B	C	A	B	C
05	0.779	0.346	20	0.604	0.730	19	0.702	0.934	03	0.748	0.413
09	0.787	0.173	24	0.654	0.330	22	0.816	0.802	20	0.781	0.603
10	0.818	0.837	12	0.728	0.523	04	0.838	0.166	26	0.830	0.384
14	0.905	0.631	16	0.753	0.344	15	0.904	0.116	04	0.843	0.002
26	0.912	0.376	01	0.806	0.134	28	0.969	0.742	12	0.884	0.582
28	0.920	0.163	22	0.878	0.884	09	0.974	0.046	29	0.926	0.700
03	0.945	0.140	25	0.939	0.162	05	0.977	0.494	16	0.951	0.601

栏号 5			栏号 6			栏号 7			栏号 8		
A	B	C	A	B	C	A	B	C	A	B	C
17	0.024	0.863	30	0.030	0.901	12	0.029	0.386	09	0.042	0.070
24	0.060	0.032	21	0.096	0.198	18	0.112	0.284	17	0.141	0.411
26	0.074	0.639	10	0.100	0.161	20	0.114	0.848	02	0.143	0.221
07	0.167	0.512	29	0.133	0.388	03	0.121	0.656	05	0.162	0.899
28	0.194	0.776	24	0.138	0.062	13	0.178	0.640	03	0.285	0.016
03	0.219	0.166	20	0.168	0.564	22	0.209	0.421	28	0.291	0.034
29	0.264	0.284	22	0.232	0.953	16	0.221	0.311	08	0.369	0.557
11	0.282	0.262	14	0.259	0.217	29	0.235	0.356	01	0.436	0.386
14	0.379	0.994	01	0.275	0.195	28	0.254	0.941	20	0.450	0.289
13	0.394	0.405	06	0.277	0.475	11	0.287	0.199	18	0.455	0.789
06	0.410	0.157	02	0.296	0.497	02	0.336	0.992	23	0.488	0.715
15	0.438	0.700	27	0.311	0.144	15	0.393	0.488	14	0.498	0.276
22	0.453	0.635	05	0.351	0.141	19	0.437	0.655	15	0.503	0.342
21	0.472	0.824	17	0.370	0.811	24	0.466	0.773	04	0.515	0.693
05	0.488	0.118	09	0.388	0.484	14	0.531	0.014	16	0.532	0.112
01	0.525	0.222	04	0.410	0.073	09	0.562	0.678	22	0.557	0.357
12	0.561	0.980	25	0.471	0.530	06	0.601	0.675	11	0.559	0.620
08	0.652	0.508	13	0.486	0.779	10	0.612	0.859	12	0.650	0.216
18	0.668	0.271	15	0.515	0.867	26	0.673	0.112	21	0.672	0.320
30	0.736	0.634	23	0.567	0.798	23	0.738	0.770	13	0.709	0.273
02	0.763	0.253	11	0.618	0.502	21	0.753	0.614	07	0.745	0.687
23	0.804	0.140	28	0.636	0.148	30	0.758	0.851	30	0.780	0.285
25	0.828	0.425	26	0.650	0.741	27	0.765	0.563	19	0.845	0.097
10	0.843	0.627	16	0.711	0.508	07	0.780	0.534	26	0.846	0.366
16	0.858	0.849	19	0.778	0.812	04	0.818	0.187	29	0.861	0.307
04	0.903	0.327	07	0.804	0.675	17	0.837	0.353	25	0.906	0.874
09	0.912	0.382	08	0.806	0.952	05	0.854	0.818	24	0.919	0.809
27	0.935	0.162	18	0.841	0.414	01	0.867	0.133	10	0.952	0.555
20	0.970	0.582	12	0.918	0.114	08	0.915	0.538	06	0.961	0.504
19	0.975	0.327	03	0.992	0.399	25	0.975	0.584	27	0.969	0.811

续表

栏号 9			栏号 10			栏号 11			栏号 12		
A	B	C	A	B	C	A	B	C	A	B	C
14	0.061	0.935	26	0.038	0.023	27	0.074	0.779	16	0.078	0.987
02	0.065	0.097	30	0.066	0.371	06	0.084	0.396	23	0.087	0.056
03	0.094	0.228	27	0.073	0.876	24	0.098	0.524	17	0.096	0.076
16	0.122	0.945	09	0.095	0.568	10	0.133	0.919	04	0.153	0.163
18	0.156	0.430	05	0.180	0.741	15	0.187	0.079	10	0.254	0.834
25	0.193	0.469	12	0.200	0.851	17	0.227	0.767	06	0.284	0.628
24	0.224	0.672	13	0.259	0.327	20	0.236	0.571	12	0.305	0.616
10	0.225	0.223	21	0.264	0.681	01	0.245	0.988	25	0.319	0.901
09	0.233	0.338	17	0.283	0.645	04	0.317	0.291	01	0.320	0.212
20	0.290	0.120	23	0.363	0.063	29	0.350	0.911	08	0.416	0.372
01	0.297	0.242	20	0.364	0.366	26	0.380	0.104	13	0.432	0.556
11	0.337	0.760	16	0.395	0.363	28	0.425	0.864	02	0.489	0.827
19	0.389	0.064	02	0.423	0.540	22	0.487	0.526	29	0.503	0.787
13	0.411	0.474	08	0.432	0.736	05	0.552	0.571	15	0.518	0.717
30	0.447	0.893	10	0.475	0.468	14	0.564	0.357	28	0.524	0.998
22	0.478	0.321	03	0.508	0.774	11	0.572	0.306	03	0.542	0.352
29	0.481	0.993	01	0.601	0.417	21	0.594	0.197	19	0.585	0.462
27	0.562	0.403	22	0.687	0.917	09	0.607	0.524	05	0.695	0.111
04	0.566	0.179	29	0.697	0.862	19	0.650	0.572	07	0.733	0.838
08	0.603	0.758	11	0.701	0.605	18	0.664	0.101	11	0.744	0.948
15	0.632	0.927	07	0.728	0.498	25	0.674	0.428	18	0.793	0.748
06	0.707	0.107	14	0.745	0.679	02	0.697	0.674	27	0.802	0.967
28	0.737	0.161	24	0.819	0.444	03	0.767	0.928	21	0.826	0.487
17	0.846	0.130	15	0.840	0.823	16	0.809	0.529	24	0.835	0.832
07	0.874	0.491	25	0.863	0.568	30	0.838	0.294	26	0.855	0.142
05	0.880	0.828	06	0.878	0.215	13	0.845	0.470	14	0.861	0.462
23	0.931	0.659	18	0.930	0.601	08	0.855	0.524	20	0.874	0.625
26	0.960	0.365	04	0.954	0.827	07	0.867	0.718	30	0.929	0.056
21	0.978	0.194	28	0.963	0.004	12	0.881	0.722	09	0.935	0.582
12	0.982	0.183	19	0.988	0.020	23	0.937	0.872	22	0.947	0.797
栏号 13			栏号 14			栏号 15			栏号 16		
A	B	C	A	B	C	A	B	C	A	B	C
03	0.033	0.091	26	0.035	0.175	15	0.023	0.979	19	0.062	0.588
07	0.047	0.391	17	0.089	0.363	11	0.118	0.465	25	0.080	0.218
28	0.064	0.113	10	0.149	0.681	07	0.134	0.172	09	0.131	0.295
12	0.066	0.360	28	0.238	0.075	01	0.139	0.230	18	0.136	0.381
26	0.076	0.552	13	0.244	0.767	16	0.145	0.122	05	0.147	0.864
30	0.087	0.101	24	0.262	0.366	20	0.165	0.520	12	0.158	0.365
02	0.127	0.187	08	0.264	0.651	06	0.185	0.481	28	0.214	0.184
06	0.144	0.068	18	0.285	0.311	09	0.211	0.316	14	0.215	0.757

续表

栏号 13			栏号 14			栏号 15			栏号 16		
A	B	C	A	B	C	A	B	C	A	B	C
25	0.202	0.674	02	0.340	0.131	14	0.248	0.348	13	0.224	0.846
01	0.247	0.025	29	0.353	0.478	25	0.249	0.890	15	0.227	0.809
23	0.253	0.323	06	0.359	0.270	13	0.252	0.577	11	0.280	0.898
24	0.320	0.651	30	0.387	0.248	30	0.273	0.088	01	0.331	0.925
10	0.328	0.365	14	0.392	0.694	18	0.277	0.689	10	0.399	0.992
27	0.338	0.412	03	0.408	0.077	22	0.372	0.958	30	0.417	0.787
13	0.356	0.991	27	0.440	0.280	10	0.461	0.075	08	0.439	0.921
16	0.401	0.792	22	0.461	0.830	28	0.519	0.536	20	0.472	0.484
17	0.423	0.117	16	0.527	0.003	17	0.520	0.090	24	0.498	0.712
21	0.481	0.838	20	0.531	0.486	03	0.523	0.519	04	0.516	0.396
08	0.560	0.401	25	0.678	0.360	26	0.573	0.502	03	0.548	0.688
19	0.564	0.190	21	0.725	0.014	19	0.634	0.206	23	0.597	0.508
05	0.571	0.054	05	0.787	0.595	24	0.635	0.810	21	0.681	0.114
18	0.587	0.584	15	0.801	0.927	21	0.679	0.841	02	0.739	0.298
15	0.604	0.145	12	0.836	0.294	27	0.712	0.368	29	0.792	0.038
11	0.641	0.298	04	0.854	0.982	05	0.780	0.497	22	0.829	0.324
22	0.672	0.156	11	0.884	0.928	23	0.861	0.106	17	0.834	0.647
20	0.674	0.887	19	0.886	0.832	12	0.865	0.377	16	0.909	0.608
14	0.752	0.881	07	0.929	0.932	29	0.882	0.635	06	0.914	0.420
09	0.774	0.560	09	0.932	0.206	08	0.902	0.020	27	0.958	0.356
29	0.921	0.752	01	0.970	0.692	04	0.951	0.482	26	0.981	0.976
04	0.959	0.099	23	0.973	0.082	02	0.977	0.172	07	0.983	0.624

栏号 17			栏号 18			栏号 19			栏号 20		
A	B	C	A	B	C	A	B	C	A	B	C
13	0.045	0.004	25	0.027	0.290	12	0.052	0.075	20	0.030	0.881
18	0.086	0.878	06	0.057	0.571	30	0.075	0.493	12	0.034	0.291
26	0.126	0.990	26	0.059	0.026	28	0.120	0.341	22	0.043	0.893
12	0.128	0.661	07	0.105	0.176	27	0.145	0.689	28	0.143	0.073
30	0.146	0.337	18	0.107	0.358	02	0.209	0.957	03	0.150	0.937
05	0.169	0.470	22	0.128	0.827	26	0.272	0.818	04	0.154	0.867
21	0.244	0.433	23	0.156	0.440	22	0.299	0.317	19	0.158	0.359
23	0.270	0.849	15	0.171	0.157	18	0.306	0.475	29	0.304	0.615
25	0.274	0.407	08	0.220	0.097	20	0.311	0.653	06	0.369	0.633
10	0.290	0.925	20	0.252	0.066	15	0.348	0.156	18	0.390	0.536
01	0.323	0.490	04	0.268	0.576	16	0.381	0.710	17	0.403	0.392
24	0.352	0.291	14	0.275	0.302	01	0.411	0.607	23	0.404	0.182
15	0.361	0.155	11	0.297	0.589	13	0.417	0.715	01	0.415	0.457
29	0.374	0.882	01	0.358	0.305	21	0.472	0.484	07	0.437	0.696
08	0.432	0.139	09	0.412	0.089	04	0.478	0.885	24	0.446	0.546
04	0.467	0.266	16	0.429	0.834	25	0.479	0.080	26	0.485	0.768

续表

栏号 17			栏号 18			栏号 19			栏号 20		
A	B	C	A	B	C	A	B	C	A	B	C
22	0.508	0.880	10	0.491	0.203	11	0.566	0.104	15	0.511	0.313
27	0.632	0.191	28	0.542	0.306	10	0.576	0.859	10	0.517	0.290
16	0.661	0.836	12	0.563	0.091	29	0.665	0.397	30	0.556	0.853
19	0.675	0.629	02	0.593	0.321	19	0.739	0.298	25	0.561	0.837
14	0.680	0.890	30	0.692	0.198	14	0.748	0.759	09	0.574	0.699
28	0.714	0.508	19	0.705	0.445	08	0.758	0.919	13	0.613	0.762
06	0.719	0.441	24	0.709	0.717	07	0.798	0.183	11	0.698	0.783
09	0.735	0.040	13	0.820	0.739	23	0.834	0.647	14	0.715	0.179
17	0.741	0.906	05	0.848	0.866	06	0.837	0.978	16	0.770	0.128
11	0.747	0.205	27	0.867	0.633	03	0.849	0.964	08	0.815	0.385
20	0.850	0.047	03	0.883	0.333	24	0.851	0.109	05	0.872	0.490
02	0.859	0.356	17	0.900	0.443	05	0.859	0.835	21	0.885	0.999
07	0.870	0.612	21	0.914	0.483	17	0.863	0.220	02	0.958	0.177
03	0.916	0.463	29	0.950	0.753	09	0.883	0.147	27	0.961	0.980

栏号 21			栏号 22			栏号 23			栏号 24		
A	B	C	A	B	C	A	B	C	A	B	C
01	0.010	0.946	12	0.051	0.032	26	0.051	0.187	08	0.015	0.521
10	0.014	0.939	11	0.068	0.980	03	0.530	0.256	16	0.068	0.994
09	0.032	0.346	17	0.089	0.309	29	0.100	0.159	11	0.118	0.400
06	0.093	0.180	01	0.091	0.371	13	0.102	0.465	21	0.124	0.565
15	0.151	0.012	10	0.100	0.709	24	0.110	0.316	18	0.153	0.158
16	0.185	0.455	30	0.121	0.774	18	0.114	0.300	17	0.190	0.159
07	0.227	0.227	02	0.166	0.056	11	0.123	0.208	26	0.192	0.676
02	0.304	0.400	23	0.179	0.529	09	0.138	0.182	01	0.237	0.030
30	0.316	0.074	21	0.187	0.051	06	0.194	0.115	12	0.283	0.077
18	0.328	0.799	22	0.205	0.543	22	0.234	0.480	03	0.286	0.318
20	0.352	0.288	28	0.230	0.688	20	0.274	0.107	10	0.317	0.374
26	0.371	0.216	19	0.243	0.001	21	0.331	0.292	05	0.337	0.844
19	0.448	0.754	27	0.267	0.990	08	0.346	0.085	25	0.441	0.336
13	0.487	0.598	15	0.283	0.440	27	0.382	0.979	27	0.469	0.786
12	0.546	0.640	16	0.352	0.089	07	0.387	0.865	24	0.473	0.237
24	0.550	0.038	03	0.377	0.648	28	0.411	0.776	20	0.475	0.761
03	0.604	0.780	06	0.397	0.769	16	0.444	0.999	06	0.557	0.001
22	0.621	0.930	09	0.409	0.428	04	0.515	0.993	07	0.610	0.238
21	0.629	0.154	14	0.465	0.406	17	0.518	0.827	09	0.617	0.041
11	0.634	0.908	13	0.499	0.651	05	0.539	0.620	13	0.641	0.648
05	0.696	0.459	04	0.539	0.972	02	0.623	0.271	22	0.664	0.291
23	0.710	0.078	18	0.560	0.747	30	0.637	0.374	04	0.668	0.856
29	0.726	0.585	26	0.575	0.892	14	0.714	0.364	19	0.717	0.232

续表

栏号 21			栏号 22			栏号 23			栏号 24		
A	B	C	A	B	C	A	B	C	A	B	C
17	0.749	0.916	29	0.756	0.712	15	0.730	0.107	02	0.776	0.504
04	0.802	0.186	20	0.760	0.920	19	0.771	0.552	29	0.797	0.548
14	0.835	0.319	05	0.847	0.925	23	0.780	0.662	14	0.823	0.223
08	0.870	0.546	25	0.872	0.891	10	0.924	0.888	23	0.848	0.264
28	0.871	0.539	24	0.874	0.135	12	0.929	0.204	30	0.892	0.817
25	0.971	0.369	08	0.911	0.215	01	0.937	0.714	28	0.943	0.190
27	0.984	0.252	07	0.946	0.065	25	0.974	0.398	15	0.975	0.962

栏号 25			栏号 26			栏号 27			栏号 28		
A	B	C	A	B	C	A	B	C	A	B	C
02	0.039	0.005	16	0.026	0.102	21	0.050	0.952	29	0.042	0.039
16	0.061	0.599	01	0.033	0.886	17	0.085	0.403	07	0.105	0.293
26	0.068	0.054	04	0.088	0.686	10	0.141	0.624	25	0.115	0.420
11	0.073	0.812	22	0.090	0.602	05	0.154	0.157	09	0.126	0.612
07	0.123	0.649	13	0.114	0.614	06	0.164	0.841	10	0.205	0.144
05	0.126	0.658	20	0.136	0.576	07	0.197	0.013	03	0.210	0.054
14	0.161	0.189	05	0.158	0.228	16	0.125	0.363	23	0.234	0.533
18	0.166	0.040	10	0.216	0.565	08	0.222	0.520	13	0.266	0.799
28	0.248	0.171	02	0.233	0.610	13	0.269	0.477	20	0.305	0.603
06	0.255	0.117	07	0.278	0.357	02	0.288	0.012	05	0.372	0.223
15	0.261	0.928	30	0.405	0.273	25	0.333	0.633	26	0.385	0.111
10	0.301	0.811	06	0.421	0.807	28	0.348	0.710	30	0.422	0.315
24	0.363	0.025	12	0.426	0.583	20	0.362	0.961	17	0.453	0.783
22	0.378	0.792	08	0.471	0.708	14	0.511	0.989	02	0.460	0.916
27	0.389	0.959	18	0.473	0.738	26	0.540	0.903	27	0.467	0.841
19	0.420	0.557	19	0.510	0.207	27	0.587	0.643	14	0.483	0.095
21	0.467	0.943	03	0.512	0.329	12	0.603	0.745	12	0.507	0.375
17	0.494	0.225	15	0.640	0.329	29	0.619	0.895	28	0.509	0.748
09	0.620	0.081	09	0.665	0.354	23	0.623	0.333	21	0.583	0.804
30	0.623	0.106	14	0.680	0.884	22	0.629	0.076	22	0.587	0.993
03	0.625	0.777	26	0.703	0.622	18	0.670	0.904	16	0.689	0.339
08	0.651	0.790	29	0.739	0.394	11	0.711	0.253	06	0.727	0.298
12	0.715	0.599	25	0.759	0.386	01	0.790	0.392	04	0.731	0.814
23	0.782	0.093	24	0.803	0.602	04	0.813	0.611	08	0.807	0.983
20	0.810	0.371	27	0.842	0.491	19	0.843	0.732	15	0.833	0.757
01	0.841	0.726	21	0.870	0.435	03	0.844	0.511	19	0.896	0.464
29	0.862	0.009	28	0.906	0.397	30	0.858	0.289	18	0.916	0.384
25	0.891	0.873	23	0.948	0.367	09	0.929	0.199	01	0.948	0.610
04	2.917	0.264	11	0.956	0.142	24	0.931	0.263	11	0.976	0.799
13	0.958	0.990	17	0.993	0.989	15	0.939	0.947	24	0.978	0.636